एक कस्बे के नोट्स

[उपन्यास]

एक कस्बे के नोट्स

नीलेश रघुवंशी

राजकमल प्रकाशन
नयी दिल्ली पटना इलाहाबाद कोलकाता

ISBN : 978-81-267-2234-1

मूल्य : ₹ 350

पहला संस्करण : 2012
पहली आवृत्ति : 2014

प्रकाशक : राजकमल प्रकाशन प्रा. लि.
1-बी, नेताजी सुभाष मार्ग, दरियागंज
नई दिल्ली-110 002

शाखाएँ : अशोक राजपथ, साइंस कॉलेज के सामने, पटना-800 006
पहली मंजिल, दरबारी बिल्डिंग, महात्मा गांधी मार्ग, इलाहाबाद-211 001
36 ए, शेक्सपियर सरणी, कोलकाता-700 017

वेबसाइट : www.rajkamalprakashan.com
ई-मेल : info@rajkamalprakashan.com

आवरण : सोमेश कुमार/धरा नागयंडी

मुद्रक : बी.के. ऑफसेट
नवीन शाहदरा, दिल्ली-110 032

EK KASBE KE NOTES
Novel by Nilesh Raghuvanshi

अमन कुन्नू और एनू

के

लिए

पिता की सुबह पाँच से छह के बीच हो जाती। एक बीड़ी के साथ नित्यकर्म से फुर्सत। नहाते हुए पानी बड़े एहतियात से वापरते। पानी की एक बूँद भी जाया होना उन्हें बर्दाश्त न होता। कई बार सुबह होते ही पानी को लेकर माँ से उनकी झिकझिक हो जाती।

माँ हर दिन घर छोड़ने से पहले मन्दिर जाने को कहती, लेकिन वो उसकी एक न सुनते और बिजली-सी फुर्ती लिये ढाबे की ओर चल देते।

सुबह के सात बजने से पहले ढाबे का चरमराता किवाड़ खोलते, जिसकी चाबी उनके कुर्ते की जेब में होती। इधर चाबी निकलती, उधर कुर्ता कील पर टँग जाता। लम्बे-चौड़े पिता झुकते हुए फटाफट भट्ठी की राख खाली करते और फिर शुरू हो जाता भट्ठी जलने का क्रम...। पंखा धौंकते-धौंकते सारी ताकत लगा देते। पूरा ढाबा धुएँ से भर जाता लेकिन क्या मजाल धुएँ की, जो उनकी आँखों को झपका भी सके। खुद को झोंकते हुए करीब आधा घंटे तक पंखा धौंकते रहते और फिर उनके भीतर की आग भट्ठी को जलने को मजबूर कर देती। भट्ठी ज़्यादा दहक रही होती या वे? कहना मुश्किल। लाल अंगारों-से दहकते पिता देखते ही बनते।

साढ़े नौ बजे तक दाल, आलू और हरी सब्जी तैयार कर लेते। हरी सब्जी हमेशा थोड़ी-सी बनती। कई बार तो सिर्फ कहने भर को कि दाल, आलू के अलावा एक सब्जी और भी है।

परॉत भरकर आटा गूँधते हुए पसीने-पसीने हो जाते, मांसपेशियाँ चमकने लगतीं। उनका ताँबई चेहरा परॉत में झिलमिलाने लगता। हँसती और बोलती हुई बड़ी-बड़ी आँखों में भट्ठी को भरते हुए चाय के साथ अखबार पढ़ने बैठ जाते।

हम सब उन्हें देखते रहते। अखबार पूरा पढ़ भी न पाते कि कोई ग्राहक आ जाता, वे भट्ठी पर पहुँच जाते। वहीं से हाथ में प्लेट लिए ग्राहक से पूछते—

"का लोगे?"

"का, का है?"

पिता के शब्द हम मन में बुदबुदाते–

"दाल है, आलू है, भिंडी है और संग में अचार, प्याज और हरी मिर्च... ।"

ग्राहक के ऑर्डर देते ही सब्जी प्लेट में डाल हमें पकड़ाते कि इससे पहले भट्ठी पर तवा चढ़ता और पहली रोटी गाय के लिए निकलती। 'गऊ-ग्रास'। दाल, आलू और जो भी सूखी हरी सब्जी होती उसमें रखकर भट्ठी पर छिड़कते और एक कोने में गाय के लिए रख देते।

लम्बी-चौड़ी सफेद झक्क, कजरारी आँखों वाली गाय बँधी हुई थी। किसी ने बाँधा नहीं था, वो तो खुद ही बँध गई थी। जाने कैसे उसे समय मालूम था कि रोज़ ठीक समय पर बोहनी से पहले आ जाती। ढाबे से पहला कौर गाय ही खाती थी, और फिर शुरू हो जाती–

पिता की दिन-रात की मेहनत, जिससे वह नौ बच्चों और माँ का पेट भरते।

ऐसी ही एक सुबह माँ ने मेरे सिर पर कंडों से भरी डलिया कुछ इस तरह रखी कि उसका हाथ मेरे सिर को सहला दे और डलिया का बोझ बजाय मेरे, वो अपने ऊपर ले ले। ऐसे समय उसकी आँख भर जाती और वह पल्लू को सिर पर से कुछ इस तरह ले जाती कि उसकी किनार बड़ी खूबसूरती और चालाकी से माँ की आँखें पोंछ देती।

मैं अपने सिर पर कंडों से भरी डलिया लिए चली जा रही थी कि– "सुनो-सुनो, ऐ...सुनो।" जैसे ही पलटी, एकदम पास लम्बी, दुबली-पतली साँवली-सी मैडम, हाथों में किताबें दबाए, गीले बाल लिए तेज़-तेज़ चलती हुईं। वो बहुत जल्दी में थीं, शायद कॉलेज का सुबह सात बजे का पीरियड लेने जा रही थीं।

"मेरी बिन्दी ठीक लगी है क्या? देखो जरा।" मैं जहाँ की तहाँ जड़, जैसे-तैसे हाँ में सिर हिलाया। वो तेज़-तेज़ चलती हुई मुस्कुराते हुए कॉलेज की ओर चली गईं। मैं कंडे की डलिया सिर पर लिए कँपकँपाती-सी खड़ी रही। उन्हें हमेशा ढाबे से कॉलेज आते-जाते देखा करती थी लेकिन उनके इस तरह सामने आ जाने और बात करने से मैं हकबका गई। हममें से कोई एक दो-चार दिन में कंडे की डलिया ले जाता था। मुझे भी आज ही कंडे ले जाना था, और इस मैडम को भी आज ही बात करनी थी? खुशी और शर्म, दोनों के मारे मेरी कँपकँपाहट बढ़ती जा रही थी। वे बहुत आगे निकल गईं थीं और मैं जस की तस खड़ी थी।

पिता ने मुझे हकेला–"चल, चल। अब तक पहुँच नहीं पाई तू।"

पिता मेरे आगे-आगे, पीछे-पीछे मैं सिर पर कंडे रखे हुए, रास्ते की जगह किताब दबाए मैडम दिखती रहीं। ढाबा पहुँचते ही पिता के साथ शुरू हो गई भट्ठी जलाने और साग-सब्जी बनवाने में। मैडम की किताब और कंडे की डलिया बार-बार मेरा चित्त भटकाती। पिता की आवाज़ और चटकती भट्ठी मेरी तन्द्रा तोड़ती।

कंडों से भरी उस शाम में पिता ने मुझे एक लुटिया पकड़ाई और पिछवाड़े की ओर इशारा किया। मैं गई और मैंने लुटिया को उलीच दिया, छप्प की आवाज़ कमज़ोर थी, आँख गड़ाकर देखा तो दूध था। मेरे हाथ-पाँव फूल गए। डरते-डरते कहा–"कक्का उसमें दूध था, हम तो पानी समझे थे।" उन्होंने गुस्से में हाथ झटकारा, फिर चिमनी जलाने लगे।

अँधेरा बहुत देर तक टिक न सका। बिजली के खंभे से टिकी मैं अचानक लाईट आ जाने और पिता के एकदम पास खड़े होने से अचकचा गई।

उन्होंने मुझे बहुत प्यार से फटकारा–"कंडे लाने-ले जाने में शरम की क्या बात? मेहनत के काम में भला कैसी शरम? अरे वो भी तो अपने काम पर ही जा रही थी न, चल-चल, भगौना चलाती रहना बीच-बीच में।" कहते वे अखबार पढ़ने बैठ गए।

ऐसे समय पिता मजबूत जड़ों के साथ, चारों ओर से घनापन देते, भीतर के आसमान को छूते हुए बरगद की तरह फैलते चले जाते...।

कई दिन तक हम सबके बीच ये खेल चला। शब्द किस्सा दोहराते में भी न निकलते। जब भी सर पर कंडों की डलिया होती, कोई एक पीछे से आवाज़ देता, "ऐ सुनो–मेरी बिन्दी ठीक लगी है क्या?" मेरी साँस रुक जाती, डलिया लिए घूमती और 'हाँ' में सिर हिला देती। खेल में भी रोमांच और झेंप साथ न छोड़ते।

जब कभी वो मैडम दिखतीं, मैं उनसे आँखें चुराती और वो मुझे देख मुस्कुरातीं।

इस कस्बे को शहर ही कहेंगे, कस्बा नहीं। क्योंकि आस-पास के गाँव वाले इसे बाज़ार कहते हैं और मामा की लड़कियाँ बड़े ही तंज़ स्वर में–"औऱ्र तुम बड़ी शहर वाली आईं...। हम गाँव वालों ऐं बेवकूफ मत समझियो।" तो शहर में गणेशजी और दुर्गाजी की झाँकियाँ लगतीं। दुर्गाजी की झाँकी बिजली घर वाले भी जय स्तम्भ चौराहे पर लगाते। झाँकी के आखिरी दिन वे ऑर्केस्ट्रा बुलाते, उस रात सारा शहर जागता रहता। बच्चे लड़कियाँ बड़े-बूढ़े–सब। लड़कियाँ और औरतें सारी रात छतों पर बैठकर ऑर्केस्ट्रा देखती-सुनतीं, लेकिन सिर्फ वही जिनके घर बिजलीघर के आसपास थे। ऐसे समय सब उन्हें किस्मत वाला समझते। बच्चे आदमियों के साथ ऑर्केस्ट्रा में खूब धमा-चौकड़ी मचाते।

छोटे मामा एकदम पड़ोस में रहते थे। उन्होंने कुछ भैंसें पाल रखी थीं। उस साल झाँकी के आखिरी दिन मैं उनके साथ ऑर्केस्ट्रा का मज़ा लेते हुए सड़कों पर घूम रही थी। चाय की दुकानें खुली हुईं थीं। रात के दो तीन बजे होंगे, मामा और उनके दोस्तों के साथ मैं भी चाय की दुकान पर चाय पीने गई। उस रात चाय वाले की चाँदी थी। ग्राहकों का रेला चला आ रहा था और उसका दूध खत्म होने जा रहा था। दुकान बन्द करने का उसका बिलकुल भी मन नहीं था, उसकी तो जैसे फसल पे फसल लहलहा रही थी। साल में एकाध बार ही ऐसे मौके आते हैं, जब ग्राहक की बाट नहीं जोहनी पड़ती।

"भैंस लगाओगे?" उफनती चाय और मामा, दोनों को एकटक देखता और ग्राहकों पर भी नज़र गड़ाए हुए, चाय वाले की आँखें गजब की चहक रही थीं।

"हाँ। मनो दस रुपैया किलो।"

आँखें फाड़ते दुकानदार बोला–"पाँच से सीधे दस भैया!"

"लेने होए तो ले ले, नहीं तो हमें चार चाय दे और सबरी सटपट बन्द कर। हमारी तरह तू भी ऑर्केस्ट्रा का मज़ा ले। चल-चल बन्द कर अपना टीम-टाम।" मामा ने बड़ी टेढ़ी नज़र से उसके ग्राहकों की ओर देखा।

दुकानदार दाँव नहीं छोड़ना चाहता था—"मेरा लड़का साथ जाएगा। एक बूँद भी पानी नहीं मिलना चाहिए।"

"उसी के सामने भैंस लगाऊँगा। चाहो तो तुम भी चले चलो।"

"मेरी मती फिरी है जो दुकान छोड़ तुम्हारे संग जाऊँगा? मेरी ग्राहकी देख तुमरी आँखों में मिरची काए फुँक रही है। ऐं...।" वो एकदम ताव में आ गया। मामा और उनके दोस्त खूब जोर से हँसे—साथ में, मैं भी उतनी ही जोर से हँसी।

दुकानदार का लड़का साथ हो गया। मामा ने अँधेरे में खड़-खड़ कर बर्तन ढूँढ़ने शुरू किए।

"ओ पटेल साब। बिजली तो जला लो।" छोटा-सा लड़का भी कम नहीं था।

"वही तो ढूँढ़ रहा हूँ। खटका ई नईं मिल रओ।"

फिर मुझे आवाज़ दी—"ऐ बबली, जरा इते आ।"

मैं अँधेरे में बढ़ी...उन्होंने मुझे हाथ पकड़ कर खींच लिया और कान में फुसफुसाते बोले—

"इस बाल्टी को ले के सीधी चल।"

अँधेरे में भी कमाल कर दिया। खड़-खड़ की आवाज़ में पानी की आवाज़ को गुम करते हुए बाल्टी में पानी भर लिया। मैं भैंस के तबेले में नाक की सीध में चल दी। उन्होंने मोमबत्ती जलाई और उस लड़के से कहा—

"तू भी आ जा, यहाँ भैंस के पास। बिजली नहीं जलेगी। खटका सामान के पीछे है, सारा सामान दुकान से बाहर करना पड़ेगा। आ...जा...आ..जा...।"

लड़का बगल में आकर खड़ा हो गया। मैं बाल्टी लिए खड़ी रही। मामा बीच-बीच में मुझे कसकर पकड़े रहने का इशारा करते। वे भैंस लगाने के लिए बैठे और बगल में मैं भी उनके और भैंस के बीच उकड़ूँ बैठ गई। कुछ इस तरह कि लड़के की ओर मेरी पीठ हो गई।

लड़का तनकर आँखें गड़ाए रहा। मैं सधकर बैठी रही। थोड़ी देर में बाल्टी दूध से भर गई।

"पूरा दो किलो दूध है। जा, सेठ के पास जा दौड़कर। कहीं ग्राहक रीते न चले जाएँ।"

लड़का दूध लेकर दौड़ता चला गया। मैं मारे खुशी के झूम गई।

"मज़ा आ गया मामा। ऑर्केस्ट्रा रोज़ होना चाहिए। डबल में दूध बेचेंगे, वो भी पानी मिलाकर।"

उन्होंने 'चुप-चुप' कहते मुझसे गला छुड़ाया।

चोरी में कैसा रोमांच होता है? मेरे रोम-रोम में झनझनाहट भर गई थी। भैंस के थनों से निकलती दूध की धार, मामा के मुँह में दबी बीड़ी और बाल्टी लिए उकड़ूँ बैठी मैं, लड़के और उसके सेठ को उल्लू बनाती हुई।

थोड़ी देर बाद हम उस चाय वाले के यहाँ गए।–"कहो सेठ? कैसा गाढ़ा दूध देती है, मेरी भैंस?" कहते हुए मामा ने बीड़ी का उतना ही गाढ़ा धुआँ फूँका।

"इसीलिए तो मैंने डबल दाम दिए हैं तुमको।" रोज़ तपेली में चाय बनाने वाला भगौना भर-भरकर चाय बनाने के नशे में चूर था और हम दो किलो की बजाय डेढ़ किलो दूध देने के नशे में।

उस सुबह पहली बार मैंने चिड़ियों को सबसे पहले चहकते देखा और सूरज को गुड मॉर्निंग भी कहा। फिर उसके बाद हम घर जाकर सो गए।

ऐसे समय माँ बहुत गुस्सा करती। उसे मेरे ढंग बिलकुल पसन्द नहीं थे। हमेशा आदमियों के बीच रहना, मटरगश्ती करना, आधी-आधी रात तक गपियाना।

"एक भी लच्छन लड़कियों के नहीं हैं।" कहते दाँत किटकिटाती। पिता 'मौड़ा-मौड़ी हैं' कहकर बात पलट देते और मामा...? उन्होंने तो मेरे वारे-न्यारे कर दिए सारी रात ऑर्केस्ट्रा सुना दिखाकर। उनके चक्कर में माँ ज़्यादा कुछ नहीं कह पाई, नहीं तो वो ऑर्केस्ट्रा के नाम पर राछाड़े मचा देती। मामा का एक वाक्य माँ को चुप कर गया–

"मेरे ही संग तो थी। कौन कोई दूसरे के संग्गें घूम रही थी और जीजी सबरी रात हम दुकान पे ही तो बैठे रहे।" माँ के पीछे से मैं इशारा कर थी कि–'दूध...दूध पानी वाली बात..?' मामा ने मुझे आँखें दिखा दीं। वैसे पिता सुनते तो खूब हो-हो कर हँसते। कौन जाने? चाय वाले से ही कह देते–"क्यों भई! रात में कैसे उल्लू बन गए तुम?"

सारा दिन मैं मामा के पीछे लगी रहती। वह पिता से छिपकर दुकान के पीछे बीड़ी पीते और मुझे दरवाजे पर खड़ा कर देते। बीड़ी जलाने से पहले कहते–

"लालाजू आएँ तो खड़ी मत रहिए। झक से बैठ जइए।"

खली, चापर और भूसा लेने भी मैं उनके साथ जाती। वे दोस्तों में रम जाते। लौटते में कहते–"अपन कक्का से कह देंगे...भूसा वाले के जहाँ देर हो गई।"

भैंसों को खली-चापर भी हम साथ-साथ देते। पिता कहते–"खली ज़्यादा

डालो और चापर कम।" लेकिन मामा पिता की आँख बचाकर चापर ज़्यादा और खली कम डालते। धीरे से कहते—"लालाजू समझत नईं हैं। सब भैंसों को काए के लाने एक सो खली-चापर दें अपन।"

उनका हिसाब पिता के एकदम उलट था। सो जो भैंस ज़्यादा दूध देती, उसे ज़्यादा खली और जो कम दूध देती, उसे चापर ज़्यादा देते मामा।

ढाबे के पास ही रईस भाई की वेल्डिंग की दुकान थी। एक दिन रईस भाई और मामा में शर्त लग गई कि कौन कितनी देर तक इस ट्रैक्टर और ट्रॉली को वेल्डिंग होते देख सकता है। मामा ने वेल्डिंग होती रॉड को बिना पलक झपकाए देखा और शर्त जीत गए। लेकिन थोड़ी देर बाद ही उनकी आँखें सूजकर लाल हो गईं।

मैं जब स्कूल से शाम को घर आई तो सूजी आँखें लिये मामी ने कहा—"ऐ विन्नी, देखियो! तुमाए मामा-ए जो का हो गओ?"

स्कूल के कपड़ों में ही दौड़ी-दौड़ी दुकान गई और रईस भाई से खूब लड़ी।

मामा की आँखें जब तक ठीक नहीं हो गईं, तब तक वो माँ को अपने पास से उठने भी न देते थे।

मामा मस्त और आलसी स्वभाव के थे और पिता उतने ही कर्मठ और मेहनती। मामा पिता से बहुत ज़्यादा डरते थे।

एक दिन पिता जब सुबह-सुबह ढाबा आए तो देखा कि भैंसें खुली हुई हैं। कुछ देर ढुँढाईं मचाई गई,.. फिर माजरा समझ गए पिता। मामा भैंसें लेकर गाँव चले गए। मैं उन्हें ढूँढ़ने पारासरी नदी के उस पार तक गई।

शायद मामा मिल जाएँ मुझे, लेकिन...?

...फिर एक दोपहर में पान के खोखे की आड़ से वे हमें देख रहे थे।

"मामा, भैंसें भी लाए हो न? मामा, अब तो यहीं रहोगे न? मैं कक्का को मना लूँगी। अब वो तुम्हें बहुत देर तक सोने देंगे, चिल्लाएँगे भी नहीं।"

वे सारे रास्ते बीड़ी पीते हुए 'हाँ-हूँ' करते रहे लेकिन वो तो मामी को लेकर गाँव चले गए।

माँ ने शाम को चाय के समय पिता को डरते-डरते मामी के भी जाने की बात बताई। सुनते ही वे आग-बबूला हो गए—"साला नालायक, कामचोर कहीं का!

देखियो, महीने भर में ही चारों भैंसों को ठिकाने लगा देगा।''

और वही हुआ। मामा ने कुछ दिन बाद चारों भैंसें बेच दीं। माँ को सफाई देते कहा–''अरे जीजी, खली ज़्यादा खाती थीं और दूध कम देती थीं।''

''नाना दिन रात मामा को खड़ी-खड़ी गालियाँ देते हैं लेकिन मामा अपने दोस्तों के साथ ताश खेलने में रमे रहते हैं।'' नानी ने कसकते-कसकते पिता को गाँव के समाचार सुनाए।

'अच्छा...तो मामा ऑर्केस्ट्रा और भैंसों के बिना भी गाँव में खूब मजे उड़ा रहे हैं। मामा को मेरी कोई फिकर ही नहीं है।' मन में आया, नानी से कहूँ।

लेकिन कौन जाने, मजे की बात सुनकर मेरी धुलाई कर दे। अब वो मामा के कपड़े धोने से तो रही। नानी और माँ मुझे ज़रूर पछीट-पछीटकर धो डालेंगी।

पिता की ग़ैरमौजूदगी में मामा चोरों की तरह आते। हम सबसे कहते–''अपने कक्का से कच्छू मत कैइयो री।''

माँ उन्हें जल्दी-जल्दी खाना देती। वे छत पर जाकर बीड़ी पीते। मैं उनके पीछे लगी रहती। फिर थोड़ी देर बाद वे चले जाते। उनके साथ मेरी ऑर्केस्ट्रा और आधी रात का भैंस का दूध भी चला जाता। जहाँ कहीं भी भैंसें दिखतीं, आँखों के आगे मामा घूमते। और तो और, वेल्डिंग करते रईस भाई को देख मैं मुँह फेर लेती। वे मुझे चिढ़ाते–''बबली, बुला लो अपनें मामा को। वेल्डिंग की दुकान खुलवा देंगे।''

'ही ही...' करके मैं भी उन्हें चिढ़ाती।

रईस भाई क्या जानें, मामा के जाने से क्या-क्या चला गया। जब भी बिजली घर में ऑर्केस्ट्रा आया, मैं कानों में रूई लगाकर घर जाकर बैठ जाती। मेरे मन में बहुत आता कि माँ से पूछूँ–'मामा क्यों इतने आलसी हैं कि कक्का के साथ काम न कर पाए।' लेकिन मारे डर के मैंने कभी नहीं पूछा।

वैसे भी माँ से बहुत दूर भागती थी मैं।

जितनी दूर माँ से भागती, उतनी ही दूर बुआ से। थोड़ी-सी साँवली फफू को हम सब चिढ़ाते तो वह चिनककर हाथ हिलाती और मुस्कुराती–''अपने बाप की शकल देखी है कभऊँ? औरर् बाप भौत हीरा है तुमरो।'' पिता उमग कर हँस पड़ते।

फफू मुझे हमेशा 'बालो-बालो' कह कर ही बुलातीं। मैं बहुत चिढ़ती और उनसे बात न करती। माँ ने कई बार समझाया, बबली कहा करो पर उनके कान पर जूँ न रेंगती।

एक बार स्कूल से सहेलियों के साथ लौटते में देखा कि वो सर पर झोला रखे चली आ रही है। मैं सहेलियों में छिप गई। वह झुंड में आगे जा रही लड़कियों को रुक-रुककर जैसे टटोल रही थी। जैसे ही हमारा झुंड पास पहुँचा, वह 'ऐ बालो, ऐ बालो' चिल्लाने लगी। लड़कियों के बीच दुबककर मैं आगे सरक गई। लेकिन वो पीछे-पीछे।

"ऐ बालो। ऐ बालो। सुनतई नईं हैं। बहरी है का?"

मैं रुक गई। लड़कियों ने पीछे मुड़कर देखा—टखनों तक ऊँची, काली धोती के संग चटक लाल रंग का पोलका, हाथ में कड़े और बाजूबन्द, गले में हँसली बजट्टी, कमर में करधौनी, पाँव में आयलों के साथ आँवड़ा कड़ा और इन सबके संग सर पर झोला रखे हुए फफू। लड़कियाँ मुझे देख हँसती हुई हाथ हिलाती चली गईं। मैंने गुस्से से देखा और चिल्लाते हुए कहा—

"का है? तुमने मोए काए रोको?"

वो लड़ियाते बोली—"चल चल, मोए बस तक लेकर चल। ले पकड़। जो झोलना तू ले ले और तेरो जो बस्ता मोए दे दे। मोसे बनत नहीं है बेटा, मैं थक जात हूँ।"

मैं ठूँठ बनी गुस्से से देखती रही। उन्होंने मुझे अपने साथ चलने को धकियाया।

"फफू, आगे से ऐसा मत करना। हमें शरम आती है।"

"औरर् बाप की शरम नहीं आए तोए।"

मैं घिसट रही थी और वो मुझे तेज़ चलने को कह रही थी। मैं सोच रही थी कि बस निकल जाए तो कक्का से इन्हें डाँट पड़वाऊँ। उन्होंने बस में बैठते-बैठते मुझे चवन्नी दी और 'आगलग्गी टुरिया...' कह जोर से 'ही ही' कर हँस दी।

तमतमाते हुए घर न पहुँचकर सीधी ढाबा पहुँच गई—"अरे भाई, तुम्हारी फफू है वा।" और कक्का भी हँसने लगे एकदम फफू की तरह। घर गई तो माँ ने बताया—वो बहुत देर से मेरी बाट हेर रही थी और देर होते देख—"मेरे जानत। स्कूल की छुट्टी तो होई गई होएगी। बालो-ए रस्ता में से ही ले लऊँगी...।"

जाते-जाते भी बबली नहीं, बालो ही कहा।

"नाम बिगाड़ू फफू...।"

सबसे बड़ी बहन आशा जीजी की शादी पास के गाँव कागपुर में हुई। जीजी को लाने के लिए पिता मुझे सुबह आठ बजे की बस में बिठा देते। मैं बहुत खुशी-खुशी खिड़की वाली सीट पर बैठकर जीजी की ससुराल जाती। वहाँ वो मुझसे बहुत दबे-दबे स्वर में घर के हाल-चाल पूछती। लम्बा-सा घूँघट काढ़े वह कभी गोबर लीपती, कभी ढिंगे लगाती और बड़े-से घूँघट में ही चूल्हे पर रोटी भी बनाती। घूँघट किए-किए मही मथती रहती। चूड़ियाँ भी मथनी के संग-संग चलतीं। उसके हाथ भी पूरी तरह न दिख पाते। हर समय काम से भरी एकदम बदली हुई जीजी।

इसके उलट वह घर में बहुत दबंगता से रहती थी। हँसी-मजाक करती, लेकिन हम सबको खूब फटकारती। माँ की तो वह बेटी कम, सहेली ज़्यादा थी। उन दोनों की बातें कभी खत्म नहीं होती थीं। हमें उनकी बातें सुनने का मन होता और जीजी–"हमारी बातों पर कान मत दो। जाओ, बाहर जाकर खेलो। अच्छा चलो चलो, जाओ। कक्का अकेले परेशान हो रहे होंगे।" माँ को वह पूरे गाँव के भीतर की एक-एक अटारी, बाखर की बातें बताती–फलाँ के यहाँ ऐसो, फलाँ के वहाँ वैसो। बात कम करती, हँसती ज़्यादा। हँसी में पूरा मुँह खुल जाता। कई बार पानी पीते में ठसका भी लग जाता। जब हँसती तो उसके दाँतों के बीच की जगह दिखती।

एक दिन मैंने चिढ़ाते हुए कहा–"देखो! देखो! सब देखो! जीजी के दाँत की खिड़की...!" जीजी ने मुझे बेलन लेकर दूर तक दौड़ाया।

मैंने कक्का के पास ढाबे पर जाकर साँस ली–"कक्का, बाई और आशा जीजी खूब बातें करती हैं और हँसती हैं लेकिन हमें अपने बगल में बैठने भी नहीं देतीं। इसलिए हमने भी आशा जीजी का नाम 'दाँत की खिड़की' रख दिया।" कक्का खूब 'हो हो' करके हँसे।

शाम को उन्हीं के साथ घर में घुसी। वे दरवाजे से ही बोले–"आशा, ऐ आशा। अरे यार, तुम जासे भी बतियाओ करे भाई। बड़ी शौकीन है जा बातों की। खामों-खां तुम उसका मूड खराब करती हो? यही तुम्हारा लाना, ले जाना

करती है भई। और तुम हो कि उसी पर रौब गाँठती हो।" जीजी कुछ न कहती, बस मुस्कुरा जाती और मुझे एकटक देखती। उसका एकटक देखना मेरे पल्ले न पड़ता।

यही आशा जीजी ससुराल में एकदम अलग दिखती। उसकी सास बहुत तेज़ स्वभाव की, पूरे गाँव में धाक थी उनकी। सब उन्हें 'इंदिरा गाँधी' कहते थे। जीजी ससुराल में काम करते-करते मुझसे धीरे से कहती–"जा, हमारी बाई से कह कर आ–हम जीजी को लेने आए हैं।"

जीजी की ससुराल वाली बाई के पास मैं बहुत देर बैठी रहती। फिर जीजी की तरह धीमे से कहती–

"हम जीजी को लेने आए हैं।"

वो कोई जवाब न देतीं।

"ले जाएँ?"

वो कोई दूसरी बात करने लगतीं।

मैं जीजी के पास जाती, "जल्दी से तैयार हो जाओ। शाम चार की बस से कक्का ने आने को कहा है।"

वो टस से मस न होती–"जा एक बार और पूछकर आ।"

मैं बार-बार जीजी की सास के पास जाती। ऐन वक्त पर वो कहतीं–"मैं का कह दऊँ? लकमा से, तुमरे जीजा से पूछ लो। वो कहे तो खुशी-खुशी ले जाओ।"

दौड़ी-दौड़ी जीजाजी के पास जाती। वे कहते–"बाई कह तो, ले जाओ।"

अटारी में जीजी के पास जाकर दीवार से चिपक जाती मैं। वो रुआँसी हो मेरा हाथ पकड़ लेती और फिर कहती–

"तू हमाई बाई से मिल ले और चली जा।"

"...और तुम? कक्का ने तुम्हें लेने भेजा है।"

मुझे लाल-लाल आँखों से देखती और फुसफुसाती–"जल्दी कर, नहीं तो तेरी बस छूट जाएगी।" फिर बिना आवाज़ किए रोने लगती। मुझे भी रोना आ जाता। जीजाजी मुझे छोड़ने गोला यानी सड़क तक आते और बस में बिठा देते।

कंडक्टर और बस ड्राइवर से बिना बात किए मैं खिड़की से दूर देखते रोती रहती। कंडक्टर मुझसे पूछता–"क्यों आई नहीं तुम्हारी जीजी? अरे तुम तो रो रही हो?" ड्राइवर भी पलटकर मुझे देखने लगता।

न रोने का स्वांग करते कहती–"नहीं, हवा से आँसू आ रहे हैं।"

सारे रास्ते वे मेरा मन बहलाने के लिए इधर-उधर की गप्पें लड़ाते।

बस के रुकते ही कक्का लपकते हुए आते और पूरी बस को आँखों में भर लेते और फिर–

"काए?"

"कक्का, अब हम जीजी के गाँव नहीं जाएँगे। वो इंदिरा गाँधी कहीं की, जीजी को भेजती नहीं है, और जीजी वहाँ रोती है। हमसे ज़्यादा बात भी नहीं करती।"

ऐसे समय जोर से अपने खाली हाथों को झटकारते हुए, कक्का जीजी की सास को 'बड़ी खोल्ली औरत' कहते।

जीजी जब भी ससुराल से घर आती, सारे काम निपटाती। हमें सिलाई, कढ़ाई, बुनाई सिखाती। गलती करते तो खूब चाँटे मारती। वह हम लोगों को पढ़ाती भी थी। एक बार मेरी सप्लीमेंटरी आई। मुझे पकड़कर गणित लेकर बैठ गई। जितनी गलती करती, उतने तमाचे खाती। मार-मारकर भुर्ता बना देती थी। माँ बुरी तरह झल्ला जाती–

"छोड़ दे आशा, भाड़ में तो जान दे।"

"ऐसे कैसे छोड़ दूँ? साल खराब हो जाएगा।"

शाम को आधे घंटे की छुट्टी मिली। खूब बारिश हो रही थी। सब लोग एक बस में बैठकर ककरावदे की नदी देखने जा रहे थे। 'नद्दी चढ़ी है', 'नद्दी चढ़ी है' कहते सब पानी की आवाज़ें निकालकर खूब शोर मचा रहे थे। कक्का ने मेरा मन देखकर मुझे भी जाने को कह दिया। मजे से बस में बैठकर ककरावदे की नदी देख आई। खूब लबालब हो रही थी नदी। भीड़ भी खूब जमा थी।

घर गई तो जीजी ने मुझे भी नदी बना दिया। सबने खूब चिढ़ाया–"चुप हो जा, नहीं तो घर में बाढ़ आ जाएगी।" ऊपर से जीजी ने मुझे हिदायत दी कि "अगर तूने कक्का से कही तो फिर देखना।" जब वो मुझे मारती तो मैं मन-ही-मन कहती–

'हे भगवान, अब इसकी सास इसे कभी न भेजे।'

...एक दृश्य मेरी आँख में हमेशा टँका रहता है और जब-तब गाढ़ा होकर उभर आता है खास कर तब, जब मुझे बहुत तेज़ नींद आती है। पिता बहुत

ज़्यादा बीमार थे। कहते हैं, मृत्यु से संघर्ष करते हुए। उस समय दिवाली के दिन भी खाना नहीं बना था। मन्दिर के अन्नकूट ने सबके पेट में अन्न के दाने डाले थे।

दूसरे नम्बर की उषा जीजी तब ढाबा चलाती थी। वो मुझे हमेशा सहारे के लिए साथ रखती थी।

एक रात मैं नींद में झूल रही थी और वो मुझे जगाए रखना चाहती थी। वह मेरे मुँह पर बार-बार पानी के छींटे मारती। मैं बुक्का फाड़कर रोने लगती। कभी वो मुझे बहुत मनाती, कभी चाय पिलाती। मैं जैसे-तैसे नींद में झूलते हुए उनके साथ बनी रहती। कभी-कभी वह मुझे तखत पर सुला देती और ग्राहकों के आने पर जगाती या ढाबा बन्द करने के बाद घर जाने के लिए जगाती।

जीजी बहुत ज़्यादा डरती थी। वो कसकर मेरी उँगली पकड़े अँधेरे में कोई मंत्र बुदबुदाते, भागती-सी अपने साथ मुझे खचोरती ले जाती थी। घर पहुँचते ही मैं माँ के ऊपर गिर पड़ती और जीजी के साथ ढाबा जाने को मना करती।

सुबह होते ही वो मुझे फिर ले जाती। मैं दिन भर ग्राहकों को पानी का गिलास लगाती। जीजी खाना बनाना और परोसना, दोनों करती। मैं बीच-बीच में प्याज, अचार लेकर जाती। शाम के बाद घर भागने की सोचती। जीजी मुझे पटाती–"आज अपन जल्दी चलेंगे। मैं मंत्र पढ़कर तेरी नींद को आने से पहले ही भगा दूँगी।"

न जीजी नींद को भगा पाती थी, न रात को। वह तो मेरे रोने को भी नहीं भगा पाती थी।

ढाबे और घर के बीच रास्ते में एक लाल टंकी पड़ती थी। वहाँ घुप्प अँधेरा रहता था। जीजी उसको पार करने में बहुत डरती थी लेकिन जब कोई गाय या भैंस बीच रास्ते में बैठी हुई मिल जाती तो बड़ी आसानी से बिना डरे रास्ता पार कर जाती थी। जीजी कुत्ते, बैल और साँड से भी बहुत डरती थी।

मैं जीजी का हाथ पकड़े-पकड़े ऊँघती हुई चली जा रही थी कि कुछ कंकड़ हमारे ऊपर फिंके। वो 'भूत-भूत' कहते, मुझे लेकर भागी...। बहुत बाद में जाकर पता चला कि कुछ लड़के उन्हें परेशान करते थे। जीजी ने पत्थर वाली बात, जब हम बड़े हो गए तब बताई लेकिन उस समय माँ-पिता से यह बात छिपाई कि कुछ लोग शाम के जाते ही उसे परेशान करते हैं। तब जीजी ने मेरे दिमाग में यह बात बिठा दी थी कि–'अगर किसी को पत्थर की बात बताओगी तो भूत घर पर आकर कक्का को उठा ले जाएगा।'

लाल टंकी के अँधेरे के बहुत देर बाद मन्दिर पड़ता था। यहाँ तक आकर जीजी दौड़ते-दौड़ते हाँफ जाती। वह रुकती और मुझे भी रोक लेती। हाँफी थमने के बाद घर में ऐसे घुसती, जैसे कुछ हुआ ही न हो।

...शादी में भी जीजी को वही कोई-सा मंत्र बुदबुदाते देखा। खूब लड़ाई-झगड़े के साथ विदा हो रही है। वो रोते-रोते मंत्र बुदबुदा रही है। सारे के सारे नेग अधूरे रह गए हैं। बड़ी माँई और फफू छूटे हुए नेगों को पूरा करने की हड़बड़ी मचाए हैं। फफू नेग करते-करते पिता की टोह भी ले रही है।

फूफाजी और बड़े मामा पल भर के लिए भी पिता को अकेला नहीं छोड़ रहे हैं। छोटे मामा बीड़ी को छोड़ रुआँसे हो एक कोने में चुप खड़े हैं। पिताजी ने अपना किया वादा नहीं निभाया या कहें कि निभा नहीं सके।

जीजी की ससुराल वाले गुस्सा हो गए–"हम लड़की को लेकर जा रहे हैं। लेकिन हमारा-आपका कोई रिश्ता नहीं रहेगा।" बिना खाए-पिए आधी रात को बारात चली गई।

शादी के पूरे दो साल बाद उषा जीजी घर आई। आशा जीजी और उषा जीजी कई बार रोने को छिपाते हुए माँ को ससुराल की बातें बतातीं।

माँ सबको बहुत कोसती–"भले घर के लोग माँ-बाप नहीं बखानते। आग लगे इनसे तो–अच्छे।"

कक्का ने आशा जीजी को आठवीं तक पढ़ाया। उषा जीजी को प्राइवेट ग्यारहवीं और बी.ए. कराना चाहते थे लेकिन जीजी ने खुद ही आगे पढ़ने से मना कर दिया। यह एक रहस्य है जो कभी सुलझा ही नहीं। जब खुला ही नहीं तो सुलझेगा खाक! जब कभी इसके बारे में पूछते, वो तमतमा जाती–"फालतू बात करवे की ज़रूरत का है, बताओ हमें? हम भी तो जरा समझें! बिना बात की चकर-चकर को मतलब?"

...और तीसरे नम्बर की बहन अन्नी यानी भैंस...। उसका मन पढ़ने में बिलकुल नहीं लगता था। वह दिन-दिन भर भैंसें चराया करती। आशा जीजी उसे पढ़ाने बैठती तो वो 'अब्बू खाँ की बकरी' के पाठ से आगे न बढ़ने पाती। उसकी सुई बरहमेश पाठ–पाँच पर अटक जाती। घंटों मशक्कत होती लेकिन वो 'पाठ पाँच–अब्बू खाँ की बकरी' से आगे कुछ न कहती। सबको हँसी छूट जाती और वो सो जाती।

अन्नी का ब्याह बहुत साधारण तरीके से बरसात में बरखेड़ा गाँव में हुआ। बाराती रात भर दालान में बैठे रहे। हम छोटी-छोटी लड़कियाँ जीजाजी को पान में मिर्च भरकर खिलाने जातीं और वो न खाते। विदा से पहले आशा जीजी ने अन्नी को बहुत सारी बातें समझाईं–

"ससुराल में कैसे रहना है, क्या-क्या करना है।–धीरे बोलना है। सबसे बातें नहीं करना है। सुबह चार बजे से ही उठकर बैठ जाना है। चाय धीरे-धीरे पीना है, सुड़क-सुड़क कर नहीं। कोई भी चीज़ ऐसे नहीं खाना है कि लगे कैसे चटोरे खानदान से आई है। भले ही चाहे भूखी रह जाओ, लेकिन ज़्यादा रोटी मत खाना। और पापड़ ऐसे खाना कि आवाज़ न हो।"

अन्नी ने जीजी को आँखें फाड़कर देखा–"बिना आवाज़ किए पापड़ वो कैसे खाएगी?"

जीजी ने हाथ जोड़ लिए–"विन्ना, तू पापड़ खइए ही मत। नहीं तो हमरी नाक कटा दे।"

जीजी की लिस्ट बड़ी लम्बी थी।

"घूँघट बिलकुल नहीं खोलना है। सबके पाँव पड़ना है।" सास, बुआ सास, मामी सास, आजी सास और तो और बाखर की सारी औरतों के बारे में भी ढेर समझाइशें।

जब अन्नी जा रही थी, तब बहुत तेज़ बारिश हो रही थी। कड़कती बिजली और धुआँदार बारिश में वो पिता से 'कक्का-कक्का' कहते लिपट गई। बारिश और विदा, दोनों एकमेक हो गईं। कुछ देर बाद बारिश ठहर गई, लेकिन पिता नहीं ठहर सके। रात के सारे मजे सुबह की विदा ने चकनाचूर कर दिए।

एक दिन क्लास में सक्सेना बहनजी ने मुझे बुलाया–

"यहाँ आओ। किरण (अन्नी) की शादी हो गई? क्या करते हैं तुम्हारे जीजाजी?"

मैंने सिर झुकाए बटन को छोड़ते-पकड़ते कहा–"गोली-बिस्कुट की दुकान है और खेती-बाड़ी भी।"

"अच्छा...और वो किरण कहाँ है? अभी तुम्हारे यहाँ या ससुराल में?"

"अभी घर में ही है, यहीं।"

"उससे कहना, सक्सेना बहनजी याद कर रही हैं। घर बुलाया है।"

'हाँ' में सिर हिलाते, सिर झुकाए खास अंदाज़ में लड़कियों को शेखी से देखती, मैं वापस अपनी जगह पर बैठ गई। बहनजी ने मुझसे बात की, मारे घमंड के कई दिन तक सहेलियों से ऐंठी-ऐंठी रही मैं।

अन्नी के पति गजेन्द्र सिंह जीजाजी अक्सर बस स्टैण्ड पर साइकिल लिये दूर से ढाबे को ताकते दिख जाते। मैं दौड़कर उनके पास जाती, वो मुझे गोली-बिस्कुट देते। मैं 'ना' में सिर हिलाती। वे कहते–"घर जाकर किसी को दे देना।" कभी-कभी मुझे पान भी खिलाते और एक पान घर ले जाने के लिए दे देते। मैं अकसर उनसे घर चलने की जिद करती। वे 'आज नहीं, कल' कहकर हमेशा टाल जाते।

एक दिन उन्हें घर ले गई। रास्ते भर रोमांचित होती रही कि उन्हें देखकर माँ और सब लोग कितने खुश होंगे लेकिन हुआ इसका एकदम उल्टा। घर में तो जैसे सबको साँप सूँघ गया। आशा जीजी ने मुझे देखकर दाँत किटकिटाए और जोर से मेरी चोटी खींच दी–"तू इने लेके क्यों आई?"

माँ सिर पकड़कर बैठ गई–"घर में फूटी कौड़ी भी नहीं है और अब पहली बार आए दामाद का टीका कैसे होगा?"

थोड़ी देर बाद वो उठी और सामने वाली काकी के यहाँ चली गई। फिर आशा

जीजी और माँ सिर पर पल्लू किए जीजाजी को पानी और चाय लेकर गईं। खाना खाने के लिए उन्होंने मना कर दिया। वे मुझे कनखियों से देखते रहे और अन्नी महारानी मुझे देखकर ऐसे मुस्कुरातीं, जैसे कैलेंडर में लक्ष्मीजी मुस्कुराती हैं।

माँ ने जीजाजी को टीका लगाया, पाँव पड़े और ग्यारह रुपये के साथ एक नारियल भी दिया।

जीजाजी ने मुझसे कहा–"चलो बबली, तुम्हें दुकान छोड़ देते हैं।"

पूरे रास्ते चुपचाप साइकिल के डंडे पर बैठी रही। मैंने एक बार भी घंटी नहीं बजाई।

"कहो, कैसी रही...? इसीलिए हम तुम्हें मना करते थे।"

'ट्रिड़िंग...ट्रिड़िंग...ट्रिड़िंग' जीजाजी ने कई बार घंटी बजाई।

आशा जीजी और माँ ने कक्का को सारा किस्सा बताया–"जैसी नककटी ये है, वैसे ही नककटे वे भी निकले। बिना बुलाए, बिना विदा के, बिना महूरत के आ धमके। पूरा गाँव ही नककटा है।"

कक्का सुपारी खाते हुए मुझे देख जोर से हँसे–"काहे री पगली...। आ जा, आ जा। जहाँ मेरी बगल में आ जा। बहुत बुरे लताड़ देती हो यार तुम लोग। जा का जाने इन फालतू की बातों को? चलो, चलो, चाय बनाओ भई।" छोटे-छोटे सुन्दर दाँत लिए कक्का बहुत ज़्यादा हँस रहे थे। उन्हें हँसते देख माँ और जीजी के चेहरे पर थोड़ी-सी, न के बराबर, हँसी आई।

अन्नी साधारण-सी विदा होकर चली गई। जीजाजी दो-चार दिन में एकाध बार बस स्टैण्ड पर दिख जाते। मैं दौड़कर उनके पास जाती और पूछती–"हमाई अन्नी कैसी है?"

वे मुस्कुराते–"घर चलने का नहीं कह रहीं आज?"

सब कुछ ठीक चल रहा था कि अचानक मालूम हुआ कि जीजाजी गायब हो गए। दो-चार, आठ दिन उनका इन्तजार किया गया। फिर कक्का ने मुझे बरखेड़ा वाली बस में बिठा दिया। अन्नी अपनी आजी सास के पास सिर झुकाए लम्बा सा घूँघट किए बैठी हुई मिली। आजी रो रही थीं। रोते-रोते उसे सहला रही थीं। चूड़ियों से भरे हाथों पर हाथ फेरतीं और जोर से सिसकारी भरतीं।

जिस दिन हमें अपनी बस पकड़नी थी, अन्नी के जेठ भवानी घर में ही थे।

अन्नी ने मुझे इशारे से बुलाया और एक कटोरा उन्हें देने के लिए थमा दिया। उसे देखते ही उनका चेहरा तन गया–"देखो, तुमाई जीजी ने जो सत्तू बनाओ है, तुमाई बाई ने इन्हें सिखाओ का है? इनसे सत्तू भी नहीं बने?"

क्या जीजाजी इसीलिए भाग गए कि अन्नी को सत्तू बनाना नहीं आता?

अटारी में वो एकदम चुप थी।–"आशा जीजी से तुम सत्तू बनाना सीख लेना।"

उसने मेरा हाथ पकड़ा और कसम दिलाते हुए बोली–"घर में किसी से सत्तू की बात मत कहना। कक्का से तो बिलकुल नहीं।"

"जहाँ गाँव में का धरो है?" मुँह बिचकाते हुए एक साल बाद जीजाजी आए। एकदम बदले हुए वे अपने साथ दिवाली लेकर आए थे और हम सबके लिए खूब सारी फिल्मों की स्टोरी। उन्हें 'मुकद्दर का सिकन्दर' फिल्म पूरी याद थी। हम सब उन्हें घेर लेते और वे सुनाते तो आँखों के आगे रीलें चलने लगतीं। वे औरंगाबाद में कपड़े की मिल में काम करने लगे थे और अन्नी को लेकर जा रहे थे।

माँ ने बहुत सारा सामान पापड़, अचार, आटा, चावल बाँधा था। अन्नी की सीधाई पर माँ बहुत कलप रही थी– "इत्ते बड़े अनजान शहर में, अकेली कैसे रहेगी?" जितना सोचती, उतनी ही कलपन बढ़ती जाती।

जीजाजी अन्नी को ट्रेन से लेकर गए। अब पूरे दो-ढाई दिन वो ट्रेन में बैठेगी। कक्का के साथ हम सब भी स्टेशन पर थे। अन्नी खुश भी थी और रो भी रही थी। हरे रंग की शर्ट और चश्मा लगाए बीच-बीच में 'क्या-क्या' करते बोलते जीजाजी चमक रहे थे, बहुत ज़्यादा चमक रहे थे। ट्रेन चल दी। वो बहुत देर और बहुत दूर तक हाथ हिलाते रहे। फिर जोर से चिल्लाकर बोले–"बबली, ओ बबली, अगली बार तुम्हें भी ले चलेंगे।"

मैंने उचककर खूब जोर से हाथ हिलाया। उस दिन वे बिलकुल फिल्मी हीरो लग रहे थे। जहाँ तक हम उन्हें और अन्नी को देख सकते थे, वहाँ तक हमने उन्हें देखा।

ट्रेन के जाने के बाद खाली पटरियाँ जाने क्यों अच्छी नहीं लगीं। ट्रेन का पटरियों का यूँ साथ छोड़ देना और पटरियों की तरह पिता को भी खाली होते पहली बार देखा।

हमारी आँखों में अन्नी खिड़की से सटी हँसती हुई बैठी थी लेकिन जाने क्यों पिता की आँखें कुछ ज़्यादा ही खाली हो रही थीं। तेज़-तेज़ चलते वे हम सबसे

बहुत आगे निकल गए थे। ट्रेन चली गई थी लेकिन हम सब उसे अपने साथ लिए घर जा रहे थे।

जीजाजी की चिट्ठी आती। अन्नी को तो लिखना आता नहीं था। हम सब बारी-बारी से उसे पढ़ते और माँ सबसे उसे सुनती। जाने कितनी बार वो चिट्ठी पढ़ी जाती।

एक चिट्ठी में लिखा आया–'डिलेवरी होनी है।' मुझे कुछ पल्ले नहीं पड़ा। कई बार पढ़ा, लेकिन हर बार समझ में न आता। कक्का के पास गई। वो तखत पर अपने दोस्तों के साथ बैठे बातें कर रहे थे। कुछ देर चुप रही, फिर उन्हें एक कोने में ले गई।

''कक्का, जीजाजी की चिट्ठी आई है। हमें समझ नहीं आ रही। तुम पढ़ो।''

मैं कैसे समझी डिलेवरी का मतलब, मुझे ठीक से आज भी याद नहीं है। शायद उन्होंने अपने दोस्तों से कुछ कहा और मैं समझी।

चिट्ठी कक्का की बनियान की जेब में दुबक गई।

लेकिन जीजाजी तो अन्नी को बीच में फिर छोड़ गए। माँ हमेशा बड़बड़ाती– ''आग लगी। जा अच्छी राममिलाई जोड़ी है। दोई के दोई खाऊ-उड़ाऊ।'' अन्नी घर में रहते हुए बच्चे के साथ जीजाजी का इन्तजार करती रहती।

महीनों बाद जीजाजी औरंगाबाद से वापस आ गए। सबने सोचा, अब वे गाँव जाएँगे लेकिन वो भला क्यों गाँव जाते? 'गाँव में का धरो है' की जगह अब वे कहते ''गाँव में क्या रक्खा है?'' माँ ने चुप रहकर उन्हें समझाना चाहा लेकिन उन्होंने बहुत अच्छे से बोलकर समझाया–

''अपने जीवन का सत्यानाश करना है। वो ही पच्चीस-पचास लोगों के संग साथ रहना और हर चीज़ के लिए तरसना। साबुन-तेल लगाओ, तनक अच्छे से रहो तो पूरा गाँव हँसता है। अस्पताल भी नहीं है, हमारे गाँव सहित सात गाँवों में। पूरी पंचायतें बिना अस्पताल वाली हैं। ब्लॉक में जाकर एक स्कूल और छोटी-सी डिस्पेंसरी हैं। वे कब खुलते और कब बन्द हो जाते, कोई ए मालूम ही नहीं पड़ पाए।'' कहते हुए जीजाजी बीच-बीच में नाक से 'खूँ-खूँ' आवाज़ निकालते।

''खूँ...अब देखियो बाई–हमारे पूरे गाँव का इलाज एक आदमी करता है। वो

कम्पाउंडर भी नहीं है। बस वैसे ही सीख गया वो इंजेक्शन लगाना, दवाई देना, और वो हम सब का डॉक्टर है। हाथों पे रखता है उसको पूरा गाँव। वो चलो गओ तो बीमार पड़ के सड़ते रहो या हर चीज़ ज़रूरत के लिए जहाँ शहर की तरफ आँखें फाड़कर देखो। हर दूसरे-तीसरे दिन आने से अच्छा है कि जहीं बाज़ार में ही रहो। हमारे गाँव के बहुत से लोग ऐसे हैं जो कुल्ला तो घर में करते हैं और चाय जहाँ बाज़ार में आकर पीते हैं।

"खूँ... खूँ...—खूँ...हम तो एक बात जानते बाई। जा गाँव जैसी चीज़-ई खतम हो जाने चाहिए। आधे मज़ा करें शहर में और आधे गाँव में मरें। सुन के पेट में दर्द होएगो सबके। मनो काए के गाँव और कैसे गाँव? रखा क्या है गाँव में? और फिर हम तो एक बात जानते बाई कि गाँव के गीत गावे वालों को पहली फुर्सत में गाँव में बसा देना चाहिए। रहो प्यारे गाँव में और मौज करो।

"खूँ...सोचो बाई, हम तो बिना पढ़े रह गए। अब हमारे बच्चे तो पढ़ें-लिखें कि वे भी ऐसे ही ढोर चराते फिरेंगे। पूरे गाँव में एक सरपंच होते और बड़े किसान भी एक दो होते। सब नहीं होएँ। बाकी सबको तो मरण है बाई गाँव में। दम घुटता है अटारी में पड़े-पड़े। कौन आदमी पूरा समय खेतों में गुज़ार देता है। एकदम घुप्प अँधेरे जैसे होते हैं गाँव के घर। ठण्डों में हमारी अटारी में बिलकुल धूप नहीं आए बाई। हम तरस जाते हैं धूप के लिए। और हम आदमी तो बाहर जाकर बैठ जाते हैं। सोचो तनक, बेचारी औरतों के बारे में। ठण्ड में भी उनकी मरण और गर्मियों में भी उनकी मरण—खूँ..." उन्होंने कनखियों से अन्नी की ओर देखा, लेकिन वो मुँह बाये माँ को देख रही थी।

बेचारी माँ क्या कहती? सिर्फ इतना बोलती—

"ऐ...। हम भी तो गाँव के ई हैं। हम कौन कछू बबंई से जहाँ आ गए?"

लेकिन कक्का ने एक दिन गुस्से में उन्हें जमकर फटकार दिया—"क्यों जी? तुम्हें गाँव इत्ता बुरा लगता है तो तुम वापस क्यों आए औरंगाबाद से? वहीं रहते। बहुत लाट साब बनते हो यार। मेहनत करने से घबराते हो अभी से तुम। तरबदारी का जमाना नहीं रहा अब। तुम्हारे दादा-परदादा तरबदार थे। आज के जमाने में कौन किसको पूछता है जी? तुम चाहते हो कि गाँव में सब पहले घाईं तुम्हारी जी-हुजूरी करें। बोलो, समझाओ मुझे। क्यों खराब लगता है तुम्हें गाँव? यार, शहर क्या तुम्हें बैठे-बैठे खाना देगा। अपना-सा मुँह हिला दिया। करना-धरना कुछ है नहीं। लाट साब बने फिरते हैं।" जीजाजी कुछ नहीं बोले, चुप रहे। 'खूँ' की आवाज़ भी नहीं निकली लेकिन मैंने ताड़ लिया कि वे कक्का को आँख नीची किए घूर रहे थे।

कागपुर वाले लकमा जीजाजी या कहें कि आशा जीजी वाले जीजाजी घूरना तो दूर, कक्का के आस-पास भी नहीं आते थे। वे माँ से बहुत बातें करते लेकिन कक्का का बहुत ज़्यादा लिहाज करते। लकमा जीजाजी में माँ की जान बसती थी। उनके आते ही उसके भीतर की बगिया रात रानी-सी महक उठती थी।

"तो...बरखेड़ा वाले अब औरंगाबाद वापस नहीं जाएँगे...?" आशा जीजी ने आसमान सर पे उठा लिया–

"तेरह साल में फूटी कौड़ी भी नहीं जोड़ी इन निठल्लों ने। खाली हाथ चले आए। देखत के सीधे हैं, ये। बातें करा लो बस बड़ी-बड़ी। जैसे ही मौड़ा-मौड़ी बड़े हो गए, जे जहाँ अपनी छाती पर आकर धमक गए...। सोच लो बाई। इनकी मौड़ी की पार अपन को ही लगानी पड़ेगी। अरे, इनकी का अकेले की जमीन बँट गई, सो जै इत्ती हाए तौबा कर रहे हैं? हर घर में, हर गाँव में, पहले थीं लोगों के पास चार सौ, पाँच सौ बीघा जमीनें। अब तो तुम उँगली पे गिन लो, उत्ते किसान भी बड़े नहीं हैं। हर दूसरो, तीसरो किसान छोटो है और वई में वो अपनो घर-बार चला रहो है। इनके जैसे सब हो जाएँ तो पूरे के पूरे गाँव खाली हो जाएँ। और शहर में का हर कोई बाबूजी बन रहो है?"

आशा जीजी भी रुकने का नाम न लेती। धाराप्रवाह बोलती जाती, बोलती ही जाती।

"अरे हमारी भी तो जमीन बँट गई। हमारे हिस्से में भी पैंतीस बीघा आई है बस। हम तो नहीं भग रहे। आए बड़े खोलाधर कहीं के! जहाँ शहर में सुन्ने की दुकान खोल रहे हैं जे। और इनके कहवे से का गाँव खतम हो जाएँगे? अरे, कहवे से पहले इनके मौं में कीड़ा काए नहीं पड़ गए? नंगे नहाएँ का और निचोड़ें का जैसो हाल है इनको।"

और माँ...? उसका तो सर मारे दर्द के फटने लगता।

जीजाजी को पिताजी ने पास में ही एक दुकान किराए से दिला दी, जिसमें वह चाय की दुकान चलाने लगे। दुकान कचहरी के पास थी, सो उनका गुजारा मजे में हो रहा था लेकिन क्या गाँव और क्या शहर? अपनी चाल से चलने वाले, वे ठहरे मस्त तबियत के आदमी।

एक बार आठ बजे ही दुकान बन्द कर दी। पान खाते हुए, उँगलियों में सिगरेट दबाए, मस्त घूमते-घामते ढाबे पर आकर जम गए। मैंने आश्चर्य से कहा–

"अरे! अभी से दुकान बन्द कर दी!"

"हाँ, और नहीं तो का रात, भर बैठेंगे?"

"कम से कम दस-ग्यारह तक तो खोलो।"

"दूध ही खत्म हो गया तो बैठकर का करेंगे?"

"कितने बजे खत्म हो गया?"

"सात बजे।"

"...और दूध मँगा लेते, ग्राहकी अच्छी हो रही थी तो...।"

उन्होंने तमककर सिगरेट का कश खींचा और चुटकी बजाई–

"का करेंगे हाय-हाय करके? सब जहीं छूट जाएगो। जित्तो ज़्यादा पइसा, उत्ती ही ज़्यादा किलकिल। खाली हाथ आए हैं, खाली हाथ जाएँगे। तुम सबको अपने कक्का की तरह मत समझो। एक ग्राहक के लाने रात के बारह बजा देते हैं। बताओ, अब तक तुम्हारे यहाँ कित्ते ग्राहक आए? ऐं...और तुमरे कक्का बिना मतलब रात के बारह बजा देंगे। एकाध ग्राहक आ जाए तो बड़ी बात है बबली। हमरी जाने तो वो भी नहीं आएगो।" मटक-मटककर फोकट में हज़ार बातें सुना दीं।

जीजाजी पिता के एकदम उलट थे। तीज-त्योहार पर दुकान न खोलते। कई बार तो वह इतवार को भी दुकान बन्द रखते। फिर धीरे-धीरे उन्होंने सट्टा खेलना भी शुरू कर दिया। जो पाँच बीघा जमीन हिस्से आई थी, वह भी उन्होंने बेच दी। घर में खूब कोहराम मचा।

"मौड़ा-मौड़ी को खाली हाथ कर दिया। जे अच्छे पिशाच किस्मत में लिखे थे।"

माँ का वश चलता तो जीजाजी को कूट देती।

उस दिन जीजाजी से अन्नी भी खूब लड़ी–"तुमरे पास फूटी कौड़ी भी नहीं है अब। तुम हमारे कक्का के लायक थे ही नहीं। पता नहीं कौन घड़ी उनकी मती सठिया गई थी, जो तुमरे पल्ले हमें बाँध दिया!"

"औऱ्र। तुमरे कक्का ने तरबदारों के घर ब्याही है अपनी मौड़ी। देखियो, बहुत जल्दी हम पूरी ढाई सौ बीघा के किसान हो जाएँगे। और जहीं बाज़ार में खुद के मकान में रहेंगे ठाठ से।"

"हओ। सट्टा-जुआ आदमी ए बनात नहीं है, मिटात है। कंगला कर देत है, कंगला।" अन्नी जब ताव में बोलती, तब उसकी भौंहें बहुत अच्छे से मटकती थीं।

जमीन के बिकते ही जीजाजी ने दुकान बन्द कर पाँव पसार लिए। बेटे विजय ने

दुकान चालू की। कर्जदार धमके–"हमारा हिसाब कर दो।" दूधवाला, शक्कर वाला, कैरोसिन वाला, जाने किस-किससे उधार लेकर बैठे थे : थक-हारकर उसने दुकान बन्द कर दी।

जीजाजी का सट्टा खेलना जारी रहा। धीरे–धीरे घर का सामान जाने लगा। वे फिर गायब हो गए...।

महीनों बाद फिर प्रकट हुए। उन्हें रायपुर से दूर एक फैक्टरी या मिल में काम मिल गया। सबको छोड़कर एक बार फिर अन्नी जा रही थी। माँ ने पिता को उनकी पीठ पीछे खूब कोसा।

"आग लगे इस खाड़ू को। पैदा करके मेरी छाती पर बिठा दिया। न रहने का ठिकाना, न खाने का। भगवान, इस पूरे खाड़ू के संग मुझे भी उठा ले।" दिन भर खुद को पछीटती रही।

आशा जीजी ने अन्नी को दाल, गेहूँ और पापड़ रखे। लाल-लाल आँखें लिए उसे खूब समझाया–

"कुछ बचाकर पैसे जोड़ना सीख। तेरी भी चाटने की आदत भौत बुरी है।"

"तुम समझत नहीं हो जीजी। अगर हम कछु करेंगे और जोड़ेंगे तो इन्हें लत लग जाएगी। वे फिर कछू भी नहीं करेंगे। बैठे-बैठे खाएँगे और हमरे पैसों से सट्टा खेलेंगे सो अलग। तुम जानत नहीं हो उनकी आदत। भौत ई खाऊ-उड़ाऊ हैं जै।"

कुछ काम नहीं करने और पैसा नहीं जोड़ने को लेकर सीधी-सादी अन्नी, जो 'अब्बू खाँ की बकरी' के पाठ से आगे नहीं बढ़ पाती थी, किसी और को नहीं, आशा जीजी को एक नया पाठ पढ़ा गई।

...आशा जीजी कभी भी गाँव के बारे में कुछ नहीं कहती। सुबह-सवेरे गोबर करती, ढोर-बछेड़ू सँभालती, दिन भर चकर-घिन्नी सी घूमती, भरी गरमी में भी लम्बा-सा पिछौरा ओढ़े ससुराल-मायके आना-जाना करती। परदा इतना जबरदस्त कि गर्मियों में घमौरियों से भर जाती।

घर में अगर कभी दो बार लेट्रिन चली जाती तो माँ टोकती–"आशा, भरी दुपहरी में मत जाऊ करे। आदत हो जाएगी तो वहाँ जाके का करेगी?"

गाँव में वह एकदम सुबह मैदान में जाती है और लौटकर घंटा-डेढ़ घंटा फिर सो जाती है। इस बात पर पड़ोसन भाभी का मुँह खुला का खुला का रह जाता है। वो बार-बार जीजी से यही सुनती हैं और हर बार पहले की तुलना में उनका मुँह कुछ ज़्यादा ही खुल जाता है...

"ऐ बाई, तुम्हें फिर से नींद कैसे आ जात है?"

बारिश में चार महीने जीजी की कोई खबर न मिलती। जब वह घर आती तो खुले में साँस लेती। हो सकता है, कहती न हो, लेकिन कहीं न कहीं उसके मन में भी बाज़ार यानी शहर में बसने की आस हो।

...और उषा जीजी? वह तो अपनी नींद भी घर आकर पूरी करती है। जब वह आती है तो कई दिन तक सोती ही रहती है। ऐसा लगता है, जैसे जीजी को ससुराल में सोने को नहीं मिलता।

...और जीजाजी के साथ भटकती-फिरती अन्नी। जीजाजी न शहर के न गाँव के। जाने किस दुनिया के दरवाजे खटखटाते फिर रहे थे। जब तक अन्नी एक दरवाजे को खोलना, बन्द करना सीख-समझ पाती, तब तक वो दूसरा दरवाजा खटखटाने लगते। और दरवाजा भी बिना साँकल वाला, जिसे खोलने और बन्द करने की ज़रूरत ही नहीं।

...आखिरकार पिता ने आशा जीजी, उषा जीजी और अन्नी का हाल देख तय किया कि वे अब हम पाँच की शादी-वादी के बारे में बाद में सोचेंगे। पहले लड़कियों को खूब पढ़ाएँगे-लिखाएँगे। अपने पाँवों पर खड़ी करेंगे। नौकरी कराएँगे। ढोर-बछेड़ू की तरह लड़कियों को खूँटे से नहीं बाँधेंगे जी...।

स्कूल का समय सुबह सात से दोपहर बारह का था। एक दिन स्कूल में बहनजी ने कहा–"अब सब लोग टिफिन लाया करो और रिसेस में इकट्ठे बैठकर यहीं खाया करो। बहुत मज़ा आएगा।"

लड़कियाँ खुशी में चीखीं–"हाँ, हाँ, बहुत मज़ा आएगा।" लेकिन हमें मज़ा नहीं आया।

एक-दो दिन तो हमने बिना टिफिन के गुज़ार दिए। सारी लड़कियाँ गोल घेरा बनाकर 'ही ही ठी ठी' करती खातीं कम, खिलखिलातीं ज़्यादा। हम खेल के मैदान में उनके आने का इन्तजार करते रहते। सहेलियाँ पीछा न छोड़तीं–"आज हमारे साथ खा लो। कल से ज़रूर टिफिन लेकर आना।"

"हमें भूख नहीं लगती। हम सुबह-सुबह कुछ नहीं खाते या घर से खाकर आए हैं।" जाने कितने बहाने बनाते कँपकँपाती आवाज़ में।

लेकिन रोज़-रोज़ की इस चिखचिख से शिवा निजात पाना चाहती थी। उसे एक तरकीब सूझी। वह सुबह जल्दी उठ गई। उसने रात की रखी रोटियों को गर्म तवे पर खूब फुला लिया, साथ में थोड़ा-थोड़ा न के बराबर तेल लगाती जाती। उसने रोटियों को इतना कड़क कर दिया कि कोई ताड़ न पाए कि ये रोटी हैं या हैं पराँठा? टिफिन तो होने से रहा, सो जाने कहाँ से उसने बर्तन का एक डिब्बा खोजा और रोटियों के संग अचार रख लिया।

मैं शिवा की क्लास में उसकी सहेलियों के साथ जाकर खाती। उसकी सहेलियाँ कहतीं–"शिवानी, ये तुम क्या लेकर आई हो?"

वे हमारे टिफिन से खातीं और हम उनके टिफिन से। शिवा उन्हें हमारे टिफिन से खाते देख बहुत खुश होती और मुझे देख आँखों ही आँखों में मुस्कुराती–'देखा मेरा कमाल!'

ये टिफिन लाना फरमान था। टिफिन में रोटी लेकर जाना तो जैसे पाप था। कोई पराँठा लेकर आता, कोई पोहा, कोई पपड़ी, कोई खुरमे और कोई-कोई तो पूड़ी-हलवा लेकर भी आता।

एक दिन टिफिन के बाद अपनी क्लास में आई तो देखा कि सारी लड़कियाँ घेरा बनाकर खा रही हैं और एक लड़की क्लास के आखिर के कोने में बैठी चुपचाप छिपा-छिपाकर कुछ खा रही है। वह जैसे अपने भीतर टिफिन छिपाए हुए बैठी थी और लड़कियाँ हैं कि ताक-झाँक कर रही थीं। लड़कियाँ फुसफुसा भी रही थीं–"ये रोटी लेकर आई है, रोटी लाई है ये।"

दुबकी हुई वो लड़की टिफिन को छिपाए रोटी के साथ आँसुओं को भी चबा रही थी। मेरे मन में आया कि उसे शिवा वाली तरकीब बता दूँ लेकिन डर गई कि कहीं हमारी भी पोल खुल गई तो?

'ऐ मेरे वतन के लोगो, जरा आँख में भर लो पानी।
जो शहीद हुए हैं उनकी, ज़रा याद करो कुर्बानी।'

लाउड स्पीकर पर गूँजती आवाज़ के साथ सिर्फ छब्बीस जनवरी और पन्द्रह अगस्त को नाश्ते में पोहा और हलवा बनता था। माँ पोहा बनाती भी बहुत अच्छा थी। छब्बीस और पन्द्रह को कक्का हमें बहुत जल्दी उठा देते और फटाफट नहाने और तैयार होने को कहते। हम सब तैयार होकर घर से पोहा-हलवा खाकर स्कूल जाते।

'जन गण मन', 'वन्देमातरम' के बाद प्रभात फेरी और फिर–'ओ मन में है विश्वास, पूरा है विश्वास, हम होंगे कामयाब एक दिन।' हाथ में बूँदी के लड्डू दबाए घर की ओर दौड़ लगा देते। एक लड्डू माँ को और 'हम होंगे कामयाब एक दिन' गाते हुए एक लड्डू कक्का को खिलाते। बाकी दिनों में कोई नाश्ता नहीं करता था। सीधे खाना खाते थे हम लोग।

लेकिन कक्का हमारी इच्छाओं को जानते-समझते थे और भरसक उन्हें पूरा करने की कोशिश भी करते थे। शायद इसीलिए स्कूल ड्रेस में सूती स्कर्ट के संग टेरीकॉट की शर्ट बनवाते थे। माँ से कहते–"रोज़ धोओ और तकिए के नीचे रात में दबाकर रख दो।"

स्कूल ड्रेस के अलावा साल में एक बार सब बहनों को एक-एक जोड़ा कपड़े भी सिलवाते थे।

अनुपमा समैया बहुत बड़े सेठ की लड़की थी। सबके पास बस्ते थे, लेकिन उसके पास एल्यूमिनियम की पेटी थी। छोटी-सी सुन्दर पेटी देखते ही बनती। सब

लड़कियाँ उसकी पेटी को निहारती रहतीं। वो मेरी बहुत पक्की सहेली थी। उसकी देखा-देखी कुछ और लड़कियाँ भी पेटी लेकर स्कूल आने लगीं।

मैं पिता से कहती–"कक्का, हमें भी अनुपमा जैसी पेटी ला के दो।"

वे 'हाँ-हूँ' करते रहते–"इस साल नहीं, अगले साल।" कभी कहते–"फर्स्ट आओगी तो पेटी दिलाएँगे।"

अनुपमा पढ़ने में बहुत तेज़ थी। हमेशा फर्स्ट आती थी। एक से एक अच्छे कपड़े पहनती थी। उसकी ट्यूशन भी लगी थी। उसकी एक-एक बात कक्का को बताती–"अनुपमा के पास ये है, वो है, उसकी किताबों पर पीले खाकी रंग के कवर चढ़े हैं, उन पर रंग-बिरंगी चिप्पियाँ लगी हुई हैं, उसके पास बहुत सारी कॉपियाँ हैं और वह हर शनिवार नए कपड़े पहनकर आती है। कक्का, तुम मेरी भी ट्यूशन लगवा दो। फिर मैं भी उसकी तरह फर्स्ट आऊँगी।"

कक्का भी कम न पड़ते–"अरे, बिना ट्यूशन के फर्स्ट डिवीजन लाओ, तभी तो कोई बात है।"

फिर भी मैंने कक्का को इस बात के लिए मना लिया कि इस बार मैं समैया सेठ के यहाँ से कपड़े लूँगी। कक्का की दुकान बँधी हुई थी। खाता चलता था। वे धीरे-धीरे कर पैसे चुकाते थे लेकिन वे मान गए थे और मैंने भी कसम खाई कि सिर्फ इस बार, हर बार नहीं।

हम उनके यहाँ कपड़े खरीदने गए। मुझे कोई भी कपड़ा पसन्द नहीं आ रहा था। कक्का ने हँसते हुए कहा–"सेठजी, अपनी बच्ची को जो पहनाते हो, वैसे कपड़े निकालकर दो। अरे सेठ, हम लोगों का भी ख्याल किया करो। मौड़ा-मौड़ी सरीगत करते हैं भई। बच्चे हैं भाई। तुम्हारी चादर और हमारी चादर में फर्क है सेठजी। क्यों बेवजह हमारा बाजा बजाने पर तुले हो यार?"

मुझे बुरा, बहुत बुरा लगा।

घर आकर बहुत लड़ी–"तुमने यह सब क्यों कहा उनसे? वे अब अनुपमा से कहेंगे। वो क्या सोचेगी हमारे बारे में! अब मैं तुमसे कभी कोई बात नहीं कहूँगी। तुम सबसे कह देते हो।" मैं सुबकती जाती और बोलती जाती।

वे हँसते रहे और माँ भिनभिनाने लगी–

"और भेजो स्कूल। धन्ना सेठों की लड़कियों के संग उठेंगी-बैठेंगी तो जोई होएगो। तुम अपनी बराबरी की मौड़ियों के संग क्यों नहीं रहती हो?" कहते मुझे खाने दौड़ी...।

"कक्का भी तो बड़े-बड़े आदमियों के संग रहते हैं। सब के सब दुकान पर आते हैं। कक्का वकील हैं का? पूछो...पूछो इनसे। फिर क्यों ये वकील चाचाजी से घंटों कचहरी के बारे में बतियाते हैं? अपने यहाँ खेती नहीं है फिर भी ये हर फसल के बारे में पूछते हैं सबसे। क्यों भैया, का भाव बिका तुमरा चना, मसूर और गेहूँ?" मारे गुस्से के कक्का की नकल उतारने लगी।

वे और जोर-जोर से हँसने लगे। माँ का पारा सातवें आसमान पर पहुँच गया। उसने धम्म-से चाय का बर्तन जमीन पर पटक दिया–

"बाप के पाँव पे पाँव धरेगी तो, पूरी जिन्दगी रोएगी। कंडा पे कढ़ी धरे फिरेगी वऊ।"

मैं 'कक्का' कहते चिल्लाई। माँ ने और जोर से दाँत भींचे, वो यहीं नहीं रुकी, कसकर दाँत भींचते बोली–"अकड़ू खानदान। न ऐसे अड़ियल होते, न मुझे जे दिन देखने पड़ते। इस पूरे खानदान को तो अकड़ खा गई, अकड़।"

इस बात पर कक्का का मुँह थोड़ी देर के लिए कसैला हो गया। इस कसैलेपन और हाय-हाय के पीछे दादाजी का जमाना वक्त-बेवक्त माँ के दिमाग के दरवाजे जो खटखटाता रहता है।

बात यह है कि दादाजी के पास सगरौदा गाँव में एक सौ पचास बीघा जमीन थी। एकदम पियत की सोना उगलने वाली जमीन...। अंग्रेजों के जमाने की बात है। जमीन की तौजी (टेक्स) लेने तहसीलदार आए। दादाजी का उनसे विवाद हो गया। तौजी के लेन-देन और तहसीलदार के बर्ताव को लेकर दादाजी ताव में आ गए और तहसीलदार को चाँटा मार दिया।

पूरी जमीन नीलाम हो गई। जमीन के साथ घर, बाखर, बैल, भैंस, गाय–सारी की सारी चल-अचल सम्पत्ति सब नीलाम। कुछ नहीं बचा सिवा दादाजी के ताव के। गश खाकर गिरी दादी ने खाट पकड़ ली।

पिता और बुआ को कन्धे पर बिठाए दादाजी पैदल चल पड़े। जमीन के साथ सगरौदा भी छूट गया। दादाजी ने चालीस-पचास किलोमीटर के बाद अपनी ससुराल मगाकर गाँव में आकर बुआ और पिता को कन्धे से उतारा लेकिन दादाजी का ताव और दादी की गश नहीं उतरी।

बारह-चौदह बरस की उमर में कक्का यहाँ इस नगर में आ गए। वे तेल मिल

में हम्माली करने लगे। दो बरस तक नीम के पेड़ के नीचे ईंट के चूल्हे पर रोटियाँ बनाई और टहनियों पर तौलिया सुखाया। उन दिनों वे बैलगाड़ी पर सोया करते थे।

जब सेठ ने अपने बाड़े में कमरा किराए पर दिया तब दादा, दादी और बुआ आए। बुआ आज भी पिता की हम्माल पीठ को सहलाती है। हम्माली के बाद कक्का कई बरस तक मिल में मुकद्दम भी रहे।

मुकद्दमी के बाद स्टेशन पर चाय और जय स्तम्भ चौराहे पर मिठाई की दुकान खोली। दादाजी भी दुकान पर बैठते। जमीन की नीलामी ने उन्हें खड़े होने लायक छोड़ा ही नहीं था। लम्बे-चौड़े दादाजी जमीन छिन जाने से बहुत टूट गए थे।

कुछ साल बाद कक्का ने दुकानें किराए पर दे दीं और मसूदपुर, रसूलपुर, बागरौद, हरनाखेड़ी और मासौर में देशी शराब का ठेका ले लिया लेकिन इसमें दिवाला निकल गया।

सब कुछ छोड़कर बस स्टैण्ड पर ढाबा खोल लिया। घर में शराब के ठेकों और जमीन की नीलामी की बात न के बराबर होती क्योंकि माँ बहुत दुखी हो जाती थी।

"अगर आज जमीन होती तो काए को मौड़ा-मौड़ी ऐसे बाज़ार में बैठते और काए कों जे सात जात के जूठे बर्तन धोते? जमीन नीलाम न भई होती तो कक्का भी अच्छे-खासे डेढ़-दो सौ बीघा के किसान होते।" माँ की सिसकारी बड़ी लम्बी होती...।

...ये सिसकारी टल्ले खाती हुई हमारे बीच भी चली आती थी। रक्षाबन्धन पर कक्का आठ डोरे लेकर आते। आलू की सब्जी, रायता, पूड़ी और भजिए खाने के बाद हमें चवन्नी पकड़ा देते–"जाओ, मुन्ना के यहाँ से गोली लेकर खा लो सब जन।"

चवन्नी की गोलियों में छोटा-सा भैया भी हिस्सेदारी करता।

भैया राखी में हर बार जीत जाता था। दिन भर सब दूर गिनाता फिरता– "देख...! एक...दो...तीन...और ये...पूरी आठ...! जीत तो होनी ही थी क्योंकि दूसरों के हाथ में दो-चार राखी से ज़्यादा नहीं होती थीं।

लेकिन इस बार पड़ोस में निशा ने अपने इकलौते भाई कार्तिक को बहुत बड़ी राखी बाँधी। वे दोनों दिन भर अपनी राखी दिखाते घूमते रहे। पाँच रुपये की उस

राखी के चारों ओर एक बड़े से स्पंज में पंजियाँ बँधी हुईं थीं। उस पंजी वाली राखी ने पहली बार हमारे रक्षाबन्धन को खट्टा किया।

"जिस दिन अपने पास ये पंजी वाली राखियाँ आ जाएँगी न, देखना...तब भैया के दोनों हाथ राखी से भर जाएँगे।"

हमारे डोरों से भैया का आधा हाथ भर जाता था। हम दूर-दूर बाँधते थे ताकि उन्हें गिना जा सके लेकिन निशा की एक ही राखी ने कार्तिक का आधा हाथ भर दिया था।

रक्षाबन्धन के दूसरे दिन लड़कियाँ स्कूल में एक दूसरे को अपने नए कपड़े दिखातीं और बतातीं कि उनके कितने सारे पैसे जुड़ गए हैं। इतने इस भैया ने दिए, उतने उस भैया ने दिए फलाँ ने ये दिया, फलाँ ने वो दिया, ये किया, वो किया। बहुत-बहुत मजे किए, वगैरह-वगैरह।

कुछ साल तो हमने यह सब झेला। फिर मैंने रक्षाबन्धन और दिवाली के दूसरे दिन स्कूल जाना ही छोड़ दिया क्योंकि यहाँ तो दिवाली पर भी नए कपड़े नहीं बनते थे और थोड़े से पटाखे आते थे, वो भी लर वाले। हम अपने त्यौहार का बखान कैसे करते?

हमें तो होली अच्छी लगती थी। होली के रंगों ने कभी बेरंग नहीं किया।

वो भी क्या दिन थे जब स्कूल की लड़कियाँ ढाबे के सामने से निकलती थीं। अगर कोई लड़की हमें दूर से दिख जाती तो हम काम छोड़कर छिप जाते। यह सोचकर पसीना आ जाता कि अगर इसने देख लिया और स्कूल में बता दिया तो?

एक बार ढाबे पर मैं परोस रही थी और शिवा भट्ठी में पंखा लगा रही थी। कक्का रोटी बना रहे थे। उस दिन हम दोनों स्कूल नहीं गए थे। लड़कियाँ निकल रही थीं। शिवा ने पंखा छोड़कर जमीन पर अष्टा-चंगा खेलना शुरू कर दिया और मैं पीछे जाकर खड़ी हो गई।

इधर ग्राहक 'रोटी...रोटी' चिल्ला रहे। कक्का ने मुझे आवाज़ दी। मैंने डरते-डरते और बहुत अनमने होकर सबको परोसा। कोई कुछ माँगता, कुछ और ले जाकर पहुँच जाती। सबकी रोटी गिनना भूल गई। किसने कौन-सी सब्जी ली, कितनी रोटी खाईं, किसने घी लगवाया, किसने ज़्यादा प्याज ली, किसने पापड़ लिया, किसने और अलग से क्या-क्या लिया—सबका हिसाब गड्मड हुआ। ग्राहकों ने भी पैसे देने में बड़ी किच-किच की। ग्राहकी के बाद भी साँस थमने का नाम न ले रही।

"कक्का, हमें बहुत शरम आती है अब। स्कूल की लड़कियाँ या कोई मैडम देख लेंगी तो? लड़कियाँ कित्ता चिढ़ाएँगी? कित्ती शरम की बात है कि हम ढाबे पर काम करने वाले स्कूल आते हैं और वो भी कैसे बन-ठन के। कक्का, हम तो कोई एक काम करेंगे। स्कूल या फिर तुम्हारे संग यहाँ दुकान पे काम।"

बापू कहाँ मानने वाले थे। मेरी तरफ चिमटा लिए बढ़े—"कहाँ की लड़की तुझे चिढ़ाती है, बोल? मैं चलूँगा कल तेरे संग स्कूल। उसके बाप से कहूँगा और तेरी बहनजी से भी।"

लेकिन शरम इतनी आसानी से पीछा छोड़ने वाली न थी। हिट तो तब हुई जब स्कूल में खेल प्रतियोगिता चल रही थी। दूसरे शहरों से भी लड़कियाँ आई हुई थीं। मैंने किसी खेल में भाग तो नहीं लिया था, लेकिन हूट करने का काम जबरदस्त ढंग से चल रहा था।

हम आठ-दस का एक ही काम कि किसी भी तरह अपने स्कूल को जिताना है और इन्हें इतना हूट करना है कि ये न तो दौड़ पाएँ और न भाला फेंक पाएँ। चिढ़ा-चिढ़ऊअल और मजे-मजे में झगड़ा हो गया। बात प्रिंसिपल तक जाते-जाते रह गई। सब कुछ के बाद भी हमने चिढ़ाना बन्द नहीं किया। वे मुझे पहचानने भी लगी थीं। दूर से ही अपने सर को बताने लगतीं कि 'ये...ये लड़की है। यही लड़की सबसे ज़्यादा परेशान करती हैं हमें।' उस दिन के खेल समाप्त हुए और स्कूल की छुट्टी हो गई। हम कुछ देर मस्ताते रहे, फिर कल की जोरदार प्लानिंग करते हुए अपने-अपने घर चले गए।

जब ढाबे पर पहुँची तो खुश होने की बजाय मुझे रोना सा आ गया। घर तो लौट नहीं सकती थी और ढाबे की ओर पाँव ही नहीं बढ़ रहे थे।

एक बस के पीछे छिपी ढाबा, कक्का और उन लड़कियों को देख रही थी। कक्का मेरी राह तक रहे थे और मैं जादूगर बनने की सोच रही थी। ऐसा कमाल का जादू, जो पल भर में इन लड़कियों को गायब कर दे। स्कूल गायब, खेल प्रतियोगिता गायब, बस स्टैण्ड गायब, शहर भी गायब। जादू इतना गजब का था कि कक्का और ढाबा भी...

कि इतने में पप्पू रिक्शा वाले ने मुझे देख लिया—"अरे, हम तो तुमाए घर ही जा रहे थे। चलो, जल्दी चलो। कक्का बुला रहे हैं तुमाए। दुकान पर भौत

भीड़ है। तुम जहाँ काए खड़ी हो? दिखत नहीं है का? कित्ते परेशान हो रहे हैं कक्का!"

घिसटती हुई-सी ढाबे की ओर बढ़ी और दौड़कर पिछले दरवाजे से घुसने वाली थी कि लड़कियों ने देख लिया। सब जोर-जोर से हँसने लगीं। सारा माजरा समझ गए बापू। उन्होंने मेरा हाथ पकड़ा और उनके पास ले गए–"यही लड़की तुम्हें परेशान करती है?" सब जोर-जोर से 'हाँ-हाँ' चिल्लाने लगी। उनके सर हँसने लगे। वे सब शायद पहले से यही बातें कर रहे थे। हमारा स्कूल एक भी खेल में नहीं जीता था और ये हमसे बहुत आगे थीं। पिताजी बोले–"अरे चिढ़ाने से क्या होता है? खेल में जीतकर दिखाओ, तब कोई बात बने।"

वो चीख-चीखकर अपनी जीत के किस्से सुनाने लगीं। पल भर को तो मुझे लगा कि यह ढाबा नहीं, स्कूल का ग्राउण्ड है। मैं चुप थी। फिर कक्का ने हमारी दोस्ती करा दी–"कल से परेशान मत करना इन्हें। ये अपनी मेहमान हैं। भई, अपने शहर का नाम मत खराब करो। चलो, चलो। कौन-कौन, क्या-क्या, सब्जी लेगा?"

वो सब कक्का और ढाबा से इतनी घुल-मिल गईं कि पानी भी खुद ही भरकर पीने लगीं। पूरे सात दिन तक उन्होंने ढाबे पर खाना खाया। कुछ मेरी परोसने में मदद भी करने लगीं। जब वे होतीं तो पूरा ढाबा उनका हो जाता था। इस बीच कोई ग्राहक आ जाता तो कक्का उसे बुरी तरह खिच्चया कर लौटा देते–"एकाध घंटे बाद आना रे। देख नहीं रहा, बच्चियाँ हैं अभी। यहाँ मत खड़े रहो। चलो, चलो जाओ जहाँ से।"

इस खेल में मैंने शरम को बुरी तरह से पराजित किया। मैं जीत गई थी या शायद कक्का ने हारी हुई बाजी जिता दी थी मुझे।

कक्का बहुत मस्त स्वभाव के ज़िन्दादिल आदमी। शहर के अच्छे लोगों में उनका उठना-बैठना था। वे एकदम खास शादी-ब्याह या किसी बड़ी पंचायत में ही कहीं जाते थे। वे ढाबा नहीं छोड़ सकते थे। इसलिए सारी पंचायतें ढाबे पर होतीं। बड़े किसान, छोटे किसान, मँझोले किसान, मजबूत किसान, पोले किसान, महापोले किसान, रढ़े किसान, महारढ़े किसान–सब टिके रहते। खेती-किसानी, नाते-रिश्तेदारी, बरसात-सूखा, फसल मर रही है, फसल जी रही है...ढाबा, जैसे गाँव की पाठशाला।

जाने क्यों और किसलिए कक्का से हर दूसरा-तीसरा आदमी अपने दुख, दर्द, मुसीबत और दुनिया जहान की बातें करता था और उनका कहा भी लोग मानते थे। यही वो हमसे चाहते थे। वे किसी भी तरह की हीनता हममें नहीं देखना चाहते थे। हम सबको स्कूल भेजते थे। इससे उनका रुतबा और बढ़ता जाता था।

ढाबा चलाना और उस पर लड़कियों का साथ इसे वे अपनी विशेषता मानते थे कि कैसे एक आदमी इतने बड़े परिवार को पाल पोस रहा है। वो भी इतने अच्छे ढंग से। वो अपनी इस बात को लेकर हर किसी को गरिया देते–"अरे, मुझे देखो। मेरे बच्चों को देखो।"

इसीलिए ढाबे पर कोई काम करने वाला नहीं था। सारे काम हमीं लोग करते थे।

कक्का कहते–"आदमी लगाएँगे तो अपन का खाएँगे? अरे, जो भी जितना है, तुम-हम खा लें या आदमी को खिला दें?"

धीरे-धीरे ढाबा हमारी भी विशेषता बनता चला गया। ये कब और कैसे हुआ, मालूम ही नहीं चला। हम खुद-ब-खुद बड़ी दबंगता से स्कूल जाने लगे। ढाबे के सामने से गुजरती स्कूल की लड़की को देख हम मुस्कुराते। इतना ही नहीं, उसे रोक बातें भी करने लगे।

गर्मियाँ अपने चढ़ाव पर होतीं और परीक्षाएँ शुरू हो जातीं। कक्का हम सबका बहुत ध्यान रखते। वे अकेले ही सारे काम करते रहते। स्कूल से हम परीक्षा देकर घर आते और फटाफट ढाबे के लिए निकल जाते। वे हमें दूर से देख लेते और चिल्लाकर पूछते–

"अरे, आ गईं? कैसा गया भाई तुम्हारा पेपर?"

"अच्छा, बहुत अच्छा...।"

कई बार लोगों के सामने ये जवाब देते हम शरमा भी जाते। रोटी बनाने के लिए चिमटा-बेलन उठाने को होते कि वे चवन्नी पकड़ा देते–

"जाओ, पहले टिकिया पी आओ या गन्ने का रस, जिसका तुम्हारा मन हो।"

एक बार तो हमें लस्सी भी पिलाई थी। उसका स्वाद बहुत दिनों तक जीभ और मन पर रहा। उन्होंने ताड़ लिया कि हमारा मन लस्सी पर जाता है। वो बर्फ लेकर आते और जरा-से दूध में बहुत सारा पानी मिलाकर उसे देर तक फेंटते रहते। फिर एक गिलास में बर्फ की दो डली डालकर हम सब उसे गटागट पी जाते।

कोई एक माँ को लस्सी देने घर जाता। पीछे-पीछे कक्का के ये शब्द साथ-साथ चलते–'अरे पगलिया, धीरे-धीरे जा। दौड़ियो मत नहीं तो...?' इसी के साथ हँसने की आवाज़ें भी...।

परीक्षाओं में माँ को हमेशा एक विशेष काम सौंपा जाता था। ढाबे के बाद हम सब देर रात तक पढ़ते थे। वो बीच-बीच में चाय बनाकर देती। अगर पढ़ते-पढ़ते झपकी लेने लगते तो आवाज़ देकर जगाती भी थी। कभी हम 'बाई, सबेरे चार बजे जगा देना' कहकर सो जाते। वो कई बार जगाती, तब जाकर हम उठते थे।

माँ ने मुझे थोड़ा झिड़ककर जगा दिया। आँख मलते हाथ में किताब लिए कक्का के पास पहुँच गई–"कक्का...। ये बहुत बुरे ढंग से उठाती हैं। पढ़ाई से मन उचट जाता है हमारा फिर।"

उन्होंने माँ को समझाया–"परीक्षा के समय बच्चों का मूड मत खराब किया करो। तुम समझती नहीं हो, लय बिगड़ जाती है भई।"

वो भड़कती कि कक्का ने कड़ककर डाँट दिया–"गँवार के गँवार ही रहोगे, तुम सब बेपढ़े-लिखे। तुम्हारी खोपड़ी में छोटी-सी बात क्यों नहीं घुसती है? मौड़ा-मौड़ी रात-दिन एक करते हैं और तुम...?"

माँ का मुँह फूल गया।

दूसरे दिन अंग्रेजी का पेपर था। उसने मुझे जगाया ही नहीं। पौने सात बजे नींद खुली। मैं चिल्लाई–"बाई, बाई, ओ बाई। तुमने जगाया क्यों नहीं?"

वो कुछ नहीं बोली। बस मुझे घूरती रही।

बिना चाय पिए मुँह पर पानी मारकर भागी-भागी स्कूल पहुँची।

कक्का ने माँ को बहुत फटकारा। वो चुप रही लेकिन जब आशा जीजी आई तो उसने मुझे पकड़ लिया–

"क्यों री, बाई का तुम्हारी नौकर है? दुकान पर काम कर-करके तुमने जाऐ पागल बना रखो है। तेरे पेपर की चिन्ता तोए होनी चाहिए या बाई को? और तू हर बात कक्का से क्यों चोंकती है?"

तनी हुई रस्सी पर चलती हुई जीजी–"मैं तो कहत हूँ बाई, जा दुकान ने इन औरों के दिमाग खराब करके रखे हैं। बड़ी मुसीबत है अपने घर की। मौड़ियों की दुकान जाए बिना सधत नहीं है और इनको पूरो मौड़ीपन खतम हो रहो है सो अलग। कैसे हाथ पीले होएँगे इन औरों के?"

"आग लगो खाड़ू। जै का कोई औलाद है? जै तो पिछले जनम को पाप हैं मेरो। जे में जा बबली.. बाप ने मूड़ पे बिठाओ है जाए। देखिओ आशा, मैं कह रही हूँ आज...। जा भी रोएगी बाप के संग और अपन भी रोएँगे जा के संग। जाके ढंग सबसे बुरे हैं अपने घर में।"

एक तो माँ ने मुझे जगाया नहीं। वो भी अंग्रेजी के पेपर के दिन और ऊपर से मुझे देख दाँत भी किटकिटाती।

पेपर खत्म नहीं हुए थे। दिन-रात अंग्रेजी का बिगड़ा पेपर मेरा पीछा न छोड़ता। कक्का खूब समझाते, हिम्मत भी बँधाते। सहेलियाँ मस्ती करतीं–"जो बीत गया, सो बीत गया। अब कल की सोचो और तकिए में पाँच गुम्मे मारकर सोओ। नींद एकदम करेक्ट पाँच बजे ही खुलेगी।" मुझे हँसी न आती। फिर वे सब जोर-जोर से गाने लगतीं–"हाए-हाए हमको-तुमको, सबको इस अंग्रेजी ने मारा। क्यों न इस अंग्रेजी को मार डालें?"

फिर हम सब मिलकर अंग्रेजी को कोसने लगते और जोर से कहते–"जो है सो है।"

...अंग्रेजी के इस निराशाजनक दौर में खटारा ट्रक आगे और पीछे बैलगाड़ियाँ, रिक्शे, हाथ ठेले, साइकिल और मोटर साइकिलें। छोटे-से उस ट्रैफिक में फँसे हम बहुत खुश थे। खुशी इस बात में थी कि देखो। अब तो अपने यहाँ भी ट्रैफिक जाम होने लगा है।

अचानक धर्मिला और परवीन खूब जोर-जोर से हँसने लगीं। बमुश्किल अपनी हँसी को रोकते, पेट पकड़ते बोलीं–"देखो, देखो। देखो, जल्दी देखो। ट्रक पर क्या लिखा है...?"

'जो है सो है।' खटारा ट्रक पर लिखे इस वाक्य ने बहुत संबल दिया।

..."जो है सो है यार।"

कक्षा छठवीं से ग्यारहवीं तक अंग्रेजी भी कोर्स में थी। छठवीं में कार की स्पेलिंग सीखी। हुआ यों कि सर ने कुछ स्पेलिंग्स याद करने को दीं और क्लास मॉनिटर को कहा कि वह सब लड़कियों से स्पेलिंग्स पूछे। कई स्पेलिंग बहुत बड़ी-बड़ी थीं। एक समवेत स्वर में पूरी क्लास उन्हें घोंटे जा रही थी।

क्लास मॉनिटर पूछने के लिए खड़ी हुई और सर ने सबसे अपनी-अपनी किताब बन्द करने को कहा। जिसकी स्पेलिंग सही होगी, वह बैठ जाएगी और जिसकी गलत होगी, वह एक तरफ खड़ी हो जाएगी। सबसे पहले मेरी बारी आई और किस्मत से मुझसे कार की स्पेलिंग पूछी गई। मारे जोश और रोमांच में मैंने जल्दी से बोला–

“सी. ए. कार–कार...।” मैं ‘आर’ की जगह ‘कार’ बोल गई।

मॉनिटर ने कहा–“गलत है सर। एकदम गलत।” सर ने बुरी तरह डाँटते हुए कहा...“इतनी सी चीज़ नहीं आती तुम्हें? यह तो चार-पाँच साल का बच्चा भी बता देगा। खड़ी हो जाओ कोने में।”

मैं अपना-सा मुँह लटकाए खड़ी हो गई लेकिन मेरी खुशी का तब ठिकाना न रहा जब चार-पाँच को छोड़कर पूरी क्लास ही खड़ी हो गई।

“हम बहुत सारे थे, जो अंग्रेजी नहीं पढ़ सकते थे।” सर ने उस दिन क्लास में यही कहा था।

...मरते-गिरते-पड़ते, जैसे-तैसे हमने ग्यारहवीं की। एक-दो बार सप्लीमेंट्री आई और दो बार ग्रेस से पास हुई।

श्रीवास्तव सर तो मुझ जैसी ज़्यादातर लड़कियों पर अपना समय बर्बाद ही नहीं करते थे। वे सिर्फ चार-पाँच पर ध्यान देते थे, जो सबसे आगे बैठती थीं। उन्हें अंग्रेजी समझ आती थी। सर जब पढ़ाते तो उनके सिर ‘यस सर, यस सर’ में लगातार हिलते रहते। सर बीच-बीच में पूछते–“ठीक है न? समझ आया?” वे बड़ी जोर से सिर हिलातीं।

हम पीछे बैठे किताब खोले हुए सर की पीठ और उन लड़कियों के हिलते सिर देखते रहते। कुछ पल्ले न पड़ता। फिर धीरे-धीरे हमने उन पर हँसना शुरू कर दिया। अंग्रेजी का एकाध शब्द पूरी क्लास के दौरान मुँह पर चढ़ जाता और हम उन्हें चिढ़ाते। इतना ज़्यादा कि वे रो भी पड़तीं। सबसे ज़्यादा सिर हिलाने वाली क्लास मॉनिटर योगिता पिनक गई–

“ये अच्छा है भैया...। खुद तो कुछ पढ़ो मत और जो पढ़े उसे पढ़ने मत दो। ज़्यादा स्मार्ट मत बनो तुम लोग। हमें चिढ़ाओ मत। तुम्हें इंग्लिश का कॉम्प्लेक्स हो गया है, कॉम्प्लेक्स।”

“अरे ये क्या हो गया?” किसी को पल्ले नहीं पड़ा। न तो सर से कॉम्प्लेक्स का मतलब पूछा और न योगिता से। उससे भला कैसे पूछते? उसे पढ़ाई का बहुत घमंड था। पूछते तो उसके भाव और सातवें आसमान पर चढ़ जाते। हाँ, इतना ज़रूर कि बिना जाने-समझे सबने योगिता का नाम ‘कॉम्प्लेक्स’ रख दिया। वो बहुत चिढ़ती। वह जितना चिढ़ती, हम उसे उतना ही चिढ़ाते।

जिस दिन अंग्रेजी का पेपर होता, उसके पहले की रात कैसे गुजरती, पूछो मत। सारे भगवानों के नाम ले-लेकर मुँह दुख जाता। माँ की जान खा जाती मैं–“तुम कटोरी भर आटा लेकर रोज़ मन्दिर जाती हो। तुम मेरे लिए प्रार्थना करके आना और जब तक मैं पेपर देती रहूँ तब तक तुम वहीं मन्दिर में भगवान के पास

बैठी रहना। घर मत आना। नहीं तो मेरा पेपर बिगड़ जाएगा।''

और देखो, माँ को प्रार्थना करना तो दूर, उसने मुझे जगाया तक नहीं।

पेपर के पहले और बाद में योगिता और उसकी सहेलियाँ हमें देख खूब हँसतीं। बहुत तीखी हँसी होती वो। जाने किसने कहा कि 'अगर गिलहरी को छू लो तो पास हो जाते हैं?' बस, फिर क्या था! सारा दिन मैं गिलहरी को छूने की कोशिश करती। साँस रोके, दबे पाँव गिलहरी के पास जाती, लेकिन हर बार चूक जाती। इस अंग्रेजी ने जाने कितने पापड़ बिलवाए!

हाँ, रावत सर अच्छे थे। वो बहुत कोशिश करते सबको अंग्रेजी पढ़ाने की। कोशिश तो मैंने भी खूब की। बहुत ध्यान से सुनती, लेकिन टेंस के आते ही सब गड़बड़ा जाता। मेरा सिर चकराने लगता और सर का टेंस पर बहुत जोर। चश्मे को ठीक करते रावत सर बड़ी गम्भीर मुद्रा में कहते–''बिना टेंस के इंग्लिश आ ही नहीं सकती।''

'अब जिसको अपने पास नहीं आना, उसे कब तक बुलाएँगे?' सोच कर मैंने और मुझ जैसी बहुत-सी लड़कियों ने अंग्रेजी को हाथ जोड़कर नमस्ते कर दिया।

''हमको नहीं सीखनी उनकी भाषा, जिन्होंने हमें गुलाम बनाया।''

वाह! क्या बात थी उस नासमझ हेकड़ी में!

''अरे भई, जमाना अंग्रेजी का है। और बेटा, तुम्हें तो बिलकुल अंग्रेजी नहीं आती? ऐसी कैसी पढ़ाई की है तुमने कि तुम्हें बिलकुल भी अंग्रेजी नहीं आती? कुछ भी कहो, हमें तुम्हारी पढ़ाई जँची नहीं बेटा।''

इन सारी बातों से दूर अंग्रेजी से पीछा छुड़ा अपनी दुनिया में हम कुशल-मंगल से थे।

'माँ से बढ़कर इस दुनिया में कोई नहीं होता। उसी तरह अपनी मातृभाषा को छोड़ परायी भाषा की गोद में नहीं जाना चाहिए। समझे कुछ या और समझाएँ...?' जैसी बातें कर हम अंग्रेजी वालों को ध्वस्त कर देते। हमसे कोई जीत न पाता, ऐसा हमें लगता था।

लेकिन इस बार अंग्रेजी गले की फाँस बन गई। 'अगर मैं फेल हो गई तो?' सोच-सोच कर दिमाग की नसें फटने लगतीं।

''ज़्यादा नहीं प्रभु। चाहे ग्रेस से, बस पासिंग मार्क्स दिलवा दो। फिर कभी पेपर के दिन माँ पर भरोसा करके नहीं सोऊँगी। सारी रात जागूँगी। नींद को अपने पास फटकने भी न दूँगी।'' जैसी हज़ार बातें मैं खुद से करती रहती।

खैर, छोड़ो। अंग्रेजी की बातें तो कभी न खत्म होने वाला राग हैं।

''जो है सो है।''

असल मुद्दे की बात यह कि पिता ने चौथे नम्बर की शालू और पाँचवें नम्बर की शिवा के बारे में तय किया कि वह उनकी शादी-वादी के बारे में बाद में सोचेंगे, पहले उन्हें नौकरी कराएँगे। उन दिनों साइंस का बहुत जोर था। उन्होंने दोनों को साइंस दिलाया। नवीं क्लास से बायोलॉजी साइंस।

तखत पर बैठकर पंचायत जमाते–"मैंने तो साब, अपनी दोनों लड़कियों को साइंस दिलाया है। कोई कुछ भी कहे साब, हमने तो तय कर लिया है कि शादी नहीं करेंगे लड़कियों की। पहले बच्चियों को उनके पैरों पर खड़ा होने देंगे। उसके बाद शादी। समझे का? अरे, हम जीते-जी कुएँ में नहीं धकेलेंगे बच्चों को।" हाथ में अखबार लिए अपने सपनों का बखान करते।

सब दम साधकर आँखें फाड़े सुनते। नया कीर्तिमान जो रच रहे थे पिता।

सबने मान लिया था कि शालू तो डॉक्टर बन ही गई। पिता ने उसे नवीं क्लास में एच. एम. टी. की घड़ी दिलाई। इसके लिए उन्होंने बहुत पहले से हर महीने पैसे बचाने शुरू कर दिए थे। एक तरह से यह उनकी अपनी किस्तें थीं, जिन्हें वह बिना नागा जोड़ते थे। हिसाब इतना तगड़ा कि इधर आठवीं का रिजल्ट, उधर घड़ी के पैसे पूरे। उन्होंने तय किया कि कुछ भी हो, कैसे भी हो। अब वह आठवीं के बाद हम लोगों को घड़ी दिलाएँगे।

शालू घड़ी बाँधे, कभी बाल खुले लिए, कभी बाँधे हुए स्कूल जाती। वो बहुत सुन्दर थी। बादाम के आकार की बड़ी-बड़ी गहरी काली आँखें, लम्बे घने काले बाल, तिरछी-पतली भौंहें, सुतवाँ नाक और भरे हुए गाल। उसका रंग लाल सेब की तरह एकदम सुर्ख था।

वहीं शिवा का थोड़ा सा दबा हुआ गेहुँआ रंग था। हम सब शिवा को 'कल्ली' कहते। एक को गोरी डॉक्टर, दूसरी को कल्ली डॉक्टर। इन सब बातों से शालू का हौसला और बढ़ जाता। घड़ी बाँधे उसका हाथ बहुत खूबसूरत लगता था।

वह हम छोटों से कहती–"तुम थोड़ी दूर से चलकर आओ और मुझसे पूछो

कि टाइम कितना हुआ या कितने बज रहे हैं?" जवाब में वह घड़ी की ओर देखती और समय बताती। ऐसा वह दिन में कई बार करवाती। वह घड़ी देखने की स्टाइल ईजाद कर रही थी। स्टाइल—कि जैसे वो टाइम बताती है, वैसे कोई और बता ही नहीं सकता।

एकदम पक्की इतराऊ शालू, गोरे रंग के कारण कुछ ज़्यादा ही इतराती थी। पिता उसे भाव भी कुछ ज़्यादा ही देते थे। वह हम सब पर अपनी साइंस का खूब रौब झाड़ती। वह पिता के दोस्तों से बराबर से बात करती। हर काम में आगे रहती। जब वो परीक्षा देकर आती तो सुनाती कि साइंस का पेपर कितना कठिन होता है। हर दिन उसकी कठिनाइयाँ बढ़ती जातीं और आखिर में पिता पूछते—"अरे बाई, फिर तुम्हारा क्या हुआ?"

"कक्का, हमारा पेपर बहुत बढ़िया गया।" कहते हुए लार उसके मुँह में घुलने लगती।

बढ़िया पेपर के बाद पिता ने उसे पाँच रुपये वाली लस्सी भी पिलाई, जिसे उसने खूब मटक-मटककर नखरे के साथ पिया। धीरे-धीरे पिता उसे शालू की जगह शालिनी कहकर बुलाने लगे। उसके स्कूल का नाम शालिनी जो था।

शिवा घुन्नी थी। ज़्यादा फकर-फकर नहीं करती थी। शिवा और शालू में काँटे की टक्कर रहती। चूसने वाले आम आते तो शालू सबको एक-एक आम पकड़ा देती। शिवा को सबसे आखिर में देती। एक-एक आम पर पैनी निगाह रखे शिवा तमतमाती नहीं थी बल्कि उसका रंग गेहूँ की बालियों की तरह दिपदिपाने लगता। वह गम्भीर दार्शनिक मुद्रा में बड़े ठहरे हुए स्वर में कहती—"सड़ी, तूने पोला आम दिया मुझे। इसे कौन खाएगा? ले देख।" आम को सड़क पर उछाल देती।

हम छोटे अकबकाए आम और शिवा को देखते रह जाते।

ढाबे में थोड़ी-सी जगह में कबड्डी खेलते। शालू अगर शिवा को कभी पकड़ लेती तो शिवा 'चीं' न बोलती। कबड्डी तेल लेने चली जाती और खेल बिगड़कर उन दोनों के हाथ में पहुँच जाता। हम सब उनके पीछे-पीछे, "शिवा, चीं बोल दे न। बोल, बोल, चीं बोल न, शिवा।"

शालू कसकर शिवा की गर्दन पकड़े रहती, वो 'कबड्डी कबड्डी' करती रहती, लेकिन 'चीं' न बोलती। इसी में शाम चली जाती और पिता और ग्राहकों के आने का समय हो जाता।

शिवा बहुत रोटी बनाती। वह घंटों भट्ठी पर बैठती। कितने ही ग्राहक आ

जाएँ, उसकी रोटी की लर नहीं टूटती थी। ऐसा लगता, जैसे उसके हाथ में कोई जादू है जो रोटी बनाता है। शालू परोसती और हम छोटे-छोटे पानी और प्याज देने का काम करते रहते। पिता बर्तन धोते, भट्ठी में पंखा धोंकते, रोटी सिंकवाते और आटा गूँधते थे। जब ग्राहकी कम हो जाती या खत्म हो जाती तो वे शिवा से कहते–"आ जाओ बाई। थोड़ी हवा खा लो।"

फिर भी वो कटोरदान में कुछ रोटी बनाकर छोड़ती।

मेरी शिवा से बहुत ज़्यादा पटती थी। वह मेरे हिस्से की खूब रोटी बनाती। एकाध ग्राहक के आने पर पिता मुझसे कहते–"जा, अब तू भट्ठी पर जा।"

मैं उसकी तरफ देखती। वो मुझे 'मोटी आलसी' कह, हँसते हुए रोटी बनाने बैठ जाती। दिन में साढ़े तीन या चार बजे पिता खाना खाते। तब तक शिवा भट्ठी पर पसीने-पसीने हो जाती। वह समय मेरा रोटी बनाने का होता था। उस समय इक्का-दुक्का ग्राहक आते या कभी वो भी नहीं।

शिवा पिता को बड़े अच्छे से परोसती। मुँह में कौर रखते ही वे उससे कहते–"आ जा, आ जा, तू भी बैठ जा। तू भी तो परस ले अपने लिए।"

वह कब बैठेगी, यह उसके मूड पर निर्भर करता था। कभी तो वह पिता के साथ बैठ जाती और खुद को और उन्हें परोसती रहती या कभी बाद में बैठती। उसे खाते देख मैं बहुत चिढ़-चिढ़ करती–

"कित्ता खाओगी यार? शिवा, बस भी कर। पूरा अभी खाएगी क्या? कुछ बाद में भी खा लेना। दो रोटी और बनाऊँगी, इससे ज़्यादा नहीं।" पिता मुझे झिड़कते और वह हँसती। पिता से बचते हुए मैं उसे घूरती और–"देखो दस हो गईं। बस पाँच और बनाऊँगी।"

वो रोटी छिपा लेती–"कहाँ? अभी तो सिर्फ सात ही हुई हैं।"

मैं उछलकर भट्ठी से उतर जाती–"भैया, हमसे कोई रोटी बनाने का मत कहा करो। इसके अलावा चाहे जो काम करवा लो।"

भट्ठी में जितने कोयले रहते हैं, उससे कई गुना ज़्यादा किस्से शिवा के पास रहते थे। उसके किस्से भी उसके रंग और भट्ठी की तरह दमकते थे। किस्सों की पोटली दबाए वह हम सबको तरह-तरह के किस्से सुनाती। उसके किस्से इतनी आसानी से बदल जाते कि हमें सम्पट ही न बैठती। और वो जहाँ चाहे, वहाँ हमारी नाव को ठहरा देती–

"बताओ, अगर कभी आसमान में जाना पड़े तो कैसे जाओगे?"

“नसैनी लगाकर।”

वह ‘ही...ही’ करती।

मैं पंजों के बल खड़ी हो हाथ को ऊपर तक ले जाते बोलती–“एक के ऊपर एक कई मंजिल बनाकर और फिर उसकी छत पे जाकर।”

वो ठेंगा दिखाती...–“अगर भरभराकर पूरी मंजिलें गिर गईं तो?”

हम घबरा जाते। फिर कोई एक कह पड़ता...

“अच्छा चलो, गुब्बारे में बैठकर।”

वो कुछ सोचने लगती और फिर पूछती–“अच्छा, गुब्बारे को फुलाने से पहले बैठोगे या...?”

फिर कोई कहता–“सीढ़ी लगाकर।”

“गिनो। कित्ती सीढ़ी लगाकर जा पाओगे? जाओ, जाओ, सब जाओ। सब मिलकर गिनो। फिर बताना जल्दी से।” हमें दिन भर के लिए उलझा देती।

उसके दिमाग में एक से एक ऊल-जुलूल बातें रहतीं। चन्द्र ग्रहण के दिन उसने मुझसे कहा–“देखो, एकटक चन्द्रमा को देखो। बड़े ध्यान से देखो।”

उसने कसकर मेरी गर्दन पकड़ी और खुद की गर्दन से सटा ली। मेरी गर्दन को जोर से पकड़े हुए बोली–“देख, चन्द्रमा के भीतर भगवान राम और लक्ष्मण हैं। देख...देख...देख...वो देख। हाथ में झाड़ू लिए मेहतर उन्हें दौड़ा रहा है। भगवान उससे बच रहे हैं कि कहीं वह उन्हें छू न ले।”

“कहाँ, कहाँ? किते, किते? हमें नहीं दिख रहे।”

जोर से मेरी गर्दन को भींचते हुए, “ध्यान से देख...। देख, देख, वो रहे।”

फिर कुछ देर बाद मुझे राम-लक्ष्मण दिखने लगे और बब्बू काका झाड़ू लिए चन्द्रमा के भीतर उन्हें दौड़ाते भी दिखे।

उसने कहा–“अगर मेहतर ने भगवान को छू लिया तो चाँद गायब हो जाएगा। फिर...एकदम से घुप्प अँधेरा...। कुछ भी, कुछ भी नहीं दिखेगा, न दुकान दिखेगी, न दिखेंगे कक्का...। और अगर राम-लक्ष्मण इसी तरह पूरी रात दौड़ते रहे तो मेहतर थककर गिर जाएगा।”

मैंने घबराते हुए पूछा–“अपने बब्बू काका...?”

“चुप-चुप। बोलो मत। बस ध्यान से देखो।”

उस दिन आधी रात तक हम ये खेल खेलते रहे। फिर क्या हुआ, नहीं मालूम।

सुबह उठते ही आँखें मलते मैंने पूछा–“शिवा! शिवा! वो, वो, का भओ?

वो तमगकर बोली–“का? शिवा शिवा...?”

“देख नहीं रही मोटी, कित्ता उजियारा है!”

देवउठनी ग्यारस के दिन भी उसने हम सबको इकट्ठा किया और ढाबे के पीछे ले गई।

"आज के दिन सबकी छत पर पत्थर फेंकते हैं, नहीं तो अपने घर में खूब लड़ाई होगी। लड़ाई, मुसीबत और बुरा-बुरा सब कुछ दूसरों की छत पर आज...।"

"फेंको, फेंको! जल्दी फेंको! देर मत करो रे!"

हमने धड़ाधड़-धड़ाधड़ खूब पत्थर सन्नाए। धड़-धड़-धड़ टीन की छतें बजने लगीं। सारे दुकानदार बाहर निकल आए, "को है, को है? कौन है रे...?"

कोयले के ढेर में हम सबको लेकर दुबकी शिवा–

"हम हैं, हम हैं, हम...। लड़ाई मुसीबत उड़न छू। उड़न छू...चलो, भगो, लड़ाई-मुसीबत कहीं की!

"छू, फूँ, छू, फूँ।–मारो, फूँक मारो। भगाओ, भगाओ, लड़ाई-मुसीबत को भगाओ रे।"

इस खेल में कुछ ज़्यादा ही मज़ा आया।

इधर शालू की नेतागीरी भी चरम पर। वह सबकी मास्टरनी बनी हुई थी। माँ घर में भुजरिएँ बोती। मिट्टी से भरे दोनों में अलग-अलग कर अनगिनत भुजरिएँ उगतीं। शालू हम सबको उनके अंकुरण और बढ़ने के बारे में विस्तार से बताती-समझाती। एक दूसरे पर बोझा डालतीं भुजरिएँ और उन पर चमकता बूँद-बूँद पानी बहुत ज़्यादा अच्छा लगता।

भुजरियों की विदाई के दिन शालू और शिवा के सर पर डलियाँ होतीं, जिसमें भुजरियों के दोने रखे होते। उन्हें नदी में सिराने जाते समय शालू हम छोटों को बहुत दूर खड़ा कर देती और वे दोनों नदी के बीच में जाकर उन्हें सिराते हुए आधी से ज़्यादा भीग जातीं। और फिर खाली डलिया में थोड़ी-सी भुजरिएँ लेकर वापस आतीं।

हमें नदी में जाने न मिलता। और तो और, शालू भीड़ की वजह से हमें इतना दूर खड़ा करती कि हम भुजरियों को ठीक से सिरते भी न देख पाते। नदी पर जबरदस्त भीड़ होती। झुण्ड के झुण्ड सर पर डलिया लिए हुए चलते चले जाते। पूरी नदी भुजरियों से भर जाती और पानी का रंग भी बदल जाता।

फिर हम सबके यहाँ भुजरिएँ बदलने जाते। कोई हमें चवन्नी देता, कोई समोसे और पेड़े, कोई नमकीन और बालूशाही और कोई पोहा और जलेबी। श्यामलाल केले वाला एक-एक छींटदार बढ़िया केला देता।

...और शालू कक्का को सुनाते हुए आशीर्वाद की मुद्रा में कहती–"खूब पढ़ो, खूब लिखो। अब की बार फर्स्ट डिवीजन आए तुम सब की।"

"खुद ही ले के आना पहले। फिर दूसरों से कहना...। बड़ी आई फर्स्ट डिवीजन वाली!"

शिवा धीरे से कहती लेकिन इतने धीरे भी नहीं कि शालू सुन न पाए।

दादाजी के पास कुछ किताबें थीं, जिन्हें वह किसी को छूने भी नहीं देते थे। रात

में जब हम ढाबा बन्द कर पहुँचते, तब दादाजी गहरी नींद में होते। शिवा चुपचाप दबे पाँव जाकर उनकी किताबें उठा लाती और हमें उसमें बने चित्रों के माध्यम से बहुत धीमे स्वर में कथा सुनाती।

एक बार दोपहर में दादाजी कहीं गए हुए थे। शिवा ने मौके का फायदा उठाया और हम दोनों चित्र और कथा में उलझ गए। माँ ने हमें बहुत टोका और ढाबा जाने के लिए कहा लेकिन हम टस से मस नहीं हुए। हमें समय का ध्यान नहीं रहा और बहुत देर हो गई। जब हम ढाबा पहुँचे तब पिता ने हमें देर होने पर खूब जमकर फटकार लगाई। उस दिन शालू शिवा को देखकर बहुत मुस्कुराई और धीरे से बोली–"अगली भुजरियों तक तेरे ऐसे ही अच्छे दिन चलेंगे।"

...मार्च, अप्रैल, मई, जून—साल में सिर्फ चार महीने मण्डी के समय सीजन होता था। बाकी के आठ महीने फुर्सत। उसमें भी बरसात के चार महीनों का तो पूछो ही मत—खुद ही बना लो और खुद ही खा लो जैसा हिसाब-किताब, जिसमें किताब गायब रहती और हिसाब भी दुम दबाकर भागता फिरता। बचे हुए महीनों में बड़ी सूझ-बूझ के साथ पेट भरने लायक काम चलता रहता।

खाने को ताजा बनाए रखने के लिए बहुत मेहनत करनी पड़ती क्योंकि कई बार आटा बोल जाता था। करें तो क्या करें? आटे को फेंका नहीं जा सकता था और अगर ग्राहक ने पकड़ लिया तो बाजे बजते देर न लगेगी।

बोले, बचे हुए आटे को पिता बार-बार पानी के छींटों के संग हर आधे घंटे में गूँधते। ग्राहक को एकदम कड़क-कड़क रोटियाँ देते। गरम रोटी अपने लालपन में आटे के बुलबुलों और गंध को छिपा लेती और कोई ताड़ नहीं पाता था। इस तरह बोला हुआ आटा ठिकाने लग जाता। वैसे तो तंग ग्राहकी में पिता आटा बहुत कम गूँधते थे। इससे उन्हें दिन में कई बार आटा गूँधना पड़ता, लेकिन ग्राहकी इतनी कम होती कि वो थोड़ा-सा आटा भी पसीने छुड़वा देता।

दाल और सब्जी को भी कई बार उबालना पड़ता। इतना कि उसका फसूकर पूरी तरह खत्म हो जाए। ताजा खाना खत्म हो जाए, एक बात है। ताजे को बासा होने से रोकना दूसरी बात। और बासे को इतनी खूबसूरती से ताजा बना देना कि कोई पकड़ न पाए...बड़ी! बहुत बड़ी बात है! पिता को ये सारे गुर आते थे और धीरे-धीरे हम सब में भी आ रहे थे।

पिता तंग ग्राहकी में भी मूड में होते। एक दिन उन्होंने शालू से स्कूल और पढ़ाई के बारे में पूछना शुरू कर दिया। बात निकलते-निकलते इंग्लिश पर आ गई। शालू के स्कूल का नाम शालिनी था और शिवा का शिवानी।

पिता बोले—"शालिनी को अंग्रेजी में क्या कहते हैं?"

उसने बहुत माथा पचाया—"कक्का। शालिनी ही कहते हैं।"

"अरे हट। तू मेरी बात ही नहीं समझ रही। जैसे और चीज़ों को अंग्रेजी में कुछ और कहते हैं, वैसे ही शालिनी को भी तो अंग्रेजी में कुछ कहते होंगे कि नहीं?"

वो नहीं बता पाई।

पिता बहुत उखड़ गए–"ढंग से अंग्रेजी नहीं पढ़ती हो बाई तुम! वगैरह वगैरह।"

उन्हें लगा कि उनकी मेहनत जाया हो रही है और उस बेचारी का मुँह देखने लायक...।

ढाबे पर गिरधावल साब आते थे। उनकी पिता से बहुत छनती थी। घूमते-घामते वो आकर बैठे ही थे कि शालू उनके पास गई और चुपके से पूछती है–"बाबूजी, इंग्लिश में शालिनी को क्या कहते हैं?"

उन्होंने उसे एक चपत लगाई–"पगली। यही पढ़ रही हो तुम स्कूल में?"

उसकी जान में जान आई और खुशी में उचकने लगी–"कक्का, कक्का। गिरधावल बाबूजी से पूछ लो। हम सही कह रहे थे।"

पिता बहुत देर में जाकर समझे और फिर बोले–"अरे इत्ता हल्ला है अंग्रेजी का, और शालिनी को शालिनी ही कहते हैं!"

अंग्रेजी की अपनी इस परीक्षा के बाद शालू ने कंट्रोल जाना बन्द कर दिया।

लोग घंटों लाइन में लगे रहते, फिर भी ज़्यादातर का नम्बर नहीं आ पाता था। कंट्रोल थोड़ी-सी देर के लिए खुलती थी और कई बार तो बिना सामान दिए पाँच मिनट में बन्द भी हो जाती थी।

कंट्रोल वाला खूब लम्बा था। सब उसे अमिताभ बच्चन कहते थे। उसकी खूब इज्ज़त भी करते थे। वह जब भी दिखता, सब उसे नमस्ते करते। वो किसी राजा की तरह चलता। कंट्रोल में जाने कितने बोरे गेहूँ, शक्कर, चावल, और एक नहीं, कई पीपे तेल के थे लेकिन इसके बाद भी वह सामान देने से मना कर देता था।

वह बहुत कम बोलता था। जेब में हाथ डाल घूमता रहता या खंभे से टिककर कुछ सोचते हुए भीड़ से अनजान बना रहता। वो सामने का बड़ा-सा ताला खोले बिना पीछे की शटर के कुंदे में लगे छोटे-से ताले को खोलकर कुछ लोगों को सामान दे देता। इसके बाद भी कोई उससे उलझता नहीं था बल्कि सब दोस्ती गाँठना चाहते थे। राशन के सामान और कॉपी वाला कंट्रोल का काम मेरे और शिवा के हिस्से ज़्यादा आता था।

शिवा कहती—"इस अमिताभ बच्चन की फिल्म तो हर हाल में पिटवानी पड़ेगी। देखना, अगर मैंने इसकी फिल्म नहीं पिटवाई तो मेरा नाम भी शिवा नहीं।"

शालू ने कंट्रोल जाना छोड़ा सो छोड़ा, कोई बात नहीं। लेकिन एक बार तो उसकी बहुत उचट के लग गई। पिता ने उसे सहेलियों के साथ गीता टॉकीज में फिल्म देखने भेज दिया। वो पूरे तीन घंटे टॉकीज में रही और फिल्म हमारे मन में चलती रही। वो बहुत अच्छी तरह तैयार होकर गई थी। उसके गोरे हाथ में काले बेल्ट वाली घड़ी देखते ही बनती थी।

...फिल्म के नाम पर हमने अब तक क्या देखा था? बायस्कोप...। बायस्कोप वाले की गूँज कई मोहल्लों को अपने पीछे लगा लेती थी।

'आगरे का ताजमहल देखो, दिल्ली की कुतुब मीनार देखो...।' गाते हुए वह हर एक मोहल्ले में जाता था। बहुत कम बच्चों को पैसे मिल पाते कि वह उसका खेल देख पाएँ। ज़्यादातर तो उसके पीछे यूँ ही लगे रहते। सब मन मसोसकर देखने वालों की खुशी देखते थे। मोहल्ले के बच्चों ने एक रास्ता निकाला कि जब जिसे पैसे मिलेंगे वह बायस्कोप देखते-देखते दूसरों को भी बताएगा। सब उसके पीछे एक लाइन में लग जाते।

देखने वाला शुरू में तो बताता जाता, लेकिन कुछ देर बाद वह चुप हो जाता, तो फुसफुसाहट शुरू हो जाती—'हमें भी बताओ! हमें भी बताओ!' धक्का-मुक्की हो जाती। बायस्कोप वाला बहुत बुरी तरह लताड़ता और सबको भगा देता। सिर्फ वही बचते जो बायस्कोप देख रहे होते। हम दूर खड़े उसके खत्म होने का इन्तजार करते रहते और फिर देखने वाला आकर बताता कि उसने क्या-क्या देखा। बायस्कोप वाला फिर जोर से कहता—

"आगरे का ताजमहल देखो, दिल्ली की कुतुबमीनार देखो।"

ऐसा वह चार-पाँच बार बोलता था और बच्चों के न आने पर दूसरे मोहल्ले की तरफ चल देता। हम सब भी उसके साथ चल देते, उसके सुर में सुर मिलाते हुए, 'आगरे का ताजमहल देखो, दिल्ली की कुतुब मीनार देखो, मीनाकुमारी को देखो, भारत को देखो।' गाते हुए कई बार तो दौड़कर उससे पहले पहुँच जाते और बन्द मुट्ठी वाले बच्चों को पटाने में लग जाते।

तो जितने पैसों में हम कई बार ताजमहल, मीनाकुमारी, भारत और कुतुबमीनार देख लेते, उतने ही पैसों में शालू एक फिल्म देखने गई।

शिवा ने हम सबको चेताया–"खबरदार! जो किसी ने भी उस सड़ी से फिल्म के बारे में पूछा तो...? उस सड़ी का घमंड ऐसे ही चूर होगा। हाँ...नहीं तो बहुत इतराएगी वो।"

लेकिन हम सब तो उसका बड़ी बेसब्री से इन्तजार कर रहे थे।

शालू के ठाठ दिन-ब-दिन बढ़ते ही जा रहे थे। वो छोटी से छोटी बात पर सबको सुबह-सुबह कसकर फटकार देती। साइकिल पर टोस्ट और डबलरोटी वाला निकलता और उसे देखते ही मुँह में लार आ जाती। उसने देखना तो दूर, सबका दरवाजे पर खड़ा होना ही बन्द करवा दिया।

"कैसे भैरा-भैरा के देखती हो तुम औरें? चलो भीतर...। टोस्ट और डबलरोटी को अगर कभी बनते देख लोगी न, तब समझ आएगा कि कित्ती बेकार और सड़ी चीज़ है यह।"

"हाँ, बिलकुल तेरी तरह।" गेहूँ की बालियाँ दिपदिपा उठतीं।

शालू फुँफकारती–"कल्ली शिवट्टी, तू ही बिगाड़ रही है इन्हें। शरम भी नहीं आती सबेरे-सबेरे खाने की बात सोचने में।"

शालू दसवीं में आ गई और शिवा नौवीं में।

शिवा को हमेशा स्कूल जाने में देर हो जाती। पौने बारह तक ढाबे पर काम करते-करते वह कई बार रुआँसी हो जाती क्योंकि शालू स्कूल के लिए पहले ही निकल जाती थी। वह काम का बँटवारा कुछ इस तरह करती थी कि उसका काम जल्दी खत्म हो जाता और उसे अच्छी तरह तैयार होने का समय और मौका, दोनों मिल जाते थे। वैसे भी वह सहेलियों के साथ स्कूल जाती थी। वे सब पढ़ाई, प्रैक्टिकल और टेस्ट के बारे में बातें करते हुए स्कूल आती-जाती थीं।

उन्हें देख दूर से ही लगता कि ये कुछ खास हैं या कुछ खास टाइप की हैं। शालू और उसकी सहेलियों को देख शिवा हमेशा मुँह बिचकाती और कहती कि ये पढ़ती कम और दिखावा ज़्यादा करती हैं।

उसने भी एक तरकीब निकाली। वह ढाबे पर पीछे जाकर हाथ-मुँह धो लेती और बालों में उँगलियाँ फेर-फेरकर चोटी गूँध लेती। फिर घूम-घूमकर आगे-पीछे होते हुए पूछती—"ठीक है न? अरे ढंग से देख मोटी। नहीं तो अभी तेरी चोटी बना दूँगी।"

लेकिन काम खत्म होने का नाम न लेता था। फिर कक्का उससे कहते—"जाओ बाई, जाओ। जाओ, जाओ, मैं सबको निपटा दूँगा।"

शिवा घर की ओर दौड़ लगाती। जल्दी-जल्दी स्कूल के कपड़े पहनती और भागते-भागते कचहरी या स्कूल के एकदम पास लड़कियों के झुंड में शामिल हो जाती।

हमारे सुबह के स्कूल थे और उनके दोपहर के।

स्कूल के बाद हम तीनों पिता के साथ ढाबे पर देर रात तक रहते। पिता एक भी ग्राहक को लौटने नहीं देते थे। आखिर में भी अगर कोई ग्राहक आ जाता तो

सामान बाहर निकाल कर उसे खाना खिलाते और बहुत खुश हो जाते–

"चलो भई। बन्द करते-करते पाँच रुपये की ग्राहकी हो गई।"

रात साढ़े दस ग्यारह के बाद दाल, सब्जी के सारे भगोनों को खाली कर माँजना होता। आटे की परात को भी। पिता परात में पानी डालकर छोड़ देते थे। वे परात को सबसे आखिर में माँजते। उसे माँजना बड़ा मुश्किल होता। आटा चिपककर नाखूनों में घुस जाता था जिससे नाखून बुरी तरह घिस जाते थे। सो ये काम वे खुद ही करते। हममें से कोई एक बर्तन माँजता, दूसरा उसे धोता जाता।

फिर सुबह के लिए हैण्डपम्प से टंकी भरते। बारी-बारी से सब बाल्टी भरकर टंकी में उड़ेलते जाते। पिता पूरी कोशिश करते कि हम थकें नहीं, और हम लोग 'कक्का हम, कक्का हम' कहते और करते हुए बढ़-चढ़कर उनका हाथ बँटाते।

इसी बीच कोई ग्राहक आ जाता तो शिवा रोटी बनाती और मैं परोसती। पिता और शालू बर्तन पानी का काम करते रहते। इस सबसे निपटकर पिता सुबह के लिए टोकरी भर प्याज छीलकर रखते। हरी मिर्च के डंठल निकालते और हरा धनिया भी साफ करते। कभी-कभी लहसुन और अदरक भी सुबह के लिए छीलकर रख देते। फिर हम सब लोग खाना खाते। दाल फ्राई और मोटी-मोटी रोटी। कोई दो एक साथ। एक बनाता, एक परोसता। फिर दूसरे दो खाते।

जिस दिन ज़्यादा ग्राहकी होती उस दिन मुझे नमकीन के लिए एक रुपया देते। मैं जय स्तम्भ चौराहे तक दौड़ती जाती और नमकीन की पुड़िया दबाए दौड़ती आती। खा-पीकर ढाबा बन्द कर घर पहुँचते। माँ प्रतीक्षा करती मिलती। कई बार तो ज़्यादा देर होने पर गली के मुहाने पर खड़ी मिलती।

वो बरहमेश रंज में रहती कि हमें लड़कियों के तौर-तरीके नहीं सिखा पा रही है। वह हमें और दूसरी लड़कियों-सा देखना चाहती थी। उसे एक ही चिन्ता सताए रहती–'पराये घर जाकर, हमारा क्या होगा?' हम घर में सिर्फ़ सोते भर थे। स्कूल जाने से पहले घुसते और स्कूल के बाद उतनी ही देर घर में रुकते थे, जितनी देर कपड़े बदलने और होमवर्क वाली कॉपी-किताब लेने में होती है।

हम पढ़ाई भी ढाबे पर ही करते थे। ग्राहक के आने पर कॉपी बन्द कर देते और फुर्सत पाते ही होमवर्क करने बैठ जाते। हमें पढ़ते देख पिता गद्गद हो जाते। छोटे-मोटे काम खुद ही करते रहते। वे एक पल भी न बैठते थे। लोग हमें पढ़ते देख तारीफ करते। पिता अकड़ जाते–

“अकेला आदमी ग्यारह लोगों का परिवार चलाता हूँ। किसी चीज़ की कमी नहीं है मेरे बच्चों को। जान लगा दूँगा इनका जीवन बनाने में। बस एक बात है साब। रोज़ कुआँ खोदते हैं और रोज़ पानी पीते हैं। हमारे पास जमा पूँजी नाम मात्र की भी नहीं है। क्या दुखी बीमारी के लिए भी पैसा नहीं बचता हमारे पास?”

अकड़ में उनकी नाक फूल जाती और पूरे शरीर में लचक भर जाती :

“बच्चे हमारे मेहनती हैं। रात-दिन लगे रहते हैं मेरे साथ। अरे जितनी मेहनत करेंगे, उतना ही ओढ़ेंगे-पहनेंगे और खाएँगे-पिएँगे। पढ़ाई में कोई कोताही नहीं बरतते हम।”

हम और मन लगाकर पढ़ने लगते। शिवा मुझे बुलाती और धीरे से कहती–“कल से अपन ऐसा कुछ करेंगे कि क्लास से एक चैप्टर आगे चलेंगे।”

मैं उसकी ‘हाँ’ में ‘हाँ’ मिलाती और शालू सोचती कि शिवा कोई और खिचड़ी पका रही है।

खिचड़ी तो सिवनी मालवा वाले जीजाजी की हमेशा कच्ची रहती। घंटों चूल्हे पर चढ़ी होने के बाद भी उनकी खिचड़ी पक न पाती। ठण्डी देगची में अधपकी खिचड़ी लिए वे पिता से कहते–

“कक्का, अब तो इन लोगों को घर पर ही रहने दिया करो। यह सब बड़ी हो गई हैं अब। अच्छा नहीं लगता, इन्हें इस तरह बाज़ार में काम करते देख।”

पिता का तवा हमेशा गरम रहता–“क्यों जी, अगर ये घर बैठ जाएँगी तो दुकान का क्या होगा? मैं अकेला इसे कैसे चलाऊँगा?”

“काम वाले लगाइए।” ज्ञान देते-से वे बोलते।

“फिर काम करने वाले खा लें या ये खा लें! कैसी ऊल-जुलूल बातें करते हो भई? अरे कोई खा जाएगा का इन्हें?”

पिता बड़ी मुश्किल से सँभलते। सिवनी मालवा वाले अपना सा मुँह लेकर रह जाते लेकिन हारते नहीं। वे हम लोगों को मनाने लगते–

“सुनो। कक्का नहीं मानते हैं, तो तुम ही लोग ढाबे पर बैठना बन्द कर दो। कोई भी बहाना बना दिया करो। कभी पढ़ाई का, कभी बीमारी का। बस, दुकान मत जाया करो।”

वे कई-कई तरह से कोशिश करते कि हम लोग ढाबे पर काम न करें। शालू और शिवा उन्हें आश्चर्य से देखतीं और मैं उनकी सारी बातें कक्का को सुना देती। कक्का गाली देकर कहते–

"..., पढ़ा-लिखा बेवकूफ। कौन कह देगा, ये नए जमाने का आदमी है?"

माँ बिदक जाती–"अकेले तुमई हो रज्जो नए जमाने के बाकी सब तो पागल हैं। जैसे अकेले तुमई अन्न खात हो...। बाकी सब तो भाजी मूरा खातहें।"

"हाँ, और नहीं तो का? सही कह रही हो बाई तुम। वे अपनी तरह दाल फ्राई और मोटे-मोटे टिक्का नहीं खाएँ। इसीलिए कम अकल है उनमें।" मैं भी पीछे न रहती।

पिता हममें एक अजब आत्मविश्वास पैदा कर रहे होते। वे ढाबे को हमारी कमज़ोरी नहीं, बल्कि मजबूती बना रहे होते। 'अपने काम में शर्म कैसी' जैसी बातों से हमारे भीतर एक नई उत्तेजना और उर्जा भर रहे होते, जो उनमें कूट-कूटकर भरी हुई थी। कोई भी चीज़ हो, चाहे खाने की, चाहे पहनने की, वो सबसे बाद में लेते थे।

उनके पास सिर्फ एक पीला कलफदार खादी का कुरता, सफेद झक्क पाजामा और लम्बा सा कम्बलनुमा शॉल था जिसे वह खास मौकों पर साल में एकाध बार ही पहनते थे। यह जोड़ा हमेशा तह किया हुआ एक छोटी-सी पेटी में रखा रहता। वे इसे बहुत सावधानी और सलीके से वापरते थे। जब कभी वे इन्हें पहनते तो हम सब बहुत खुश होते।

एक दूसरे से कहते–"देखो, अपने कक्का कित्ते अच्छे लग रहे हैं!"

शालू, शिवा इन कपड़ों का बहुत खयाल रखतीं। माँ धोती और वे दोनों प्रेस करतीं। शालू हम छोटों को उस पेटी के पास फटकने भी नहीं देती थी।

रोजमर्रा के कपड़ों में उनके पास दो लुँगी-बनियान थीं। बनियान में पहले छेद होते, छेद नक्शे में बदलने लगते, फिर वह फटने लगती, तब भी वे उसे पहने रहते। माँ टोकती, नई बनियान लेने के लिए कहती लेकिन वह अनसुनी करते जाते। फिर बीच-बीच में माँ उसे सिलती रहती।

जब बनियान बिलकुल तार-तार हो जाती और उनके दोस्त भी टोकने लगते–"अरे, राम जी अब तो जाए बदल लो, जा में जान नहीं बची अब।"

बड़ी मुश्किल से बनियान आ पाती। वो भी ऐसे कि शालू शिवा उनसे बिना पूछे, खाते वाली दुकान से ले आतीं।

कोयला, साग-सब्जी, मसाला, हाट-बाज़ार, बिजली का बिल भरना–ये सारे काम वे लुँगी-बनियान में ही निपटाते थे।

एक बार एक लड़की ने शिवा से पूछ लिया—''क्यों शिवानी, तुम्हारे पापा कपड़े क्यों नहीं पहनते? लुँगी में ही घर के बाहर आ जाते हैं।''

शिवा ने तपाक से कहा—''कुछ दिन बाद तुम्हारे पापा चड्डी-बनियान में बाज़ार आएँगे-जाएँगे। चिन्ता मत करो, गरमी भौत है।''

शिवा का इतना कहना था कि सारी लड़कियाँ चड्डी के नाम पर खी-खी करते हँसने लगीं।

कक्का की एक बहुत मजेदार बात पंखे को लेकर रही है। वे हमेशा पंखे को फुल स्पीड पर चलाने के लिए मना करते। गर्मियों में तेज़ पंखा चलते देख आग बबूला हो जाते–"अरे आदमी चले और दौड़े। दोनों में अन्तर है कि नहीं? हमेशा पंखा तेज़ चलाकर रखती हो। खराब हो जाएगा।" कहते हुए, पंखे को दो या तीन नम्बर पर कर देते।

हर दिन की किच-किच से बचने के लिए माँ उनके आने के समय पंखे को कम कर देती या मारे गुस्से के बन्द ही कर देती।

दूसरा, सुबह उठते ही पंखा बन्द कर देते। हम कुनमुनाते या नींद में ही चिल्ला पड़ते–"अरे लाइट चली गई का?" वे समझाते हुए कहते–"रात भर से चल रहा है। थोड़ा सुस्ता लेने दो पंखे को। चलो, उठो, उठो...।"

हम भुनभुनाते–"हमें नींद आ रही है। रात में एक बज गया था।"

कभी मुँह फुला लेते–"कक्का, तुम अच्छे से सोने नहीं देते हो। जाने कब से हमारी कर्री नींद नहीं हो पाई।"

वे उँगलियों पर घंटे गिनाने लगते–"आठ घंटे की नींद बहुत है। सो-सो कर कुम्भकरण बन जाओगे।"

माँ इन बातों पर खीज जाती–"आग लगे इनके अखबार को! दुनिया जहान की नेतागीरी करते हैं, बैठे ठाले...।"

पिता हाथ हिलाते हुए कहते–"ऐ, भैया, ऐ...! बिचारे किसानों की हालत खराब है। उन्हें बिजली नहीं मिल पा रही। बिजली के मारे, एक फसल के मारे हैं वे। जितनी ज़रूरत है, उतनी वापरो न। बर्बाद करवे की का ज़रूरत है। का? तुम सब किसानों ऐं जीते जी मारोगे का...?"

...और वो नल ज़्यादा चलाने पर भी चिढ़ते। माँ कुछ ज़्यादा ही पानी इस्तेमाल करती थी। पिता इसके एकदम उलट। अगर बाल्टी से पानी गिरता या नल

टपकता दिख जाए तो बस फिर खैर नहीं...।

माँ 'हाय पानी...हाय पानी...' करती और पिता–"पानी को का मूढ़ पे रख के ले जाओगी? अरे उतना ही लो, जितनी ज़रूरत है। खामो खाँ बर्बाद करवे की का ज़रूरत है? चलो, मैं लगवाता हूँ तुम्हारा हिसाब। कित्ती बाल्टी खरच होगीं अपने यहाँ?"

वो उँगलियों पर सबके नहाने और कपड़े धोने का हिसाब लगाने लगते। बीच में ही हममें से कोई चिल्ला पड़ता–"कक्का, हमें बाल्टी नहीं, वो बड़ा वाला तपेला भर पानी चाहिए। एक बाल्टी पानी से नहाते हैं तो हमारी नींद नहीं भगती।"

माँ को मौका मिल जाता–"सुन लो, कह लो और कुआ लो। मोए प्रवचन दे रहे थे सबेरे-सबेरे।"

कभी अगर बात ज़्यादा बढ़ जाती तो फिर वो सबको नाप-नापकर पानी देते। जाने क्यों वो उसे इतना सहेजते। दूसरे दिन हम सब चौगुने पानी से नहाते।

"भैया, आज तो हम अच्छे से नहाएँगे। कल कक्का ने कर दिया था दिमाग खराब।" नल के नीचे बड़े से तपेले को रखकर जी भर नहाते हम सब।

लाल मिर्च, धनिया, हल्दी और खड़ा गरम मसाला घर में ही कुटता था। माँ जब लाल मिर्च कूटती तो बहुत परेशान हो जाती। झराँग से पूरा घर भर जाता था। मसाले को पहले वह खल्लड़-मूसल में कूटती, फिर चकिया में पीसती थी। ऐसा बहुत कम हो पाता कि चकिया को घेरकर उसके पास बैठ पाते। कभी-कभार अगर बैठ भी जाते तो वह पुचकार कर दुकान जाने को कहती।...तब ज़रूर बैठते, जब कोई मसाला लेने आते और वह तैयार न होता तो जी भरकर कभी चकिया, कभी माँ को देखते रहते।

आशा जीजी, उषा जीजी या अन्नी जो भी कोई ससुराल से घर आईं होतीं, वो पूरी कोशिश करतीं कि सारा मसाला कूटकर पिसवा भी लें। काम और बातों से भरी ये सब घर पर कभी खाली न मिलतीं।

मैं मसाला लेने के लिए डोलची लिए दौड़ी-दौड़ी घर जाती–"बाई, जल्दी से मिर्ची भर दो। ग्राहक बैठे हैं...।" जिस फुर्ती से आती, उसी फुर्ती से लौट जाती। कभी घर बन्द मिलता तो जोर से दरवाजा भड़भड़ाती। कभी माँ मुझे मोहल्ले की औरतों के संग बतियाती दिख जाती तो आसमान सर पर उठा लेती–"बाई, बाई। जल्दी आओ। जल्दी...। जब तुमने मोए देख लओ थो तो आईं काए नईं। अब मैं कक्का से कहूँगी पक्के में।"

तो जब मैं मसाला लेने आती तो कई बार माँ सिर पर कोई कपड़ा लपेटे लेटी हुई मिलती। वह चुपचाप सामान भर देती और पूछती–"कित्ते ग्राहक बैठे हैं? या दिन भर में कित्ते ग्राहक आए?"

मैं सिर पर कपड़ा लपेटने वाली बात पिता को बताती।

वे फुर्सत के होते ही चवन्नी पकड़ा देते–"जा, मुन्ना के यहाँ से गोली लिया।"

मैं सामने की दुकान पर जाती और कक्का ढाबे से ही–"ऐ मुन्ना, ऐ मुन्ना।" कह मुन्ना को गोली देने का कहते। फिर मैं माँ को गोली देने जाती।

कुछ दिन बाद तो मैं भी सीख गई और मुन्ना से कहती–"जल्दी से सिर दुखवे की एक गोली दे दो।" वह हँसता और गोली पकड़ा देता।

सीजन में ग्राहकी होने के कारण मसाला और अचार लाने ले जाने में घर के तीन-चार चक्कर कट जाते। पिता पेटी से पैसे गिनते और उन्हें बनियान की जेब में रख लेते। ऐसे समय हम सब उन्हें घेर लेते और–''बीस की ग्राहकी और हो जाए या पचास की, नहीं, नहीं पूरे सौ की ग्राहकी और होनी चाहिए, तभी तो मज़ा आएगा।'' जैसी बातें करने लगते।

और पिता–''चलो, चलो। अब सब जन सुस्ता लो थोड़ी देर। खेल लो या पढ़ लो। जो तुम्हें जचे सो करो।''

एक बार जब मैं कुटा-पिसा लहसुन लेने घर गई तो मैंने चहकते हुए कहा–''मालूम बाई, आज अपने यहाँ डेढ़ सौ की ग्राहकी हुई है! और अभी भी बहुत सारे ग्राहक बैठे हैं...। जल्दी, जल्दी करो, नहीं तो...''

माँ ने लहसुन भरना बन्द कर हाथ जोड़े और आले में जाकर दिया जलाया।

रात में पिता के साथ गपियाते हुए मैंने बाकायदा माँ की नकल उतारकर सबको उसके हाथ जोड़ने और आले में दीया जलाने की बात बताई। पहले तो वो हँसी, फिर बोली–''जा अच्छी नौटंकीबाज पैदा भई है। कित्तो मों चलतहे जाको।''

''कल मिर्ची के संग जाको मौं भी कूट देइओ तुम।'' ये शिवा भी न!

मैं कुछ कह पाती कि पिता ने कहा, ''चलो, चलो। सो जाओ सब। सबेरे भौत काम हैं भई। येही चार महीने जो हैं, सो हैं।''

लेकिन हमें नींद कैसे आती? हम तो सारी रात मण्डी के बारे में सोचते रहते।

मण्डी के समय सीजन अपने चरम पर होता। ऐसा लगता कि रात न हो तो कितना अच्छा हो। ढाबा ग्राहकों से भरा रहता और दूसरे ग्राहक अपनी बारी की प्रतीक्षा में तखत पर बैठे जोर-जोर से बातें करते रहते। जितना शोर ढाबे के भीतर, उतना ही बाहर भी। इस शोर को फसल के दाम तय करते।

खुशी सँभाले न सँभलती। हम दौड़-दौड़कर ग्राहकों को परोसते जाते। कोई एक आटा गूँध रहा होता। दूसरा खाली बाल्टी लिए घर की ओर दौड़ रहा होता। वो आ भी न पाता कि तीसरा दाल लेने के लिए घर की ओर दौड़ लगा देता। चौथा कट-कट-कट प्याज काट रहा होता। पाँचवाँ अकेला ही दम लगाकर हैण्डपम्प से पानी भर रहा होता।

ऐसी झमाझम ग्राहकी में भी किसी की रोटी गिनना न भूलते। ढेर के ढेर जूठे बर्तनों को पिता धोते जाते और हम उनसे लपककर उन्हें पोंछते और फट

से ग्राहकों के आगे लगा देते। टेबल खाली होने भी न पाती कि दूसरे ग्राहक के लिए कपड़ा मारकर उसे तैयार कर देते। रोटियाँ निकलती जातीं, दाल फ्राई पे फ्राई होती रहतीं। तेज़ भट्ठी पर इस हुनर के साथ पापड़ सिंकते रहते कि एक भी पापड़ बेकार न हो पाए। अचार इतनी जल्दी खत्म हो जाता कि लगता जैसे लोग एक रोटी के साथ एक कली नहीं, बल्कि एक कौर के साथ एक कली अचार की भी गप्प कर रहे हैं। और सूरज से होड़ करती भट्ठी ऐसे दहकती कि सूरज उसके आगे नतमस्तक हो, अपना रास्ता बदल लेता।

बैलगाड़ियों की लम्बी कतार और गल्ला मण्डी के बिना कोई नहीं समझ सकता हमें। पूरा बाज़ार और सबके धन्धे मण्डी के कंधों पर टिके थे। छोटे-बड़े दुकानदार, सबके चेहरे की रौनक मण्डी से। ठसाठस भरी, बोरों से लदी बैलगााड़ी। किसान खुश। अनाज व्यापारी खुश। हम्माल खुश और ढाबे वालों की चाँदी। जितने अच्छे दाम अनाज के चल रहे होते, लोग उतना ही मसालेदार खाना खाते। हँसी-ठठ्ठा, चुहल, मौज-मस्ती, फिकरेबाजी ऐसी कि उसके आगे नौटंकी भी पानी भरे। सूरज निकले, इससे पहले ही लोग मण्डी के लिए निकल पड़ते। फिर भी वे सबसे आगे खड़े न हो पाते क्योंकि कई तो रात से ही बैलगाड़ी या ट्रॉली को अगली मण्डी के लिए खड़ा कर देते थे।

सारी रात शहर में मटरगश्ती चलती। सिरौंज चौराहा, रेलवे स्टेशन, जय स्तम्भ, गाँधी चौक, सावरकर चौक और मीलरोड पर देर रात तक जमावड़ा रहता। रात के दो बजे ऐसा लगता, जैसे शाम के सात बज रहे हों। मण्डी के एक छोर से शुरू हुई ये बैलगाड़ियाँ दूसरे छोर मेलाग्राउण्ड तक पसरी रहतीं और शहर को अपने संग जगाए रखतीं। मई-जून की रातें तो अपने बंजारेपन के संग निकल जातीं। लेकिन दोपहर? खुली मण्डी जैसे आग बरसाती। हम्माल, व्यापारी, किसान और दुकानदार इन लपटों को पार करते हिम्मत न हारते।

ऐसी चिलचिलाती धूप और खुली मण्डी में केतन भाई किसानों और हम्मालों को ठंडा पानी पिलाते। केतन भाई को सब प्यार से 'अद्वाजी' कहते थे। गर्मियों में वे जगह-जगह प्याऊ लगवाते। उनके साथ इस काम में बहुत लोग उनका हाथ बँटाते। मण्डी के कारण जो प्याऊ तक नहीं आ पा रहा, जिसका नम्बर मण्डी में अब आया कि तब आया, उसके पास प्याऊ खुद जाती।

"इतना बड़ा अनाज व्यापारी और इतना सज्जन!" किसानों के हमदर्द और प्यासों को पानी पिलाने वाले केतन भाई की पिता बहुत तारीफ करते थे। वे ढाबे पर भी आते थे।

"अगली गर्मियों में और कितनी प्याऊ लगवाई जाएँ ?"

''और कितने लोगों को इस काम में जोड़ा जाए?''

''कैसे किसानों को मण्डी के समय दिक्कत न हो?''

''कैसे उनका अनाज चोरी न हो?''

''कैसे दुकानदार मण्डी के समय अपने रेट न बढ़ाएँ?''

''कैसे इन सारी बातों पर अंकुश लगाया जाए?''

''कैसे किसानों और हम्मालों में आपसी सामंजस्य बैठाया जाए?''

केतन भाई, पिता और दीवान सिंह चाचाजी गहन विचार-विमर्श में डूब जाते।

ग्राहकों के आने पर दोनों ये कहते हुए चले जाते कि–''फुर्सत से हो जाओ तुम, तब तक हम भी अपने काम निपटाकर आते हैं।''

कई बार तो चाचाजी पिता के हाथ का काम ले लेते और पिता कहते, "अरे यार, मोए दो। मैं करता हूँ। नहीं-नहीं, बैठो तुम तो। अभी फ्री हुए जाते हैं।"

मण्डी का यह क्रम यों चलता–मार्च-अप्रैल-मई-जून...गेहूँ और चना की मण्डी। जुलाई, अगस्त, सितम्बर...बरसात देखने के दिन। अक्टूबर, नवम्बर, दिसम्बर... सोयाबीन और मूँग की मण्डी। जनवरी-फरवरी...एकदम सुन्न सपाटा। मार्च-अप्रैल, मई-जून...फिर वही लम्बी कतारें।

जितनी अच्छी फसल, उतनी ही अच्छी रातें और दोपहरें।

सीजन की सुबह तो सबसे अच्छी रामेश्वर चाचा की होती। उनके चाय-नाश्ते की दुकान पर बहुत भीड़ होती और गाँव वाले उनके यहाँ कुछ ज़्यादा ही मस्ताते।

''भैंस के आगे बीन बजा रहे हो भैया। गाँव के आदमी से शुद्ध साफ बात किया करो। एकदम गरमा-गरम मँगोड़े की तरह, समझे? चल, फटाफट एक प्लेट मँगोड़े दे चटनी डाल के। बड़ी लम्बी लेन लगी है आज। जल्दी-जल्दी कर टोपा। नहीं तो...भड़ैये दो-चार बोरा गेहूँ पार कर देंगे। तेरे मँगोड़ों के चक्कर में हमरी तो बारह बज जाएगी।''

चाचा बेसन के घोल को तैयार करते कहते–''अरे नहीं भैया। तुमरी बारह बजेगी तो तुमसे पहले हमरी बज जाएगी। मण्डी नहीं लगेगी तो चूल्हे पर कढ़ाई कैसे चढ़ेगी? बाज़ार की ग्राहकी नहीं है। हमरी जो है सो तुमसे है।''

चाचा को अपनी दुकान और हाथ के हुनर पर बड़ा नाज था। उनके जैसी चाय, जलेबी, भजिए, मँगोड़े और भरी मिर्च कोई और बना ही नहीं सकता। उन्हें ये मालूम था कि जिसकी जीभ पर एक बार उनका स्वाद चढ़ गया, वह कहीं नहीं

जाएगा। फिर-फिर लौटकर आएगा। सो, वे अपनी दुकान पर बैठे हुए लोगों को उठाने लगते–"ऐ, ऐ भैया। उठो तो सही। चलो-चलो, मण्डी के बाद आना तुम।"

भट्‌ठी पर बैठे-बैठे ही किसानों की ओर प्लेट बढ़ा देते–"लो, लो। जल्दी लो, गरमा-गरम मँगोड़ा। ये लो मिर्ची, एकदम तुम्हारी फसल के जैसी। पटेल, अगर कहो तो संग में जलेबी भी?"

"अरे हट! जल्दी से पानी पिला। फिर मण्डी के बाद सीधे पूरी भजिया।" किसान, चाचा की बातों में कहाँ आने वाले थे!

सफेद गमछे को सर पर बाँधते हुए मजाकिया किसान कनखियों से कभी चाचा के खड़े ग्राहकों की ओर देखता और कभी अपने साथियों की ओर। फिर चाचा की ओर देखते अपने साथियों से बोलता–

"देखो, जाके आगे अपन ने बीन बजा दी और जाऐ सम्पट ही नहीं बैठी। बाज़ार का आदमी अपन गाँव वालों को ढोर बछेड़ू जैसो समझत है। इन बाज़ार वालों को तो होशियारी को चूना लगाने चहिए। ऐड़े बनके मन भर पेड़े खाओ दाज्जू...।"

चाचा भन्नाट गरम तेल में छन्न...छन्न...छन्न...भजिए डालते बोले–"अरे भैया, भैंस भी तुमरी और बीन भी तुम्हारी। बस मण्डी हमारी।" छन्न...छन्न...भजिए... छन्न...छन्न...मुँगोड़े छन्न...छन्न...मिर्च छन्न...छन्न...। चाचा का अपना संगीत। "छुन-मुन, छुन-मुन चढ़ गई चाचा की कढ़ैया...।"

"का बात है भैया? अबकी भौत फकर-फकर कर रहे हो तुम। पिछले साल जेई दिनों में तुमरी जुबान से बोल नहीं फूट रहे थे। ऐं...।"

"हम किसान एकई चीज़ से पिटतें रे। अगर हमरी फसल न पिटे तो हम पूरी दुनियाए पीट दें। हमरे आगे फिर कोई नहीं लगने पावे।"

"चल-चल। जा, मण्डी जा। होशियार चन्द।"

चाचा की दुकान से सटी हुई रोशन की पान की दुकान थी। वह बड़ी देर से किसानों और चाचा की रासलीला देख रहा था। इस रासलीला में भला हो उसका कि उसने पान में चूने की जगह कत्था और कत्थे की जगह चूना नहीं लगाया। उसकी हुलबुलाहट छिपाए नहीं छिप रही थी। सो किसानों की ओर से उसको भी मौका दिया गया–

"मण्डी में टेम है अबे। बोल-बोल, तू भी बोल ले। नहीं तो तेरे पेट में गुड्‌ड़-गुड्‌ड़ होएगी रे।"

"तो सुन के ही जाओ तुम। तनक याद करो। झमाझम बरसात में का कह रहे थे तुम?"

"हाँ। कह, हम भी तो सुनें जरा।"

''अरे भैया, जा इत्ती झमाझम-झमाझम काए हो रही है? तनक-तनक बरसे, दो-चार दिना तक। ऐसे तो पूरो को पूरो पानी बह जैहे। मेरी जानत, खेत में नहीं रुक पाएगो, जो पानी।'' रोशन किसानों की एकदम पक्की नकल उतारता था।

"हा-हा-हा!" सबने जोर का ठहाका लगाया।

वो अकेला बोल रहा है और सब उसी को सुन रहे हैं। इससे उसको और शह मिली।

"और धीमी गति की रिमझिम-रिमझिम में तुम कह रहे थे कि ऐ... मेरे राम! कैसे सुस्ता-सुस्ता के गिर रहो है जो। तनक जम के बरस जाए भैया, एकदम धुआँदार, तब तो कच्छू मज़ा है। झड़ी लगे, बिना टूटे कैई दिनों तक। तब तो मतलब है पानी गिरवे को। अपने कच्छू काम को नईं है जो पानी।"

''तुम किसानों को खुश रहना नहीं आता। बारिश को भी अपनी चाल से चलाना चाहते हो?'' रोशन की शेखी देखते ही बनती।

''हो गई तेरे मन की? कह लयी तूने भी जी भर के? अब पुरानो हिसाब भूल जा तू। हमें कच्छू नहीं देने तेरो। हिसाब बराबर हो गओ सयाने। और 'आज नगद कल उधार को' जो बोरड हटा अपनो। तोसे न हट रहो होए तो ला मैं हटा दऊँ। और हाँ, जे पान-जर्दा मलवो छोड़ और कऊँ की नौटंकी में भरती हो जा तू। सौ-दो सौ तो हम वैसे ही तो पे निछावर कर देंऐं रे...।'' किसानों के भी पत्ते खुल जाते।

नौटंकी और रोशन या कहें कि रोशन और रासलीला। रोशन तो जब मन करता तब मथुरा की ओर दौड़ लगा देता था। गोवर्धन पर्वत की परिक्रमा करते उसने कहा, ''ऐसी बात है तो फिर बिजली की और सुनत जाओ। हमरी दुकानों पे बिजली जलत देख पगला जात हो तुम। तुमरे हिसाब से तो पूरे बस स्टैण्ड पे एक बलब ही भौत है। सब कछु तुम्हें चाहिए। तुमरी पूर्ति पहले हो। फिर दुनिया जाए चाहे तेल लेवे।'' रोशन भी हाथ धोकर पीछे पड़ जाता।

लेकिन कोई किसी की बात का बुरा न मानता, मण्डी जो हँस रही होती।

''ऐ, जा पन-कतरे। नौटंकीबाज कलाकार के चक्कर में मण्डी निकल जेऐ अपनी...।'' कहते किसान मण्डी की ओर निकल पड़ते और पिता की हँसी रोके न रुकती।

मण्डी के दिनों में ऐसे एक नहीं, हजार किस्से होते। कोई किसी से कम नहीं पड़ता था। जाने क्यों किसानों को ऐसा लगता कि बाज़ार वाले उन्हें सीधा और बेवकूफ समझते हैं और जाने क्यों वो शहर वालों को चालाक समझते हुए फूँक-फूँककर कदम रखते जबकि दोनों के पेट एक दूसरे से जुड़े हुए थे। हम सबके

पेट तो उनसे कुछ ज़्यादा ही जुड़े थे। वैसे भी बाज़ार वाले गाँव वालों को अच्छा-खासा समझदार और चतुर समझते थे। लुटते-पिटते किसानों को मण्डी धीरे-धीरे इस मिट्टी का बना रही थी कि गाँव के आदमी को कोई बेवकूफ न बना सके। मौका आने पर गाँव का आदमी बाज़ार के आदमी को सिखा समझा सके कि–

"देख बाबू, किसान ऐसे होते हैं। सयाने, तू बेवकूफ है। भौत बड़ा वाला बेवकूफ है जो हम किसानों को बेवकूफ समझता है।"

हाट और मेला नदी के उस पार लगता था। हम लोग भी पुल पार कर मेला देखने जाते थे। मैं हिंडोलना से बहुत डरती थी। एक बार शिवा ने जबरदस्ती मुझे उसमें बिठा लिया और बोली–

"जब झूला ऊपर से नीचे आएगा, तब मैं तेरी आँखें बन्द कर दूँगी।"

चार पालकी वाले हिंडोलने की हर पालकी में आठ-दस लोग बैठते थे। उस दिन हिंडोलने में मोहल्ले की लड़कियाँ भी थीं। पालकी ऊपर-नीचे हुई कि मैं 'शिवा...शिवा!' करने लगी। उसने ढाँढस बँधाया, "देख, देख। मेले को देख। कित्ते ऊपर हैं अपन।"

आँख खोलकर देखा तो सच में बहुत ऊपर थे। मारे डर के मैंने फिर आँखें मीच लीं।

हिंडोलने के चलते ही जोर-जोर से चिल्लाने लगी–"बचाओ, बचाओ, कक्का, कक्का! मर गए, हम तो मर गए आज, कक्का...!" जितनी हिंडोलने की रफ्तार बढ़ी, उतनी ही मैं भी चिल्लाई।

हिंडोलने वाले ने झूला रोक दिया। मैं उतर गई और एक कोने में खड़ी हो गई। शिवा मुझे देख हँसती और मैं उसे लेकर डरती।

झूले के बाद सारी लड़कियों के साथ वो गोल-गोल झूमने लगी–"कित्ता मज़ा आया, भौत मज़ा आया भैया।" वे सब चहकें और झूले की तरह झूलते एक दूसरे से कहें–"ऐसो लग रहो थो कि अब प्राण निकले कि तब प्राण निकले। अब तो भैया, अपन पूरे सात दिन तक रोज़ झूलेंगे।"

मेला मतलब हिंडोलना, हिंडोलना मतलब मेला। शिवा ने मेरे गले में हाथ डाला और चुप कराते हुए बोली–"बस, जरा सी और हिम्मत कर लेती तो...?"

लेकिन मैंने फिर कभी भी झूला नहीं झूला। सबको झूलते हुए ज़रूर देखती रही।

दूसरे दिन मैं, शालू, और भैया–तीनों मेला देखने गए। शालू ने पहले भैया को गोद में लेकर पुल पार किया। फिर उसे उस पार छोड़कर मुझे हाथ पकड़कर पुल पार कराया। हम ज़्यादातर बिना पैसों के मेला जाते थे। पैसा लेकर सिर्फ एकाध बार जाते थे।

अबकी मेले में दो चीज़ें बड़ी अचरज भरी थीं। 'बिजली का झूला' और 'वासू की धाँसू' गुलाब जामुन। पाँच सौ ग्राम की हथेली भर बड़ी-सी गुलाब जामुन को पाँच-छह जन मिलकर खा पाते। लोगों में एक गुलाब जामुन पूरी खा लेने को लेकर तरह-तरह की शर्त लगती। वासू ने भी 'एक खा लेने पर एक फ्री' का बोर्ड लगा दिया। वासू की धाँसू गुलाब जामुन और बिजली के झूले का गजब का जलवा छाया हुआ था।

बिजली का झूला बहुत ही बड़ा और ऊँचा था। उसकी हर पालकी में ट्यूब लाइट लगी हुई थी।

भैया की उँगली पकड़े हम भी झूला देख रहे थे। झूले के चलते ही, सब जोर से 'हु...आ...हु...आ...हो...ऐ...हो...ए...हइया...हइया...' करते। जितना रोमांच झूलने वालों को, उतना ही या उससे बढ़कर देखने वालों को भी।

शालू और मैं चीखे "भैया...भैया...?" भैया का हाथ कब छूट गया?

उसे आसपास देखा। जब वह नहीं मिला तो हम रोने लगे। लोग हमें थोड़ा सा देखते और फिर बिजली के झूले को देखने में लग जाते।

पल भर में मेले के मायने बदल गए। आँखों के आगे अँधेरा-सा छाने लगा। अनजान चेहरों में अपनों के चेहरे दिखने लगे। हर औरत पीछे से आश जीजी, उषा जीजी और माँ की तरह दिखती। झूले की ऊँचाई, रोशनी, गति, शोर, घबराहट और डर को बढ़ाने लगे और पिता को पास बुलाने लगे।

तभी जाने कहाँ से कैसे बस स्टैण्ड वाले ओम भैया ने हमें देख लिया। शालू ने उन्हें बताया–"हमारा भैया गुम गया। यहीं तो था, अब पता नहीं, कहाँ चला गया?"

"तुम लोग, यहीं रुको। मैं कक्का को भेजता हूँ।" दौड़ते हुए ओम भैया चले गए।

हम दोनों कसकर हाथ पकड़े हुए 'भैया...भैया...हमारा भैया...' किए जा रहे कि भीड़ का रेला आता और धकियाते हुए हमारे हाथ छुड़वा देता। हम जहाँ के तहाँ खड़े रहते और फिर हाथ पकड़ लेते।

कुछ देर बाद "काए बाई, काए बाई?" लुंगी-बनियान पहने हुए कक्का आ गए।

"कक्का, हम तो यहीं बिजली के झूले के पास भैया को पकड़े खड़े थे। पता नहीं, कहाँ चला गया भैया...?"

कक्का ने हमें साथ लिया और पंडाल में माइक वाले को बताया। अब माइक वाला जोर-जोर से—"एक बच्चा गुम हो गया है, सिलेटी रंग की शर्ट और हॉफ पैंट पहने।" वह भैया की उमर भी बता रहा था।—"ढाई तीन साल का बच्चा, जिस किसी भी सज्जन को मिले, वह कृपया पंडाल में लेकर आए।"

साँय...साँय...साँय...कितनी आवाज़ें...। मौत का कुआँ, सर्कस, नरक का द्वार, भूत का बँगला और 'एक बच्चा गुम हो गया है।"

"भैया...भैया...भैया...हमारा भैया..." शालू की चीत्कार इतनी जोर की कि शायद यह चीत्कार ही उसे खींच लाए लेकिन चीत्कार भी भैया की तरह गुम हो गई।

बस स्टैण्ड से कुछ लोग आ गए। सबने चारों ओर ढूँढ़ना शुरू किया। शालू मेरा हाथ कसकर पकड़े हुए थी। कक्का के पीछे-पीछे हम जैसे दौड़ रहे थे। वे बीच-बीच में हमें देख कहते—"घबराओ नहीं, घबराओ नहीं बेटा।"

कि अचानक शालू खुशी में चीखी—"भैया, भैया, भैया..." उसने मुझे छोड़ कसकर भैया को पकड़ा और गोद में उठा लिया।

वो एक घोड़े वाले झूले के सामने खड़ा था।

कक्का आगे निकल गए थे और मैं 'कक्का, कक्का, कक्का, भैया...भैया...' कहती उनके पीछे दौड़ी।

भैया अभी भी शालू की गोद से लुमककर घोड़े वाला झूला देख रहा था। कक्का हम सबको देखकर हँसे। उनकी वो खूब अच्छी हँसी थी।

फिर वे पंडाल में माइक वाले को बताने और बस स्टैण्ड वालों को ढूँढ़ने चले गए। शालू भैया को कसकर चिपकाए रही। वह भी उसमें दुबक गया।

'वासू के धाँसू' को हमने दूर से ही नमस्ते की।

ढाबा एकदम खुला हुआ, खाली पड़ा था। उसके भीतर भी सन्नाटा खिंचा हुआ था। बहुत से लोग इकट्ठे हो गए। मोहन भैया बोले—"मिल गया तुम्हारा भैया...? मोड़ियो, एक ही तो भैया है तुमाओ, वो भी गुम जातो तो बस्स।" कहते हमें देख हँसने लगे।

कक्का ने हम सबको पानी पिलाया और पंखे के नीचे बिठाया।

माँ को यह सब मालूम ही नहीं था। उसे रात में मालूम हुआ, जब हम ढाबा बन्द कर, घर पहुँचे। हमने पूरा किस्सा सुनाया कि कैसे गुमा भैया और फिर कितनी मुश्किल से मिला।

अधजगी-अधसोई माँ मुँह फाड़े हमें देखती रह गई। भैया तो उसके पास ही सो रहा था लेकिन वह गुम गया था, यह उसे मालूम ही नहीं था।

शालू मुझे चिढ़ाने लगी–''मालूम, बबली जब रो रही थी तो इसकी नाक फूल रही थी। ऐसे, ऐसे, ऐसे रो रही थी।''

''तू भैया को ढूँढ रही थी कि बबली की नाक देख रही थी? भग, सड़ी- सड़ाई कहीं की...! तू मेला गई ही क्यों ? अगर भैया नहीं मिलता न, तो...?'' शिवा हमेशा-हमेशा मेरे साथ होती।

पिता शालू शिवा को सब्जी बनाना सिखाते हुए भट्ठी से थोड़ी दूर खड़ा करते थे। घंटे-दो घंटे की ये क्लास सब्जी बनाने के साथ-साथ धधकती-तपती भट्ठी का सामना करने का पाठ भी पढ़ाती थी।

प्याज में कौंचा कैसे और कितनी बार चलाया जाए; पानी कितना और कब डाला जाए; मसाले को जलने से बचाने के लिए भट्ठी और तपेले में कितनी दूरी रखी जाए; कब भट्ठी पर तपेले को पूरा रखा जाए और कब हटा दिया जाए; कैसे तेज़ भट्ठी पर तपेला रहे भी और नहीं भी रहे—यह पिता का भट्ठी को वश में करने का तरीक़ा था।

प्याज भुनने के बाद कहते—"देखो...देखो।" वे दोनों आगे सरक आतीं। सबसे पहले हल्दी डालते। उसे भूनते हुए थोड़ा-थोड़ा पानी भी छिड़कते जाते। पिसा धनिया डालने से पहले यह कहना न भूलते—"देखो बाई, अगर धनिया ज़्यादा डल गया तो सब्जी काली हो जाएगी।" खूब सारी लाल मिर्च डालते और फिर तीनों मसालों को एक साथ देर तक भूनते। इसके बाद मसाले में आलू डालते और फिर कटे हुए टमाटर। एक दूसरे में मिले हुए आलू टमाटर और मसाला दिखने में बड़े अच्छे लगते। पूरा ढाबा महक उठता। पिता को नमक का हिसाब था। उनकी सब्जी में कभी भी नमक ज़्यादा या कम नहीं होने पाता था। तपेले को एल्यूमिनियम की थाली से ढकते हुए कहते—"देखा, समझीं बेटा?"

इसके बाद ढाबे पर पड़े तखत पर बैठ जाते और खुद पर बीजने से हवा करने लगते। मुझसे कहते—"जा, एक गिलास पानी और जग भर ला।" धीमी आँच में सब्जी पकती रहती और वे अखबार पढ़ते रहते और इधर शालू और शिवा शुरू हो जातीं।

"अच्छा, बताओ, अगर सब्जी में नमक ज़्यादा डल गया तो? तो बताओ?

"खूब सारा पानी डालकर उबाल दो। तो क्या? कितनी छोटी-सी बात में दर्शन का बघार लगा रही है।" तपेले से उठती सब्जी की भाप को अपनी मुट्ठी में बन्द करने की कोशिश करते शिवा बोली।

"भग, कल्ली कहीं की...!" शालू ने फट-से थाली को हटा दिया।

शिवा तब भी नहीं चमकी—"अगर कक्का नहीं होते तो मैं अभी तुझे बताती...।"

मैं चीखती—"देखो कक्का, ये फालतू बातें कर-करके लड़ रही है।"

वे थे कि अखबार में डूबे रहते। पिता बड़े चाव से अखबार पढ़ते थे।

ढाबा और रईस भाई की दुकान के बीच में एक पतली-सी गली थी। बस स्टैण्ड पर जब कोई बस रुकती तो बस यात्री उस गली में पेशाब करने बैठ जाते। जी मिचलाने वाली बदबू से हम सब बड़े परेशान रहते। उबेद, जमशेद, शालू और शिवा ने तय किया कि ये लोग ऐसे नहीं मानेंगे। कोई तरकीब निकालनी होगी और तरकीब निकल भी गई...।

जैसे ही कोई बैठता, हम छिपते हुए खिड़की से उस पर पानी फेंकते। वह चौंकता, दाएँ-बाएँ देखता। हम फिर पानी फेंकते। वह बुरी तरह चीखता—"ए, कौ है?"

"ये कोई पेशाब करने की जगह है? चलो, आगे जाओ।" हममें से कोई एक कहता। फिर दूसरा, तीसरा, चौथा, पाँचवाँ...कहने का चक्र घूमता था। कितने लोगों पर पानी फेंका, कितनों को रोक सके और कितनों को नहीं रोक सके और कितने पानी को झेलते हुए निपटकर ही उठे—कई बार गिन पाते और कई बार गिनती इतनी बढ़ जाती कि भूल भी जाते।

उवेद ने खड़िया से दीवार पर लिख भी दिया कि 'देखो, यहाँ गधा पेशाब कर रहा है।' उसने गधे जैसे आदमी; जो आधा आदमी, आधा गधा लगे, की तस्वीर भी बनाई। इसके बाद भी लोग पेशाब करने वहीं बैठते, ताकि उन्हें बस भी दिखती रहे। जिन पर हम पानी डालते, उनमें से कुछ भुनभुनाते चले जाते और कुछ कक्का और चच्चा से शिकायत करते। उस समय हम ढाबे के पीछे छिप जाते।

लेकिन एक दिन एक लड़ाके आदमी ने बहुत बवाल मचाया। आसपास की दुकान वाले भी कम नहीं पड़े। खूब तू-तू, मैं-मैं हुई। आखिर में उस लड़ाके ने बड़ा बुरा कहा—

"शहर में न लड़की दो, न शहर की लड़की लो। अरे गाँव के मौड़ा-मौड़ी की का मजाल, जो पिशाब करते आदमी को देखें और वा पे पानी फेंके?"

इसके बाद हम लोगों ने पानी फेंकना बन्द कर दिया। बस के रुकते ही गली को घेरकर खड़े हो जाते और–'इते नहीं, इते नहीं' कहते किसी को बैठने नहीं देते थे।

रईस भाई की दुकान से सटी हुई सिन्धी काका की दुकान थी। उनकी दुकान पर गोश्त बनता था और दाल भी, लेकिन उनके यहाँ दाल खाने कोई नहीं जाता था। एक बार सिन्धी काका लोटा लिए मैदान की ओर जा रहे थे। उनके एक हाथ में लोटा और दूसरे में बीड़ी थी। वे लगभग पारासरी नदी के पास पहुँचने वाले थे कि शिवा ने मुझे बुलाया और–"देख बबली, देख बबली।" पहले तो हम हँसे, फिर उसने कहा–"जा, दौड़ जा और..."

...अब मैं दौड़ी। शिवा 'और तेज़, और तेज़' चिल्लाए जा रही। मैं नंगे पाँव दौड़ती-दौड़ती उनके एकदम पास पहुँच गई। वे कुछ समझ पाते कि मैंने उनके लोटे को हाथ मारकर गिरा दिया।

वे 'ऐ, ऐ' चिल्लाते हुए पलटे। अब मैं भागी और दौड़ते हुए काका मेरे पीछे। शिवा गायब। उन्होंने मुझे पकड़ लिया और मेरी पीठ पर एक मुक्का जमाया। कान पकड़कर माफी मँगवाई और माफ करते हुए एक और दिया मिलाकर।

सिन्धी काका चश्मा पहनते थे। उन्हें देख मैं हमेशा सोचा करती, काका रात को चश्मा लगाकर कैसे सोते होंगे? क्या करवट नहीं बदलते होंगे? अगर कभी नींद में करवट बदल लें और चश्मा टूट जाए तो काँच...?

शिवा ने बाकायदा लेटकर समझाया–"देखो, ये बिस्तर, ये तकिया, तकिए के पास ये चश्मा। सोने से पहले उतार देते होंगे और फिर उठने के बाद पहन लेते होंगे।"

"हाँ। लेकिन काका को चश्मा दिखता कैसे होएगा?"

शिवा ने टटोल-टटोलकर बताया–"ऐसे...ऐसे...ऐसे।"

हम छोटे समझते थे कि चश्मे वाले को बिना चश्मे के कुछ भी नहीं दिखता होगा।

माँ बहुत व्रत करती। ज़्यादातर तो निराहार रहती और कभी-कभार साबूदाने की खिचड़ी खाती। साबूदाना, आलू, मूँगफली, हरी मिर्च, कुटी लाल मिर्च, सौंधा नमक और हरा धनिया–कई रंगों से भरी थोड़ी-थोड़ी खिचड़ी हम सबको भी देती थी। व्रत के समय उसका सिर बहुत दुखता था। एक बार इन्हीं दिनों में आशा जीजी आई हुई थी। सिर दुखने का कारण तलाशते हुए माँ से बोली–"तू भूखी काए रहते? खिचड़ी खाऊ करे न ढंग से।"

"तू पटेली मर मारू करे आशा। अब इत्ते से साबूदानों में होत का है? और कौन तुमरे कक्का हर बार ले के आत हैं।" माँ बिफर गई।

जीजी, वो भी आशा जीजी कमर पे हाथ रख के बोली–"सो...एक बार में सबरी काए बना लेते? बचा के रखू करे न।"

"अरे तनक-तनक जे औरें भी खा लेतें।"

वो चटक गई–"तोए भोत खोलादरी आते बाई और सब जने रोटी नहीं खाएँ का?"

अब एक-एक कर उसने हम सबको पकड़ा–"क्यों, तुम सब बाई की खिचड़ी पे काए दाँत लगा के बैठतौ?" साबूदाने की खिचड़ी पर कुटी लाल मिर्च की तरह वह हम सबको भी कूट गई।

माँ ने हम सब लोगों से भी 'सावन के सोमवार' व्रत रखवाना शुरू करवाया। शालू और शिवा का सावन का पहला सोमवार। जैसे ही खाने का समय आया, दोनों एक साथ बोलीं–"कक्का, आज हम नहीं खाएँगे। हमारा सोमवार है।"

"ऐ पगली! क्यों किसी की बातों में आती हो? चलो, चलो। खाना खाओ। सब बेकार की फर्जी बातें हैं। बताओ जी, दिन रात काम करोगे और खाओगे नहीं?"

उन दोनों के पहले ही व्रत के काम लग गए। माँ को जितना पूजा-पाठ और

व्रत से प्यार, पिता को उतना ही परहेज। वो इन सब बातों से बहुत चिढ़ते थे।

लेकिन सावन के सोमवार स्कूल में मुसीबत बन गए। सावन के महीने में लड़कियाँ कुछ ज़्यादा ही चहकती थीं। "किस तरह सुबह बेल के पत्ते तोड़कर, नहाकर, धुले बालों के संग मन्दिर गईं और खाने के समय कैसे कसकर भूख लगी। फिर केले और मूँगफली खाए। तब जाके जान में जान आई।" पेट पकड़कर बतातीं।

कोई-कोई तो व्रत के दौरान पेड़े और हलवा भी सटकार जाता था। इसी का कमाल कि सबने तय किया कि अगली बार से अपन नौ-दुर्गा भी करेंगें।

मेरी बहुत ही खास सहेली पुनीता मुझसे पूछ बैठी–"क्यों तेरा भी व्रत है न?"

"नहीं। हमारे यहाँ सिर्फ हमारी बाई व्रत करती हैं और कोई नहीं।"

आश्चर्यचकित हो उसने पूछा–"बाई के अलावा कोई नहीं, तुम्हारी बड़ी बहनें भी नहीं?"

"नहीं, बिलकुल नहीं...। हमारे कक्का गुस्सा होते हैं व्रत करने से।"

"कक्का को बताने की ज़रूरत क्या है? हम तो हमारे पापा से ऐसी सब बातें नहीं करते। कोई भी लड़की नहीं करती। चाहो तो पूछ लो सबसे।"

क्लास की सारी लड़कियों को मालूम हो गया कि 'मेरा व्रत नहीं है।' फिर खुसर-पुसर शुरू हुई। कुछ-कुछ के साथ बहुत कुछ शुरू हो गया। शिवा और शालू का भी यही हाल हुआ। शिवा का दिमाग चला–

"क्या हुआ? पहला सोमवार छूट गया तो..। अपन दूसरे से रखते हैं।"

शालू अचकचाई–"...कक्का?"

"कक्का को मनाने का काम तू कर। तेरे से अच्छी सप्लाई और कोई नहीं मार सकता। तो शुरू हो जाओ, सप्लाई मास्टर।" बड़े प्यार से शिवा ने शालू को कक्का के पास धकेल दिया।

हमने भी सावन के सोमवार रखने शुरू किए। पहले-पहल नहा धोकर मन्दिर चले। बड़ी ठंडी हवा चल रही थी। सबके हाथ में मोगरे के फूल और खुले बाल हवा में लहराते हुए। मन्दिर आने को ही था कि जोर से हवा चली। सबने अपने-अपने फूल बचाए। फिर भी दो-चार फूल नाली में गिर ही गए।

मोहल्ले की बेबी दीदी बोलीं–"लो, देखो। इसे कहते हैं किस्मत। इन बेचारों की किस्मत में भगवान नहीं, जा नाली लिक्खी थी।"

"चू, चू, चू", करते ठंडी साँस भरते हुए सब बोलीं—"बिचारे फूल।"

मुझे बहुत भूख लगती। भूख के मारे पेट पकड़कर बैठ-बैठ जाती। शालू और शिवा 'बस, थोड़ी देर और, थोड़ी देर और' कह मुझे हिम्मत बँधातीं।

पिता हमारी शक्लें देख हँसते और पैसे देते—"जा, श्यामलाल से केला ले आ।"

हम तीनों शाम को चार-पाँच बजे के करीब खाना खाते लेकिन रात के ग्यारह बजते-बजते भूख लगने लगती।

ग्राहकों को परोसने जाती तो दोनों मुझे देख हँसती—"ए, ए। बीच में ही मत खा लेना। रोटी छिपाकर तो नहीं ले जा रही?"

एक सोमवार को तो शिवा ने मेरी रोटी और सब्जी बाँध ली—"रात के बारह बजे के बाद दूसरा दिन लग जाता है। तू बारह बजकर पाँच मिनिट पर खा लेना।"

फिर सावन के सोमवार का भी उसने तोड़ निकाला—"बबली से पूरे पाँच नहीं बनते तो पहला और आखिरी कर लिया कर। थोड़ा मोटा लड़का ही मिलेगा बस और क्या?"

लेकिन मुझसे वो भी नहीं बने। इसके लिए खूब ताने दिए जाते। जब मेरा दिमाग खराब हो जाता तो मैं कक्का के पास चली जाती और चुपचाप खड़ी हो जाती। फिर वे सबको खूब फटकारते।

शिवरात्रि के दिन मोहल्ले में गजब का हल्ला होता। जिसको जो साधन मिलता, उससे वह उदयपुर भागता। पिता हमेशा कहते—"उदयपुर देखना है तो किसी और दिन जाकर देखो। आज जाने की ज़रूरत क्या है? ऐसी भीड़-भाड़ में क्या देखोगे, समझोगे तुम उदयपुर को।"

लेकिन माँ हर बरस उदयपुर जाने की सोचती थी। हर बार तो हम लोग जा नहीं सकते थे लेकिन इस शिवरात्रि पर हम लोग भी उदयपुर गए।

वास्तु और शिल्पकला का अदभुत संगम। पत्थर की पुरानी परकोटे की दीवार और मन-मोहती मूर्तियाँ। रानी का कुआँ और मन्दिर का द्वार। अद्भुत नक्काशी से गढ़ी टूटी-फूटी मूर्तियाँ, जो टूटने के बाद भी अपने होने का बखान करती हैं।

लेकिन लोग कुछ सुनने-समझने के बजाय सुनाना शुरू कर देते।

तनकर मन्दिर को देखते कहते—"अपनो जो उदेश्वर मन्दिर खजुराहो की टक्कर को है। बल्कि वासे से भी बढ़ के है।"

दूसरे और ज़्यादा तन गए–"अरे नहीं, खजुराहो की बात अलग है। देश दुनिया से लोग आत–जात हैं वहाँ।"

"तो देश दुनिया के आदमियों को मालूम होए तो वे जहाँ भी आ सकत हैं। वा में कौन सी बड़ी बात है? अरे तनक ढंग से प्रचार-प्रसार हो जाए। बस और का ? बिना हल्ला करे कोई नहीं सुनवे वालो। तनक हल्ला ज़रूरी है आज के जमाने में।"

शिवरात्रि को हल्लारात्रि में बदलने को उतारू ये लोग न खुद कुछ देखते और न दूसरों को देखने देते।

केवटन नदी पर सबने अपना उपास खोला। पूड़ी, आलू की सब्जी और मसाले में लिपटी कच्ची अमिया को देखते ही मुँह में पानी आ गया। जैसे ही सूरज डूबने को हुआ, सबने नदी को प्रणाम किया और मन्दिर की ओर 'शिव-शिव' करते नमन किया। सूर्य के संग मन्दिर कुछ ज़्यादा ही चमक रहा था।

चारों ओर बिखरी लालिमा, अन्तरिक्ष में एक होते जमीन-आसमान, झुकते बादल, नदी पर पड़ती सूर्य और मन्दिर की परछाईं, पानी में बिखरे रंग और 'ओम नमः शिवाय'...'ओम नमः शिवाय'...'ओम नमः शिवाय'...'भोला सबके साथ, गणेश हमारे साथ' के जयकारे।

ऊबड़-खाबड़ रास्ते में हिचकोले खाती एक नहीं, अनगिनत ट्रॉलियाँ, जिन पर बड़े-बड़े अक्षरों में आड़ा-टेढ़ा लिखा हुआ–'सुख चाहिए तो दुख मत दो'

'सपने नहीं, सामने देख'–'जगह मिलने पर साइड दी जाएगी'

"दम है तो पास कर वरना बर्दाश्त कर।'

'माँगो उसी से जो दे खुशी से।'

"कहो उसी से जो ना कहे किसी से।'

शिवरात्रि का खुमार ऐसा चढ़ा कि एक नहीं, कई नीबू खाने पड़े।

हम माँ की बिलकुल भी नहीं सुनते थे। वह चिल्लाती रहती और सब अनसुनी करते जाते। सो सारी कसर वह सिर धुलाने में निकालती। इतवार के दिन हमारी खूब कुटाई होती थी। शनिवार की रात ढाबे से आते ही मोगरी को छिपा देते थे। कौन जाने वो कपड़ों की जगह हमें कूट दे?

इतवार को हम लोग कुटाईवार कहते थे। माँ जब सबके सिर धुला चुकी होती, तब उसे मोगरी पकड़ाते और हँसते, दौड़ते...'कुटाईवार दि एंड' कहते हुए ढाबा पहुँचते। जिस किसी की कुटाई हुई होती, उसे 'आज का कुटाईवार' कह कक्का के सामने खड़ा कर देते। वे–'अरे यार' कहते, हँसते हुए कुटाईवार को गोद में बिठा लेते।

मुझे चोटी बनाना नहीं आता था। इसलिए रोज़ स्कूल के समय माँ के पीछे घूमना पड़ता। वो बरहमेश कामों से भरी रहती। सबके कपड़े भी वही धोती थी। घर में हम कुछ भी नहीं करते थे। यहाँ तक कि पानी भी माँगकर पीते थे और गिलास को कभी भी उसकी जगह पर नहीं छोड़ते थे।

स्कूल का समय होता और चोटी के लिए माँ की तरफ देखना पड़ता। शिवा जैसे-तैसे आड़ी-टेढ़ी चोटी कर लेती थी लेकिन मुझसे बिलकुल नहीं बनती थी। चोटी के समय माँ बहुत बड़-बड़ करती। हमेशा सोचा करती–'जब बड़ी होकर नौकरी करूँगी और माँ से दूर हो जाऊँगी, तब मेरी चोटी कौन करेगा?'

मोहल्ले में एक के घर बर्तन माँजने महरी आती थी। उसे देख मुझे रास्ता मिल गया और मैंने ठान लिया कि जब मैं नौकरी करूँगी, तब चोटी करने वाली लगाऊँगी।

स्कूल में प्रार्थना के समय लड़कियाँ एक दूसरे को चिढ़ातीं–"तुम्हारी आज कुछ ज़्यादा ही टेढ़ी है। देखो, ऐसी गई, ऐसी गई और लो जा, जा घूम गई। भैया, आज तो तुम बम्बई जाकर ही मानोगी।"

सप्ताह में एक दिन स्कूल यूनिफॉर्म न पहनने की छूट रहती थी। जब कोई लड़की नए कपड़े पहनकर आती तो सब लड़कियाँ बहुत जोर से 'न्यू पिंच-न्यू पिंच'

कह उसे चिकोटी काटतीं।

'न्यू पिंच, न्यू पिंच। व्हॉट कलर, व्हॉट कलर।'

जब तक कलर न बता दिए जाते, तब तक चिकोटी कटती रहती। इस सबमें राजकुमारी नए कपड़े पहने हुई लड़की को इतनी जोर की चिकोटी काटती कि उसके आँसू निकल पड़ते। जिस किसी लड़की से हमारी लड़ाई रहती या उसकी किसी बात पर हम गुस्सा जाते, तो सारी कसर 'न्यू पिंच' के बहाने निकालते थे। अगर कोई लड़की नए कपड़े पहने ज़्यादा इतरा रही होती, तो हम सब उसका ढंग से ही 'न्यू पिंच' कर देते। हमारे साथ यह मौका लड़कियों को एकाध बार ही मिल पाता था।

अगर कभी स्कूल में बारिश शुरू हो जाती तो सारी लड़कियाँ खुशी में चीख पड़तीं। छुट्टी के समय सब दरवाजे पर खड़ी हो जातीं और एक दूसरे को धक्का देतीं। बारिश के तेज़ होते ही घर की ओर भागतीं।

घर स्कूल से बहुत दूर नहीं था। इसके लिए हम बहुत दुखी होते थे। स्कूल में कोई छाता लेकर नहीं आता था। सबको भीगने में मज़ा आता था और छतरी ले जाने में बहुत शरम आती थी। हमारे यहाँ तो छाता था ही नहीं।

हम बारिश में घर से ढाबे तक दौड़कर आते-जाते थे। सारा ढाबा चूता था। ग्राहकों के लिए मुश्किल से दो-एक बेंच बचा पाते। पानी टप-टप-टप हमारे ऊपर टपकता। हमें उसकी आवाज़ बहुत अच्छी लगती, जिसमें हम आधे भीग भी जाते। बारिश के अंधड़ में टीनें उड़-उड़ जातीं। पिता छत पर चढ़ते। उस पर पन्नी चढ़ाते। टीनें बहुत कमज़ोर थीं। हम दम साधकर पिता को चढ़ते-उतरते देखते रहते।

बारिश के समय मंडी बन्द पड़ी रहती। झमाझम बारिश में ग्राहक की प्रतीक्षा करते। दिन भर में एकाध ग्राहक आता, जिसकी सेवा में हम सब टूट पड़ते। लगातार बारिश से सामने का नाला भर जाता तो वो एक ग्राहक भी न आता। कई बार ऐसा हो जाता कि दिन भर बोहनी ही नहीं होती थी। पिता दाल-सब्जी को बार-बार गरम करते और आटे को सूँघते रहते कि कहीं वह खराब तो नहीं हो रहा।

पारासरी नदी में बाढ़ आ गई। आधा ढाबा उसमें डूब गया। पिता ने मुझे, सीमा और भैया को उठाकर भट्ठी के ऊपर खड़ा कर दिया। पानी हमारे गले तक पहुँच रहा था। पिता, शालू और शिवा—तीनों सामान बचा रहे थे। शालू और शिवा कमर तक पानी से भरी हुईं थीं। पिता उन्हें जल्दी-जल्दी सामान पकड़ा रहे थे, जिसे सर

पर रखे वे नंगे पाँव नाले के उस पार लेकर जा रही थीं। बारिश के साथ बहुत तेज़ हवा भी चल रही थी, जिससे उनके सर पर रखा सामान भी हिलता। वे 'कक्का...कक्का' चिल्लातीं और पिता 'संभल के...संभल के बाई' बार-बार कहते। तीनों ने ढाबे का सारा सामान उस पार पहुँचाया। फिर पिता ने मुझे और सीमा को अपने कन्धे पर बिठाकर और शालू तथा शिवा ने अपने हाथों का झूला बनाकर उसमें भैया को फँसाया और पानी से पार कराया। हम तीनों सामान के पास रखवाली में खड़े रहे और वे उसे घर तक पहुँचाते रहे।

पिता बीच-बीच में ढाबे को देखने जाते और छोटा-सा मुँह लेकर लौटते। बाढ़ का मोहल्ले पर कोई नामो-निशान नहीं था। तीन-चार दिन बाद जब बारिश कम हुई और नदी की बाढ़ भी, तब ढाबा खुला।

बाढ़ के दिनों में हम सबने ढाबे की सब्जी-दाल को ही खाया। माँ चूल्हे पर रोटी बनाती और हम सब चूल्हे और माँ को घेरकर या कहें कि माँ का घेरा बनाकर खाना खाते थे।

जब नदी में बाढ़ आती तो पूरा शहर उसे देखने उमड़ पड़ता था। हमें उनकी खुशी बहुत आश्चर्य में डालती। नदी की बाढ़ में माँ का चेहरा दिखता और पिता का हमें कन्धों पर उठाए चलना। पारासरी नदी बारिश में बस स्टैण्ड वालों के लिए आफत बनी होती और लोगों के लिए मेला...।

नदी का पानी जो ढाबे तक आ गया था, वापस नदी में चला गया। भरी हुई नदी को हम सब कॉलेज की बाउण्ड्री-वॉल पर चढ़कर देखते—

"अगर बिना रुके पानी रात तक बरसता रहा तो फिर से दुकानों में पानी भर जाएगा।"

"अरे मोहन भैया, अपनी पारासरी भी कोई से कम नहीं है। देखो, कैसे बल खा रही है!" शर्ट को निचोड़कर फिर से पहनते ओम भैया नदी किनारे के पेड़ से लूम गए।

रामेश्वर चाचा कैसे चुप रहते? उनकी तो हरी मिर्च और धनिया के काम लग गए। बाढ़ के पानी में वे आँखें फाड़-फाड़कर मिर्च, धनिया तलाश रहे थे। सो कुढ़ते हुए बोले—"हओ। अबकी बाढ़ आ गई, सो ऐसी लग रही है। नहीं तो तनक सी दिखते। कभऊँ-कभऊँ तो सूख सोई जात है।"

"तो तुम का चाहत हो साल भर ऐसे ही उफनाए? रोटी पानी के लाले पड़ जाएँगे। फिर तेल की जगह पानी में भजिए बनइओ तुम।" मोहन भैया उन्हें

खाने दौड़े।

"अरे नहीं। नदियों को भी मालूम है कि कब उफनाएँ और कब क्या करें? तुम सबसे ज़्यादा समझदार हैं वे।" चश्मा पहने सिन्धी काका ने सबको समझाया। नहीं तो बातों-बातों में एकाध तो नदी में टपक ही पड़ता।

सिन्धी काका को देख शिवा कहती–"मालूम? काका को भी अपने चश्मे में बस के जैसे वाइपर लगवा लेने चाहिए।"

ओम भैया बाऊण्ड्री-वॉल पर पैर लटकाकर बैठ पाते, रोशन उनके कन्धों पर बैठ नदिया-गीत गा पाता कि वकील साब के आते ही पिता ने सबको ढाबे पर बुला लिया। मिश्रा जी वकील साहब समझाते कम, बाँचते ज़्यादा थे–

"सुनो ध्यान से हमारी बात को। चार सौ साल पहले बेतवा के किनारे वासुदेव नगर थो। बाढ़ से यह नगर तहस-नहस हो गया। लोग इधर-उधर हो गए। जानते हो अपना ये शहर कैसे बसा? हम समझाते हैं तुमको पूरा नक्शा। पूरे पण्डा तुम्हारे राजेन्द्र नगर और पण्डापुरा में बस गए, जिसे तुम अब शहर कहते हो। राजपूत बस गए पठार मोहल्ला में। बाकी जन मिर्जापुर और बैलोट में और रंगरेज तुमरे बूढ़ेपुरा में। जानते हो बासौदा नाम कैसे पड़ो? इन्हीं रंगरेजों की देन से।"

"वैदिक सभ्यता के समय की बात है। अब सभ्यता के नाम पर तुम सब अपनो सिर मत खपाओ। बोलत-बोलत हमरो मौं दुख जाएगो। मनो तुमे कच्छु सम्पट नहीं बैठवे वाली। तो सुनो, वैदिक जने सोने के भौत सारे आभूषण बनात थे। वे सोने के तार से अपने वस्त्रों को सजाते थे। कपड़ों के ऊपर सोने का काम। भौत-ई बारीक एकदम महीन काम। वासौदा माने वस्त्र देने वाला। कोई साधारण से कपड़ा नहीं, जो हम तुम आजकल पहन ओढ़ रहे हैं, बल्कि जरी के काम वाले वस्त्र। पूषन नाम के देव को वासोवाय वस्त्रों का बुनकर कहा जाता है।"

सब एकदम ध्यानमग्न हो वकील साहब को सुन रहे कि बीच में कोई पूछ बैठा–

"और अपनी मण्डी...।"

"तुम्हारी मण्डी आए अस्सी नब्बे-बरस हो गए।"

झट से तीसरे पूछ बैठे–"अनाज मण्डी न?"

"अरे यार, ए, तुम जे जिज्ञासु मूर्खों जैसी बातें मत किया करो। अनाज मण्डी नहीं तो का सब्जी मण्डी? हाथ-पाँव के संग थोड़ा दिमाग भी चलाया करो तुम लोग, समझे? मण्डी के अलावा जहाँ और का धरो थो? बासौदा की पूरी चमक-दमक बनीं मण्डी से। और हाँ, जे दिल्ली-मुम्बई रेल लाइन बिछ जाने से तर गए अपन। नहीं तो कौन पूछतो तुम्हें? छोटे-छोटे कस्बा हज़ार हैं।"

"और...वकील साब अपनी नद्दी। कैसो चण्डी को रूप धारण करे हैं अबे। कच्छु पारासरी और बेतवा के बारे में भी तो बताओ।" जिन्हें टोकने की आदत नहीं थी, वही बीच में टपक पडे।

"बस्स आज इतना ही। कभी और दिन तुम्हें बेतवा के बारे में बताएँगे। बहुत देर हो गई। जरा कचहरी में चक्कर तो लगा आएँ।"

वकील साहब कचहरी जा पाते कि उससे पहले ही बारिश के कारण रुकी पड़ी जी.टी. एक्सप्रेस को देखने के लिए सब उठ खड़े हुए–

"चलो, चलो, अपन भी स्टेशन को एक चक्कर लगा के आएँ। वैसे तो जी. टी रुकत नहीं है अपने जहाँ पे। अब जब रुकी ई है तो वाके हाल-चाल भी लियाएँ।'

"हओ। देखें तो सही बरसात में जी.टी के संग स्टेशन कैसो लग रहो है?"

...रेलवे स्टेशन पर शाम पूरे पाँव पसारती है और चिड़िया जी भर के चहचहाती हैं। ऐसा लगता है, जैसे सारी दुनिया की शामों में झनझनाहट हमारे यहाँ की शाम से शुरू हुई। छोटे-से प्लेटफार्म पर चार-पाँच पत्थर की बेंच और दोनों तरफ लगे दो नल—जिनसे लोग बेहिचक ओक से पानी पीते हुए दुनिया-जहान की बातें करते रहते हैं।

ट्रेन की आवाज़ सारे शहर में गूँजती है...। वह जैसे प्लेटफार्म पर आने से पहले ही हर घर को बता देती है कि वह आने वाली है या आ गई है। तिस पर भी लोगों के ठाठ कि वे स्टेशन पहुँचने की उतावली में नहीं रहते। बाहर-वास का अगर कोई कहे भी कि चलो-चलो, जल्दी चलो, ट्रेन आ गई या छूटने वाली है तो कहने वाले को यहाँ के लोग ऐसे देखते हैं, जैसे दुनिया का आठवाँ आश्चर्य देख लिया हो। कहेंगे प्यार से, लेकिन सामने वाले को लगेगा कि डपट रहे हैं—"अरे, ऐसे कैसे छूट जाएगी? हम पकड़वाएँगे न तुमको ट्रेन। फिकर मत करो। सबको लेकर जाएगी वो।"

गर्मियों में ट्रेन के रुकते ही झुंड के झुंड पानी की बाल्टी लिए दौड़ पड़ते हैं। सब पूरी कोशिश करते हैं कि कोई भी, कोई एक भी प्यासा न रह जाए। भरी दुपहरी में ठंडा पानी पीते ही यात्रियों के शरीर में हमारे यहाँ के पानी का सुरीला राग बजने लगता है। वे खिड़की से झाँकते शहर का नाम पढ़ते हैं...गंज बासौदा, और पानी पिलाने वालों की ओर देखते हुए दूर तक हाथ हिलाते जाते हैं। भरी दुपहरी में ठण्डा पानी और बेटी की विदाई यात्रियों को खिड़की से झाँकने को मजबूर कर देती है।

गंज बासौदा का रेलवे स्टेशन यानी बेटियों को विदा करते रोते पिता को देख अपने आँसू पोंछती चिड़िया, ट्रेन के संग दूर तक उड़ती जाती, बेटियों को ढाढ़स बँधाती...।

लेकिन अभी स्टेशन पर भी सिवाय पानी के क्या होता? जी. टी. भी एकदम पैसेंजर की तरह लगी। उसमें बैठे हुए लोग ज़रूर थोड़े अलग से दिखे। वे हमें ऐसे

आँखें फाड़-फाड़कर देखकर रहे थे, जैसे हम सब कोई बिजूका हों।

...झमाझम बारिश में नदी की बातें सोने पे सुहागा लगतीं। वकील साब एकदम धाराप्रवाह बोलते थे। रोका-टोकी उन्हें पसन्द नहीं थी। बगल में किताब दबाए कहते–"सागर नदी से दो मील की दूरी पर मंगरौद के पास जो तुमरे दो नाले हैं। पहले तो वे बेतवा में मिलते हैं। वा के बाद मंगरौद से मील डेढ़ मील बेतवा पूर्वी मोड़ लेत है और जहीं पे तुमरे सकरौली गाँव से बेतवा मिल जात है। बस्स, जहीं से बेतवा थोड़ो सो दक्षिणी रुख लेकर पूर्वाभिमुखी हो चलन लगत है। अपने सिरौंज बासौदा मार्ग को पार करत है वा जेई समय।"

"अपना बासौदा बेतवा से दो मील दक्षिणी किनारे पर बसा है। तीनेक मील चलते हुए बेतवा दाहिने तट पर पूरब की ओर से आने वाली अपनी पाराशरी की धारा को समेटती है और फिर उत्तर की ओर बढ़ जाती है। बेतवा को प्रवाह बड़ी-बड़ी नदियों को भी मात देता है। किसी से बाँधे नहीं बधँत थी बेतवा। सन अठारह सौ सत्तासी तक जा बेतवा स्वछन्द-विहरणी रही है। सन अठारह सौ सत्तासी में जाके परीछा में बाँधे जावे से नहरों के भौत बढ़िया परिणाम सामने आए, तब लोगों को समझ आई कि अरे जा, बेतवा तो जीवनी शक्ति है। फिर सन उन्नीस सौ दस में सुकवा-ढुकवाँ बाँध बनो और उन्नीस सौ बावन में माता-टीला बाँध बन गओ।"

आखिर में वकील साब कहते–

"अच्छा, एक बाते पे गौर करी का तुम औरों ने? अपना यह बासौदा चार कोनों में बसा हुआ है। शहर के बीचोबीच जय स्तम्भ चौराहा–उसके पूर्व की ओर रेलवे स्टेशन, पश्चिम की ओर शहर यानी बाज़ार, उत्तर की ओर बरेठ रोड, और चौराहे के दक्षिण की ओर त्यौंदा रोड।"

"हओ। कोई भी रास्ता नहीं भटक सके अपने जहाँ पे।" रोशन के सिर पर वकील साब की एक चपत और सभा विसर्जित।

वकील साब और लोगों के जाने के बाद पिता कहते–"अरे वाह! पढ़े-लिखे लोग हैं भई ये। बुद्धिजीवी वर्ग की बात ही अलग है। बहुत शानदार रोचक व्याख्या करते हैं हर चीज़ की। ज्ञानी लोग हैं भई।" कहते हुए उनके शरीर का हर एक हिस्सा लय में होता। "शालू, बहुत ध्यान दिया करो बेटा, ऐसे समय। देखो, कितनी गहरी जानकारी है उन्हें!"

इस बात पर शालू ऐसी हो गई, जैसे वकील साब ने अभी जो कुछ कहा, वह सब तो उसे पहले से ही मालूम था।

"सुन सड़ी। तू भी कल अपनी क्लास लगा लेना। तू पढ़ाना...पानी का रंग, पानी की आवाज़, पानी की गंध, पानी का स्वभाव, पानी से बैर, पानी से रिश्तेदारी और तो और तू पानी का स्वाद भी बता देना। कक्का खुश हो जाएँगे।" उसकी इतराहट पर शिवा से चुप न रहा गया।

"नहीं। पहले मैं तुझे नदी में ट्यूब के संग तैरना सिखाऊँगी।"

"तू पूरा एक गिलास पानी तो पी नहीं पाती। क्या मुँह ले के नदी में जाएगी?"

शिवा के जवाब से शालू अचकचा गई। तय नहीं कर पाई कि जग की ओर हाथ बढ़ाए या ट्यूब की ओर?

पिता की वकील साब से बहुत पटती थी। नदी और बासौदा की बातें सुनकर उनकी दोस्ती का राज समझ में आया लेकिन बारिश में ग्राहकी का न होना बहुत अखरता था। ट्रेन में बैठे लोगों को देखकर हमेशा ऐसा लगता कि ये सब ढाबे पर खाना खा लें तो?

कचहरी का भी सीजन रहता था। लाल रंग की कचहरी में काला कोट पहने वकील और उनके पीछे-पीछे गरीब किसान। कचहरी बरहमेश किसानों से भरी रहती। भूले से अगर कोई किसान से पूछ बैठता कि–"काए दादा? तुम कैसे फँस गए इतै? कौन ए मार दओ तुमने?"

तो वो ऐसे जवाब देता कि पूछने वाला जज है और फैसला देना उसके और आस-पास खड़े लोगों के हाथ में है। कई बार तो ऐसा लगता कि पेशी की रिहर्सल चल रही है–"नहीं बाबूजी। जमीन-जायदाद के हिस्सा बँटवारे में फँसे हैं हम। हमरो हल्को भैया भौतई खोल्लो है। का कहें अब भैया...? कोई की सुनतई नईं है। खून सवार है वा की खोपड़ी पे।"

कचहरी से जब किसान पस्त पड़ जाते तो पीपल का पेड़ उन्हें बहुत सहारा देता था। वे पेड़ की छाँव में नल के पास पानी से सूखी रोटियाँ गटक लेते और तौलिया को सिरहाना बना, सिकुड़कर लेट जाते; खुली आँखों से पत्तों की ओट लिए कचहरी को देखते रहते। पीपल के पेड़ ने जाने कितनों में जान फूँकी क्योंकि हर आधे घंटे में किसान बार-बार कचहरी जाते थे और खाली हाथ लौटते थे। लेकिन पीपल का पेड़ उन्हें कुछ...बहुत कुछ देता था।

हर आठ-पन्द्रह दिन में कचहरी आने वाला वह किसान अपने खीसे से गुड़ी-मुड़ी पाँच का नोट जाने कितनी बार निकालता और रखता था। अगली तारीख मिलने पर वकील साब से जितनी जल्दी हो सके, उतनी जल्दी केस खत्म करने को लेकर रिरियाता रहता...।

वकील साब ढाबे पर आ पाते कि उससे पहले ही वह रामेश्वर चाचा की दुकान पर चाय-नाश्ते का ऑर्डर दे आता। बेंच पर जगह होने के बाद भी जमीन पर सिकुड़कर उकड़ूँ बैठ जाता। मैले-कुचैले कुरते के भीतर बण्डी से मुड़े-तुड़े नोट निकालता। पिता उसे देख पसीज जाते–'जो आदमी दिन भर में एक भी चाय नहीं पिया, जिसने पानी के संग रोटियाँ गटकीं, वही अधमरा किसान वकील साब को चाय-नाश्ता करा रहा है?'

कचहरी और किसान जीवन पिता को बहुत विचलित करता था–"दम निकल जाएगी री टोपे तेरी, कचहरी के चक्कर लगा-लगा के। लेकर आ अपने भैया को और वकील साब से मिलवा कर राजीनामा कर ले, पगले। तोसें नहीं सुलझ रही होए तो जहाँ हमरे पास लेकर आ। देखें, कैसे नहीं मानता तेरा भैया? धर ले अपने पइसा।"

पिता ने चाचा को आवाज़ दी–"ऐ रामेश्वर..." और वकील साब की फीस भी आधी करा दी।

किसान ने पानी भरी आँखों से इस आस में अपने गाँव की बस पकड़ी कि कचहरी से जल्द से जल्द छुटकारा मिले। वह बस से कचहरी का बिलकुल नदी की तरह नमन करने लगा। प्रार्थना में शब्द बाहर नहीं निकल रहे थे, लेकिन उनसे पानी बह रहा था। उसका अँगोछा भी काँप रहा था। वो कचहरी से क्या प्रार्थना करता होगा?

दीवाली पर प्रमोद की दुकान पर टेबल-कुर्सी की पुताई होती। हम पिता से जिद करते–"कक्का, इस बार अपन भी ब्रश से टेबल-कुर्सी पोतेंगे।" वे 'हाँ-हूँ' करते और हम सब झगड़ते कि–"कौन-कौन पोतेगा?" शालू का रौब चलता–"वह बड़ी है और समझदार भी, इसलिए ब्रश से टेबल-कुर्सी वही पोतेगी।"

घर और ढाबे में चूना पुतता था। कूची से सब दिन भर पुताई करते और चूने में बुरी तरह भिड़ जाते। रात के आठ-नौ बजे नहाते। माँ हमें नारियल का तेल लगाती। चूने से माँ की उँगलियाँ फट जातीं। कभी-कभी तो उनसे खून भी रिसने लगता था। वो बहुत सफाई पसन्द थी। उसे मोटा–झोंटा काम बिलकुल नहीं सुहाता था। वह रंग-रोगन भी इतने अच्छे से करती कि लोग समझते कि इस बार पुतइए ने पुताई की है।

जब बहुत थक जाती तो बिना बात के भी चिल्लाती थी। वो नसैनी पर चढ़ी हुई थी और मैं मटका लिए खड़ी थी। वो जैसे-जैसे ऊँचाई पर पहुँचती, वैसे-वैसे मैं भी दो-एक सीढ़ी चढ़ती जाती। भैया और सीमा नसैनी पकड़े खड़े रहते। वो हमारे लिए डरती और खीजती कि कहीं हम गिर न जाएँ। पुताई के बीच में धरने-उठाने का काम भी करवाती जाती। उसने भैया से कुछ कहा, जिसे वह समझ नहीं पाया। वह चिढ़ गई और हमें न जाने किस बात पर हँसी फूट गई। उसने फिर कुछ कहा, भैया फिर नहीं समझ पाया। बुरी तरह खीजते हुए बोली–"बाप जैसा होलू है।"

कक्का की बुराई हम लोग सह नहीं सकते थे और माँ है कि समझती ही नहीं थी। उसका गान शुरू हो जाता–"पूरो खानदान ही जाने कौन मिट्टी को बनो है। जा का कोई औलाद है। अरे औलाद के नाम पर जा तो पिछले जनम को पाप है पाप।" हम डर के मारे कुछ कह नहीं पाते थे। लेकिन कई बार जब उसका कुढ़ना न रुकता तो रुआँसे ज़रूर हो जाते।

शाम को पिता आ गए। माँ मुँह फुलाए पुताई कर रही थी। वे हँसते हुए

बोले—"काए? रज्जो थक गई।"

वह कुछ नहीं बोली। भैया 'कक्का' कह पिता से झूमा और मैंने चट से कहा—"कक्का, बाई भैया को कह रही थी कि...कि...?"

माँ ने गुस्से में कूची वाला हाथ झटका, जिससे सब पर चूने के छींटें पड़े, कुछ छींटे पिता पर भी पड़े।

"मौड़ा-मौड़ी के सामने फालतू बातें मत किया करो भई। गुस्से पर काबू रखना सीखो रज्जो।"

"अरे! छींटे भी बोलते हैं क्या?"

माँ मुझे कैसे देख रही है? इस समय एकदम नानी जैसी लग रही है। बिलकुल वैसी ही, जैसे नानी छोटे मामा की बात करते हुए जाने कैसी तो हो जाती है।

"कक्का बाई भैया को कह रही थी कि...?" ऐसा नहीं हो सकता कि ये प्रश्नवाचक चिह्न किसी और चिह्न में बदल जाएँ लेकिन यह कैसे हो सकता है? मैं तो अक्सर विराम की जगह विस्मयादिबोधक लगा देती हूँ। शालू कई बार कान मरोड़ चुकी है और शिवा के विराम और विस्मय उसी की तरह के हैं।

'छुक छुक छुक—कू कू कू...' हरी झंडी—चू-चर्र-चर्र—प्लेटफार्म—गाड़ी रुक गई।

इंजन बनी शिवा रुक जाती और हम डिब्बों को भी रोक देती। धुआँ छोड़ता इंजन बनती पूछती—"समझ आ गया न कैसा होता है विराम चिह्न?"

फिर हम सबको धड़धड़ाती ट्रेन में बदलते इंजन बनी जोर से कूका मारते कहती कि—"देखो, सामने पटरी पर कोई लेटा हुआ है। छुक-छुक-छुक रेलगाड़ी-कू कू कू तेज़ हार्न—इंच भर जगह बची है। कू, कू, कू, कू,...कू, कू, कू, कू...छुक छुक छुक...कू, कू, कू, कू...छुक छुक छुक..."

"एक सेकंड में आदमी उठकर पटरी पार कर गया! अरे! बच गया! जान बच गई!"

"ऐसे कब तक आँखें फाड़े रहोगे तुम लोग? समझ आ गया न? यही है विस्मयादिबोधक चिह्न!"

मुझसे कहती—"मोटी, अगर अब तूने विस्मय और विराम में गड़बड़ी की न तो मैं तुझे पटरी पर लिटा दूँगी। फिर तेरा विराम भी हो जाएगा और विस्मय भी!"

खैर, पुताई खत्म कर हम सब पिता के साथ चाय पीने बैठ गए। माँ ने चाय कुछ ज़्यादा ही कड़क कर दी।

अगले दिन शालू और शिवा नल वाली गली को पोतकर ढाबा पोतने चली गईं लेकिन माँ को किसी का काम सुहाता ही नहीं था। उसने नसैनी लगाई और पुती हुई जगह को फिर से पोतने लगी। वह नसैनी की बिलकुल ऊपर वाली सीढ़ी पर चढ़कर पोत रही थी। वह हर बार तीन सीढ़ी नीचे उतरती और मेरे सर पर रखे मटके में से कूची को डुबोती और पोतती जाती।

वह बड़ी बारीकी से पोत रही थी। उसने सीढ़ी पर पंजों के बल खड़ी हो कोने में कूची मारी कि ढेर सारी बरैया झूम गईं।

माँ के हाथ से कूची छूटी और मेरे सर से मटका। अनगिनत बरैया...मैं चिल्लाई–''बाई...बाई...बाई...''

वो गिरते-पड़ते नसैनी से नीचे आई और यहाँ-वहाँ दौड़ने लगी। बरैया ढेर थीं। माँ ने अपनी धोती भी निकाल फेंकी। सीमा और भैया भी दौड़ें और...बरैयों को भगाएँ। सारी कोशिशें बेकार। अनगिनत बरैया माँ से चिपक गईं थीं। मैंने दौड़कर बैरा (झाड़ू) उठाया और खूब जोर-जोर से बरैयों को मारना शुरू कर दिया। सर पर, चेहरे पर, हाथों पर, पाँवों पर–जहाँ देखो, वहीं बरैया...।

शोर सुनकर सामने वाली काकी दौड़कर आईं और माँ को सहारा देकर लिटाया। झाड़ू से आधी से ज़्यादा बरैया मर चुकी थीं, बाकी भाग गईं। माँ लगभग बेहोश हो चुकी थी। सीमा दौड़कर ढाबे से कक्का को लाई। वे साथ में रिक्शा भी लाए थे।

दो दिन बाद ही दिवाली थी। हम सबने उसे नाम दिया 'बरैया दिवाली'।

बरैयों ने माँ को हज़ार डंक मारे होंगे। वह याद कर दहल जाती और मैं भी। क्योंकि एक डंक मेरे भीतर भी था। एक रात वह मुझे देखती रही और फिर बोली–''अगर बबली मोए बैरा से न मारती तो बरैया न छोड़ रही थीं मोए। जाको अच्छो दिमाग चलो, जो जा बैरा लियाई।''

बरैयों की तरह मेरे भीतर का डंक भी निकल भागा।

बस स्टैण्ड की पूरी दुकानें अतिक्रमण में थीं। ढाबे का आधा पट्टा था। भट्ठी, सब्जी दाल के भगौने, प्लेट, गिलास, आटे की परात, पिता का तखत और दुकान के पीछे के हिस्से में छोटे-से पर्वत की शक्ल लिए राख का ढेर-कोयला और पानी की होदी सब अतिक्रमण के घर में रहते थे। आगे और पीछे की जगह अतिक्रमण में और बीच वाली ग्राहकों की जगह पट्टे में सुरक्षित।

जब अतिक्रमण विरोधी अमला सबकी दुकानें तोड़ रहा था, तब पहली बार पिता को डिगते देखा। वे घर की ओर दौड़े और पलक झपकते ही कागज लेकर आ गए। शहर के नामी-गिरामी लोग और वकील—सब ढाबे पर इकट्ठे हो गए।

कुछ लोगों ने विरोध करना शुरू किया तो कुछ हालात की नजाकत और अमले की सख्ती को देख बातचीत के जरिये समस्या का हल जुटाने का प्रस्ताव रखने लगे लेकिन अतिक्रमण विरोधी अमला किसी की सुनने को तैयार नहीं। उनकी मुहिम जारी रही और दुकानों को टूटते देख लोग मारे सदमे के रो भी नहीं पा रहे थे। डिप्टी कलेक्टर और डी.एस.पी., दोनों ही बहुत कड़क थे। डी.एस.पी. के नाम से सब काँपते थे।

जब अतिक्रमण विरोधी अमला ढाबे पर आया तो पिता और उनके दोस्तों के होते भी भट्ठी वाला हिस्सा गिरा दिया गया। दोनों साहब बहुत ध्यान से कागज देख रहे थे। पिता ने पहली बार हम लोगों को पीछे कर दिया। बस स्टैण्ड पर भयानक भीड़। लोग साँस थामे दुकानों को मलबा होते देख रहे थे। इतनी भीड़ और पिता का हाल देख हम भी मलबा होने लगे। शालू हमें और पीछे ले गई और राख के ढेर पर बिठा दिया। वह खुद भी मलबे में बदल रही थी और शिवा की आँखें एकदम लाल हो रही थीं। वह नल को पकड़े चुप खड़ी थी। टीन का टप्पर पूरा गिर चुका था और सामान...?

पिता चेहरा धोने के बहाने पीछे आए और हम लोगों को देखकर भर्रा गए। शालू और शिवा पिता से चिपककर ढाबे का टूटा हुआ हिस्सा हो गईं...।

अब भट्ठी कहाँ बने? बीच वाला हिस्सा सामान से अँट गया। उस रात किसी के यहाँ चूल्हा नहीं जला। पूरा बस स्टैण्ड उजड़ चुका था। सब मलबे के ढेर पर गुमसुम बैठे रहते।

रात के आठ-नौ बजे शालू दौड़ते-दौड़ते आई। वह बुरी तरह हाँफ रही थी।

"कक्का-कक्का, तुम्हें मन्दिर में बड़े महाराज बुला रहे हैं। जल्दी-जल्दी चलो।" वह जैसे पिता को उड़ा ले जाना चाहती थी। उसकी हाँफ इतनी तेज़ थी कि शब्द भी हाँफने लगे–"कक्का, मन्दिर में साहब आए हैं और बड़े महाराज तुम्हें बुला रहे हैं।"

पिता से पहले हम सब दौड़ पड़े। माँ मन्दिर में ही थी। हम सब माँ में दुबक गए। पिता को बड़े महाराज ने अपने बगल में खड़ा कर लिया।

डिप्टी कलेक्टर साहब दर्शन कर के बड़े महाराज के आसन के पास आए। उन्होंने प्रणाम किया। महाराज ने पिता को आगे कर दिया–

"अरे जे हमारा ठाकुर है। भौत बड़ा कलेजा है इसका। आठ मौड़िएँ और एक मौड़ा है छोटो सो। बस स्टैण्ड पर ढाबा है जाको।"

साहब को माजरा समझ आ गया। पिता ने काँपते-काँपते सारी बात बताई। साहब ने बिना किसी हो-हल्ले के राख के ढेर पर भट्ठी बनाने को कह दिया। पिता ने उन्हें हाथ जोड़कर नमस्कार किया।

पहली...हाँ...पहली बार कक्का लाचार दिखे, वो भी कितने ज़्यादा। साहब जाने के लिए गाड़ी में बैठे पाते कि माँ और काकी बड़े महाराज के चरणों में झुक गईं। महाराज ने हम सबकी ओर देखा और माँ से बोले–

"काए घबरात है? ऊपर वाला सब ठीक करेगा। जा ठाकुर से कह, आज रात में ही भट्ठी बना ले।" फिर हम सबको प्रसाद और चरणामृत दिया।

ढाबा अपने पाँव पर खड़ा हो गया। अब पीछे भट्ठी पर खाना बनता। हम चेंटा-पेंटी सीमा, मैं और भैया बाहर खड़े रहते ताकि कोई ढाबे को बन्द न समझे। शालू, शिवा और पिता ढाबे पर भीतर काम करते। चूँकि सबकी दुकानें बन्द थीं, इसलिए ढाबा कुछ ज़्यादा ही चलता।

रामेश्वर चाचा और दूसरे लोग चाय के ठेले लगाने लगे। चाचा घर से पोहा, भजिए और दूसरा सामान बनाकर लाने लगे। चाचा की छुनमुन कड़हिया अब ठेले

पर औंधी पड़ी रहती। ठंडा नाश्ता भला कौन करता? सो सब सिर्फ चाय के ठेले वाले होकर रह गए।

चाय का तो फिर भी ठेला लगाया जा सकता है लेकिन होटल कैसे ठेले पर आ सकता है? और लोग तो चाय भी बैठकर पीना पसन्द करते हैं। कहते हैं कि–"खड़े-खड़े खावे से अच्छो है कि भैया खाओ ई मत। दिन-रात एक करें जा खावे के लाने और दौड़त-दौड़त खाएँ। अरे हटो, बिना पालथी मारे हम लोटा नईं छुएँ और तुम कौर तोड़वे की बात करत हो?"

तो बस स्टैण्ड पर अकेला ढाबा जहाँ लोग बैठकर खा सकते हैं। हमें भी अब बाहर खड़े नहीं होना पड़ता था। सबको मालूम हो गया कि भट्ठी पीछे है। गाय भी अब बोहनी से पहले पीछे भट्ठी पर आ जाती है।

लेकिन इस तरह ढाबे का ज़्यादा चलना खुशी न देता। चारों ओर मलबे पर बैठे अपने लोग और बीच में अकेला चलता ढाबा। ऐसा लगता, जैसे नदी के उस पार का विश्राम घाट बस स्टैण्ड पर आ गया और हम उसी घाट पर ढाबा चला रहे हैं।

पिता सबको लेकर बार-बार कचहरी जाते। वकीलों से घंटों सलाह-मशविरा चलता रहता। फिर वे सबको लेकर विधायक के यहाँ भी गए। विधायक ने सबको मीठी-मीठी चाय पिलाई। लेकिन यहाँ चाय किसको पीनी थी?

जब पिता लोगों को लेकर यहाँ-वहाँ जाते, तब बस स्टैण्ड के कुछ लोग ढाबे पर हमारे साथ काम करते। उनके मुरझाए चेहरे हमें और ज़्यादा दुखी कर देते।

इसी तरह तीन-चार दिन निकल गए लेकिन किसी के हाथ कुंजी नहीं लग रही थी। सब बार-बार डिप्टी कलेक्टर के यहाँ जाते। मिलना तो दूर की बात, लोग उनकी शक्ल भी नहीं देख पा रहे थे।

फिर पिता सबको बड़े महाराज के पास लेकर गए। उस दिन पूरे बस स्टैण्ड को मन्दिर में देख मोहल्ले के लोग खूब हँसे।–"वैसे तो कभऊँ मंदिर की तरफ झकतई नईं हैं। चलो, कभऊँ तो अक्कल ठिकाने आई। अब जब तक दुकानें न बने तब तक जहीं बैठो मजीरे ले के। बनवे के बाद भी अइओ। नई तो फिर से टूट जेंऐं।"

"...राम राम। जय सियाराम। राधे कृष्णा, राधे, राधे, राधे, कृष्णा, कृष्णा, कृष्णा, राधे कृष्णा। पवन सुत हनुमान की जै।"

पूरे मन्दिर में बस स्टैण्ड के लोगों की ही आवाज़ गूँजती रहती। डिप्टी कलेक्टर के मन्दिर आने से पहले ही सब आकर डट जाते और बड़े महाराज को

प्रणाम करते हुए मुँह लटकाकर बैठ जाते। और फिर एक समवेत स्वर में महाराज से कच्चे पट्टे की गुहार लगाते।

पन्द्रह दिन बाद धीरे-धीरे लोगों की दुकानें फिर से बन गईं। कैसे दुकानें टूटीं, क्यों टूटीं और फिर कैसे बनीं–कोई कुछ नहीं कहता था। सब अतिक्रमण विरोधी दस्ते के नाम से घबराते थे। पिता ने अपना तखत भी बाहर डाल लिया। बस स्टैण्ड ज्यों का त्यों हो गया। मलबा भी जाने कहाँ गायब हो गया।

लेकिन उसके बाद भट्ठी हमेशा पीछे ही रही। एक दिन चाय के समय मैंने पिता को माँ से कहते सुना–"शालू और शिवा बड़ी हो रही हैं। बढ़िया है, आड़ में ही काम करें। अब लोगों को मालूम तो हो ही गया है कि भट्ठी पीछे है। बन जाने दो सबकी दुकान आगे, अपन तो पीछे ही अच्छे हैं...।"

घर में मैरून और हल्के पीले रंग का रेडियो था। दिखने में सुन्दर और थोड़ा बड़ा। वह हमेशा पत्थर के स्टैण्ड पर रखा रहता। माँ रेडियो नहीं सुनती थी लेकिन हमेशा इस बात का ध्यान रखती कि सब उसे अच्छे से चलाएँ।

शालू और शिवा के चाय पीने के समय अलग-अलग थे। जब उनकी लड़ाई ज़्यादा बढ़ जाती, तब वे चिल्ला-चौंट या मारपीट नहीं करती थीं बल्कि एक दूसरे को परेशान करने के नए-नए तरीके ईज़ाद करतीं।

शालू रेडियो बहुत सुनती थी। वह पढ़ते समय भी हमेशा उसे चालू रखती। कहती इससे उसका मन नहीं भटकता। जाने किस बात पर उनकी लड़ाई हो गई तो उसने रेडियो का कोई तार निकालकर छिपा दिया और ढाबे को चली गई।

जब शिवा आई तो उसने रेडियो चालू किया लेकिन वो बजा ही नहीं। बहुत परेशान हुई। रेडियो को घुमाया-फिराया, उल्टा-पुल्टा किया। फिर उसकी खोपड़ी चल गई। वह जान गई कि तार नहीं है। उसने माँ से पूछा–"बाई, तार कहाँ है?"

माँ कुछ नहीं बोली। शिवा ने तार को ढूँढ़ना शुरू किया। चाय ठंडी होती रही और वो तार ढूँढ़ती रही। ढूँढ़ते-ढूँढ़ते वह स्टैण्ड के पास आकर खड़ी हो जाती, जैसे रेडियो उसे बता देगा कि तार कहाँ है?

कुछ देर बाद तार कथरियों के बीच में मिल गया। उसने किसी से कुछ नहीं कहा। तार को अपने कुरते में छिपाया और छत पर जाकर अटाले में ठूँस दिया। ठण्डी चाय पर जमी मलाई को अपनी उँगली पर लिया और बोली–

"अपन को अब कुछ नहीं करना है। बस बापू के तीन बन्दर बन जाना है। देखते हैं, ये सड़ी-सड़ाई सप्लाई मास्टर, अब कहाँ से रेडियो सुनेगी?"

शिवा चुप रही। रेडियो भी चुप रहा। शालू को काटो तो खून नहीं क्योंकि आखिरी बार रेडियो उसी ने चलाया था। माँ ने पिता को बताया–"रेडूआ बिगड़ गओ अपनो। दिन-रात जै औरें बाके कान अई उमेठत रेहतें। जाने शालू ने चलाओ थो, वाके बाद से बन्द। कच्छू ऐरो ई नईं हो रहो वा में।"

पिता ने रेडियो चलाकर देखा। वो क्यों कर चलता? बापू के बन्दर बनी शिवा

मुझे आँख दिखाती रही। हम सब जाने क्यों पिता से डरते भी बहुत थे। मारपीट तो दूर की बात, वो कभी डपटते भी नहीं थे लेकिन उनके गुस्से से सब भैराते थे।

पिता ने कड़क कर पूछा–"क्यों री..." बस इतने में ही शालू ने सच उगल दिया।

माँ ने सारी कथरी उलट-पुलट दीं। तार वहाँ होता तो मिलता न?

पिता ने शिवा से कहा–"जा, तार लिया।" लेकिन उस ढीठ ने भी दो दिन के बाद तार दिया। वो भी कैसे? कथरियों के पास रखकर छोड़ दिया।

शिवा दसवीं और शालू ग्यारहवीं में आ गईं।

रात में पिता तखत पर अपनी पंचायत जमाए बैठे थे। मैं भी बड़े चाव से सबकी बातें सुन रही थी कि अचानक शालू का खयाल आया। मैंने उसे सब दूर ढूँढ़ा। उसका कुछ अता-पता नहीं मिला। थक-हारकर कक्का से पूछा—"कक्का। कक्का। शालू कहाँ हैं?"

"पीछे होगी।"

मैं दौड़कर पीछे गई, वापस आई—"कक्का, शालू तो पीछे भी नहीं है।"

वे चुप रहे।

जब सब लोग चले गए, तब वो भी जाने कहाँ से प्रकट हो गई। "शालू...शालू..." मैं चिल्लाई।

उसने मुझे जोर की चिकोटी काटी—"कित्ता चिल्लाती है? कक्का, मैं तो मेड़ पर लेट्रिन कर रही थी।"

बात आई-गई हो गई। फिर धीरे-धीरे यह रोज़ होने लगा। वह रोज़ गायब हो जाती और फिर अचानक प्रकट हो जाती।

एक बार तो बहुत देर के लिए गायब हो गई। पिता ने आगे-पीछे बहुत ढूँढ़ा और मुझे घर की तरफ दौड़ाया।

किवाड़ भड़भड़ा कर हाँफते-हाँफते घर में घुसी और—"शालू...शालू...?"

माँ मेरी फूली साँस देख सकते में आ गई। गूम-मथान सी बैठी रह गई और मैं ढाबे की ओर दौड़ी।

पिता ने मुझे देखा और देखकर समझ गए। बात को दबाते, आसपास देखते, टोह लेते कैसे तो हो गए थे। बारिश में काँपते, तैरते पत्ते की तरह अचानक ठिठके रह गए।

काँपते, ठिठके पिता को देख मैंने धीरे से रुआँसे होते कहा—"कक्का, रईस भाई भी दुकान पर नहीं हैं।"

उन्होंने जैसे मेरे मुँह पर हाथ रख दिया। पीछे से शालू की आवाज़ आई—

"बबली, मेरे हाथ धुला देना।" ठिठका पत्ता फिर बह चला।

पिता ने आँख भरकर उसकी ओर देखा। मैंने भी देखा और संग में यह भी देखा कि रईस भाई चुपके से आकर वेल्डिंग करने लगे हैं।

हम लोग समय से पहले ढाबा बन्द कर घर चले गए। पिता एकदम चुप थे और माँ तो हमारे चलने से ही समझ जाती थी कि हम किस रास्ते से चलकर आ रहे हैं?

पिता और शालू के बीच क्या हुआ, क्या बात हुई–किसी को नहीं मालूम। शायद माँ को भी नहीं मालूम। हाँ, शालू अब मुझे दुश्मन की तरह देखती। कुछ दिन वह चुप रही और पिता भी अनमने उदास और खीजे हुए रहते।

रईस भाई भी अपनी दुकान पर काम करते रहे और दोस्तों से गपियाते रहे। वे भी अब ढाबे की ओर नहीं देखते थे। कभी-कभी रेडियो पर आ रहा गाना थोड़ा तेज़ कर देते।

'छायागीत' में रात दस बजे गाना आ रहा था–'...चाहूँगा मैं तुझे साँझ सवेरे, फिर भी कभी अब नाम को तेरे, आवाज़ मैं न दूँगा...।'

रईस भाई टेबल पर सर झुकाए चुप बैठे थे और शालू खिड़की पर खड़ी होकर रो रही थी। जैसे ही उसकी निगाह मुझ पर पड़ी, मैं दाएँ-बाएँ हो गई...।

कुछ दिन तक सब कुछ ठीक-ठाक चलता रहा। शालू भैया को पढ़ाती, खुद भी पढ़ती। कुछ ज़्यादा ही पढ़ती। सब आश्वस्त हो गए कि उसका मन फिर से पढ़ाई में लग गया। ऊँघती दोपहरें मुँह पर पानी के छींटे मार फिर से तरो-ताज़ा हो गईं। पिता की इच्छा को पंख उग आए। भीगी चिड़िया की तरह कँपकँपाती उनकी इच्छाएँ फिर से आकाश में उड़ान भरने लगीं।

पिता रोज़ की तरह शाम को चाय पीने घर गए। कोने में रखी झाड़ू शिवा को बुला रही थी, भगौने और भट्ठी शालू को ताक रहे थे, जमीन नल की ओर देख रही थी। दाल-सब्जी गरम करना, ढाबे पर झाड़ू लगाना और पानी सींचना–शाम के ये तीन विशेष काम हम तीनों में बँटे हुए थे। मैं बाल्टी लेकर नल पर पहुँचती कि अचानक दोनों मुझसे बोलीं–"जाओ। तुम भी शाम को घर चली जाया करो।"

मैंने देखा-समझा कि उन्हें मेरा रहना खटकता है और किसी-न-किसी बहाने मुझे दूर करने की कोशिश में लगी रहती हैं। वे आपस में बहुत अच्छे से बात करने लगीं। बात करना तो दूर, अब हँसने भी लगीं।

"यह क्या हो रहा है और क्यों हो रहा है?" शालू शिवा को अपने साथ लिए पारासरी नदी उल्टी दिशा में बहने लगी।

रईस भाई की खाला के लड़के के साथ चतुर्वेदी जी की लड़की भाग गई। पूरे शहर में सन्नाटा खिंच गया। रईस भाई भी थाने में बन्द हो गए। चालीस-पचास लोगों को पुलिस ने पकड़ा। जब वे कचहरी में पेश हुए, तो भीड़ ने उन पर पत्थर फेंके। एक पत्थर रईस भाई को भी लगा। वे 'अरे बाप रे' कह चिल्लाए।

जाने कैसा अजीब-सा दमघोंटू माहौल हो गया। अंडे बच्चों में भी हरकतें होने लगीं। सब तने-तने नज़र आने लगे। हर आदमी ढाबे की ओर घूरकर देखता, खासकर शालू की ओर। पिता चुपचाप तखत पर लेटे रहते। घर-घर में यही बातें होतीं। ढाबे में भी कुछ ऐसे लोग खाना खाने आने लगे, जो पहले कभी नहीं आए थे। वे खाने के बहाने हमारी टोह लेने आ-जा रहे थे।

कुछ तो घर के चक्कर भी काटने लगे जैसे वे घर से रँगे हाथों रईस भाई की खाला के लड़के को लड़की के संग पकड़ लेंगे और फिर बीच चौराहे पर पिता के मुँह पर कालिख पोतेंगे।

एक अजीब-सा सन्नाटा घर में पसरा रहता। माँ कुछ ज़्यादा ही देर तक दरवाजे खुले रखती। जैसे कहती हो–"देख लो भैया, अच्छे से देख लो। हमरे घर में कोई नईं है।"

...पिता क्या कहते? इस समय उन्हें देखकर बहुत कुछ कहा जा सकता था।

शालू का रईस भाई से मिलना बन्द नहीं हुआ था। उसने मिलने का समय बदल लिया था। अब वह उनसे शाम को स्कूल के पिछवाड़े कुएँ पर मिलती थी। यह बात पिता को बताई पूरज सिंह ने, जिनकी दुकान बस स्टैण्ड पर ही थी। पूरज सिंह ने आस्तीनें चढ़ाते कहा–

"चाहो तो लड़की से मुकाबला करवा लो। मैं झूठ नहीं कह रहा।"

पिता ने फिर भी हिम्मत नहीं हारी। वे हर हाल में शालू को ग्यारहवीं करा

देना चाहते थे और शिवा को दसवीं। वो दबी जबान में माँ को समझाते–

"उमर है, बच्चों की गफलत हो ही जाती है। मैंने उसे समझा दिया है। वह मेरी बात नहीं टालेगी। लड़की समझदार है अपनी, क्या?" कहते, बड़ी आस से माँ की ओर देखते।

नागपुर में सामूहिक विवाह का सम्मेलन होने जा रहा था लेकिन पिता जिद पर अड़े हुए थे। वे लड़कियों की शादी नहीं, उन्हें अपने पैरों पर खड़ा करना चाहते थे। वे माँ को सख्त हिदायत देते कि वह शालू को कुछ न कहे। शालू रात-रात भर रेडियो सुनती, पढ़ाई करती रहती।

इधर चतुर्वेदी जी की लड़की को पुलिस ने आखिरकार पकड़ ही लिया। वह इतवार की एक शाम सिनेमाघर में बुर्का पहने फिल्म देख रही थी।

चतुर्वेदी जी की पहुँच बहुत ज़्यादा थी। जैसे-तैसे मामला सुलट गया और आठ दिन के भीतर उन्होंने उसकी शादी बामन लड़के के संग कर दी।

रईस भाई की खाला के लड़के सलीम भाई भी अब नहीं दिखते थे। इस बात को ढाबे पर खूब बढ़ा-चढ़ाकर पेश किया जाता। हर आदमी इस किस्से को अपने ढंग से सुनाता, जो हर बार नया और रोमांचक होता जाता।

एक रात ढाबे से मैं, शिवा और पिता घर जा रहे थे। हमने देखा कि एक छोटा-सा लड़का शालू को चिट्ठी दे रहा था। उसी समय पिता को ज़र्दा लग गया और खाँसते हुए वे नल पर झुक गए। हम जब घर में घुसे तो शालू किताब पर झुकी हुई मिली।

रात तारों से भरी हुई थी और तारे कुछ ज़्यादा ही टिमटिमा रहे थे।

दूसरे दिन आशा जीजी आ गई। उनके गाँव में भी शालू के किस्से पहुँच चुके थे। घर के दरवाजे-खिड़की बन्द करते बोली–"पूरा गाँव कहता है। देखना, मुसलमान के संग भगेगी इनकी भैन। कक्का, हममें इत्ता भी दम नहीं हैं कि चतुर्वेदी जी की तरह जाऐ पकड़ा के जात में जाके हाथ पीले कर दें? पूरी दुनिया थूक रही है हम पे। कक्का, जा तुम्हें कहीं को नहीं छोड़ेगी।"

बोरा भर मिर्च खाई जीजी ने शालू को पकड़ लिया–

"काए री? तू अबे भी वासे मिलते रोज़? तेरे ढंग नहीं बदले? तू कक्का की

आँखों में मिर्ची झोंक सकते, मेरी आँखों में नहीं। नककटी, मोए एक-एक खबर है तेरी।" शालू ने क्या, चारों दिशाओं ने एक-एक बात पर मुहर लगा दी।

जीजी ने गुस्से में रेडियो पटक दिया–"निराली पढ़ाई है तेरी। तू गाना सुनते के पढ़ाई करते? एक बार में आदमी एकई काम कर सकते।"

इधर आशा जीजी और पिता, उधर औंधे पड़े रेडियो पर शालू के ढुलकते आँसू कि अचानक गली से चिल्लाने की आवाज़ आई।

सब गली में भागे। छोटा-सा भैया भी दौड़ा। माँ शिवा को धकिया रही थी और वह दोनों हाथों से सिर को ढके हुए हिलाए नहीं हिल रही थी।

"का हो गओ? का हो गओ?" पिता बुरी तरह हड़बड़ा गए।

माँ ने शिवा को कमरे में धकेला और हाँफते-हाँफते बताया–"अपन जा शालू के संग्गे मूड़ फोड़ रहे थे कि जा सुट्ट देनी बाल्टी ले के ऊपर चढ़ गई। बाल्टी बाहरे रखी थी। मैंने मुलक केरी आवाज़ दई, मनो जाने कच्छू ऐरो ई नईं करो। मैंने तनक किवाड़ भड़भड़ाओ सोई वो खुल गओ। मनो भीतर काए को कोई होएगो।"

माँ ने बड़ी लम्बी ठण्डी साँस भरी।

"जा जीनों के नीचे वा रईस के संग्गे दुबकी खड़ी थी। और जे देखो, ज़ा की मुट्ठी में का धरो है?" कहते, शिवा को फिर से मारा।

रईस भाई शालू के लिए चिट्ठी दे रहे थे या शिवा उन्हें शालू की चिट्ठी दे रही थी, कुछ समझ न आया। माँ की घबराहट में सब गड्ड-मड्ड हो गया।

सुबह-सुबह पिता ट्रेन से नागपुर चले गए। ढाबा बन्द रहा। आशा जीजी गाँव नहीं गई। शालू और शिवा घर पर ही रहीं। पिता उनके लिए लड़का ढूँढ़ने गए थे। दो दिन में ही वे लौट भी आए। अगले दिन लड़के वाले देखने आए और बात पक्की हो गई। जल्दी ही शादी होने जा रही थी। उन दोनों के पेपर भी हो चुके थे। हम सबको नागपुर जाना था।

अब पिता एक उदास गीत की तरह हो गए। शालू और शिवा को देख बुझी भट्ठी में बदल जाते। भट्ठी बुझे या सुलगे, इससे बेपरवाह आसपास के लोग बड़ी चैन की साँस ले रहे थे।

शालू का रिजल्ट आया। पिता ने बहुत लपककर अखबार खोला और उसका रोल नम्बर ढूँढ़ने लगे। वे अभी भी दाँव नहीं छोड़ना चाहते थे। रिजल्ट बाजी पलट सकता था और पिता थोड़ी-सी जमीन चाहते थे, ताकि वे फिर से खड़े हो सकें। लेकिन रोल नम्बर नहीं मिला।

फटे पन्नों को लिए शालू बहुत रोई...। ढाबा 'चीं-चीं' करने लगा, लेकिन 'कबड्डी, कबड्डी' करने वाली शिवा लाल आँख लिए नल को पकड़े चुप खड़ी थी। नल में एक बूँद भी पानी नहीं था। उसके हिस्से का सारा पानी शालू ने जो ले लिया।

ये गाय की आँखें भी कितनी पानीदार हो रही हैं। फटे पन्नों को कैसे तो देख रही है? ऐसे खड़ी है, जैसे अभी जमीन फटेगी और ये...?

सूखे कुएँ में बदलते पिता बमुश्किल बोले–"बाई, हमने तो बहुत कोशिश की कि तुमरी जिन्दगी बन जाए। बेटा, अब जो तुमरी किस्मत में हो।" कहते, ढहते हुए पहाड़ की तरह धसक गए।

शालू और शिवा जानती भी नहीं होगीं कि उनका प्रेम पिता के जीवन का अभिशाप बना जिसने पिता की कमर को हमेशा के लिए झुका दिया। अचानक, अचानक ही पिता बूढ़े लगने लगे।

नेगों की अफरा-तफरी लिए बुआ और नानी आ गईं। पिता को देख बुआ सारे नेग भूल गई। नानी टोह लेने माँ के पीछे लग गई। इन्हें शायद कुछ भी नहीं मालूम। यह कैसे हो सकता है?

बुआ, नानी नागपुर नहीं जा रही हैं। वे सारे नेग यहीं कर लेना चाहती हैं। लेकिन कोई इसके लिए तैयार नहीं।–'नए जमाने के ब्याओ' कह नानी ठंडी साँस भर रही है। बुआ दिन-रात पिता से चिपकी रहती है, लेकिन कुछ कहती, सुनती नहीं।

"औऱ्र अपने बाप की शकल देखी है कभऊँ? औऱ्र बाप भौत हीरा है तुमरो।" चिनककर हाथ हिलाने वाली बुआ हीरे की चमक खो जाने पर किसी को गरिया भी तो नहीं रही है।

माँ के सर पर हमेशा पट्टी बँधी रहती है। छोटे मामा छत पर जाकर बीड़ी नहीं पीते और–'जीजी, तनक बिक्स लगा दऊँ' कहते, माँ के आगे-पीछे होते रहते हैं।

शालू को देख छोटे मामा की आँखें वैसी ही हो रही हैं, जैसी बिना पलक झपकाए वेल्डिंग होती रॉड को देखते हो गई थीं। मामा शर्त जीत गए थे। लेकिन आज उनकी आँखों को देख कोई नहीं कह सकता कि ये शर्त जीत चुकी आँखें हैं।

घर में कितने सारे लोग हैं लेकिन न तकियों को लेकर कोई चिल्ल-पों, न चादरों की कमी, न नहाने को लेकर कोई हड़बड़ी। जगह भी कम नहीं पड़ रही है, सबके पाँव सिकुड़े हुए हैं। और स्टैण्ड पर रखा रेडियो? उसका कोई एक तार नहीं, बल्कि सारे तार जाने कहाँ चले गए?

तूफ़ान भी नहीं आया। आँधी-बारिश भी नहीं हुई। बिजली भी नहीं चमकी। बादल भी नहीं गरजे और कन्या-दान हो गया। भाँवरें पड़ गईं। पाँव भी पखर गए लेकिन हममें से किसी ने भी दूल्हे के जूते नहीं छिपाए। दूल्हे ने मण्डप का बन्द नहीं खोला। दूल्हा-दुल्हन चौखट लाँघें, उससे पहले भैया ने छुड्डा (गाँठ) भी नहीं पकड़ा।

विदा के समय शालू शिवा बहुत रोईं। 'कक्का...कक्का' कहते पिता से चिपक गईं। एक नहीं, कई बाँध टूट गए। पिता बिलख रहे थे। वह शिवा और शालू के ससुर के सामने हाथ जोड़कर कुछ कहना चाह रहे थे, लेकिन कुछ कह नहीं पा रहे थे।

"साब मेरी बच्चियों का...।" कहते, कुछ और न कह पाते।

पिता क्यों बार-बार दूल्हे और उनके पिता के पाँव पड़ रहे हैं। क्यों इतना झुक रहे हैं? रो क्यों रहे हैं इतना ज़्यादा? इससे पहले तो कभी उन्हें इस तरह झुकते, रोते और गिड़गिड़ाते नहीं देखा। इससे तो अच्छा होता कि शालू और शिवा पढ़ाई कर लेतीं, तो कक्का का ये हाल तो न होता?

नहीं...। कक्का को इतना ज़्यादा नहीं झुकना चाहिए। जीजाजी और उनके पिता कितनी ठसक से खड़े हैं। वे रो भी नहीं रहे हैं और कक्का? उनकी आँख में सिवाय आँसुओं के कुछ भी तो नहीं।

शालू और शिवा विदा हो गईं। उनका प्रेम भी विदा हो गया। डॉक्टर बनने-बनाने का सपना भी विदा हो गया। लड़कियों को अपने पाँवों पर खड़ा करने की पिता

की हेकड़ी भी शादी में लगे तम्बुओं के संग उखड़-उखड़ गई।

चीज़ों को थोड़ा ठहर कर धैर्य के साथ सुनना-समझना चाहिए। साँस भर आती है, कलेजा मुँह को आ जाता है, किसी के टूटे सपनों का बखान करते। वह भी ऐसे आदमी के सपने, जिसने खुद के लिए कोई सपना नहीं देखा।

कुछ और नहीं, बस यह खाली जगह। यह एक कोरा कागज, उन्हीं सपनों के लिए...।

भट्ठी पर अब मैं बैठती और सीमा परोसती। मुझे रोटी बनाने की बिलकुल आदत नहीं थी लेकिन धीरे-धीरे शिवा की जगह भट्ठी मुझसे चिपकने लगी।

मैं तवे और चकोटी से एक रोटी आगे चलती। अगर भट्ठी पर कोई दूसरा काम आ जाता तो चार-पाँच रोटी और बना लेती। आँच से परेशान न होती। रोटी बेलते समय चकोटी न हिलती और उसके साथ पहले की तरह मैं भी न हिलती। पलेथन न ज़्यादा होता न कम। बेलन में आटा न चिपकता। तपे हुए चिमटे से बड़ी आसानी से रोटी सेंकती रहती। एक हाथ से तवा उतारती और तुरन्त दूसरे हाथ से चकोटी की रोटी उठा लेती और जाने कैसे खाली हुए हाथ में चिमटा आ जाता। पल भर के लिए भी तवा खाली न छूटता।

पिता के दोस्त भी शालू और शिवा को याद करते–"मौड़ियों के जाने से अकेले पड़ गए तुम। इन बिचारी छोटी-छोटी मौड़ियों की भी आफत हो गई।"

बात में से बात निकलती और फिर ठहर जाती दबी ज़ुबान में–"बच गए तुम तो। आजकल को जमानो खराब है। उल्टो-सीधो कछु हो जातो तो, कहीं मुँह दिखावे लायक न रह जाते तुम। देखो, चतुर्वेदी जी को देखो, पहले घाईं केस नहीं लड़ पाएँ अब वे।" पिता हमें देखते हुए बात पलटने की कोशिश करते और भट्ठी के अधसुलगे कोयले हो जाते जिन्हें वे पानी छिड़ककर सुबह के लिए बुझा दिया करते थे।

नौवीं क्लास में उन्होंने मुझे साइंस नहीं दिलाया, आर्ट्स दिलाया। वे अपने गुस्से को एक बखान की तरह निकालते और कुछ ज़्यादा की सुलग उठते–"बच्चों का मन पढ़ाई में नहीं लगता साहब। अपन कुछ भी सोचो, करते वे अपने मन की हैं। हमने तो अब कान पकड़ लिए, किसी को साइंस नहीं दिलाएँगे। हमारी ये लड़की (मेरी ओर उँगली से बड़े ताव में इशारा करते), इसको हमने आर्ट्स दिलाया है। अरे, वो और बच्चे होते हैं जो साइंस पढ़ते हैं। हमारे-तुम्हारे नहीं।"

"हाँ, वो और कोयले होते हैं, जिन्हें भट्ठी में पूरी तरह सुलगना मिल जाता है।"

दोस्त अधसुलगे नहीं, बल्कि सुलगे कोयलों में पानी छिड़क देते—"हम तो पहले ही कहते थे जा बात। मनो समझवे तैयार कहाँ हो रहे थे तुम।"

लोग अपनी जीत दर्ज कराते और पिता तो हारे हुए थे ही। साइंस का मतलब होशियार और आर्ट्स का गधे-गधैया। पिता ने घोषित रूप से मान लिया था कि हम सब गधे हैं जो बैठे-ठाले ग्यारहवीं तो कर ही लेंगे। वे दूध के जले थे और छाछ भी फूँक-फूँककर पी रहे थे।

इधर साइंस की लड़कियाँ भी पंजों के बल चलतीं। आर्ट्स की लड़कियों से बात करना तो दूर, उनकी तरफ देखती भी नहीं। वे प्रैक्टिकल के लिए जातीं और रेसिस में भी किताबें दबाए बैठी रहतीं। हमें खेलते देख मुँह बिचकातीं–"तुम्हारा क्या? भैया, तुम्हें तो पेज भरने पड़ेंगे बस। आर्ट्स में तो पेज भर दो और समझो, पार हो गई नैया। लेकिन हमारे साइंस में ऐसा नहीं होता।"

वे प्रैक्टिकल के समय प्रार्थना में भी शामिल नहीं होती थीं। हम सबको लाइन में लगे देख इतराते हुए फुस्स-सी हँसी हँसतीं। वे आपस में मेढक और उसकी टाँगों की बातें करतीं। हम कनखियों से उनकी क्लास और प्रैक्टिकल लैब की ओर देखते रहते।

साइंस की लड़कियों का वश चलता तो हम सबको मेढक बना चीर डालतीं और एक-एक अंग को लेकर डिस्कस करतीं कि देखो, देखो, आर्ट्स पढ़ने वाले ऐसे होते हैं।

क्या सचमुच वे हमें चीर देंगी? दिमाग को पूरा खोल देंगी और खोलने के बाद ज्यों का त्यों बन्द भी कर देंगी? ऐसा कितनी बार करेंगी? पेज भरने वाली नस का प्रैक्टिकल करते हुए कितना तो हँसेंगी। जाने कब तक लैब में रखे रहेंगी? खाने-पीने की जगह जाने कौन-सा रसायन हमारे मुँह में डालेंगी...? हो सकता है, न भी डालें। सोचें, आर्ट्स वालों को खाने की क्या ज़रूरत?

खैर...सवाल यह कि मैं और सीमा, दोनों स्कूल कैसे जाएँ? क्योंकि दोनों के स्कूल का समय बारह से पाँच तक। पिता ने कहा–"दोनों बारी-बारी से एक-एक दिन स्कूल जाया करो।"

साढ़े ग्यारह बजते ही लड़कियाँ निकलना शुरू हो जातीं। उन्हें देख एक हाय-सी पैदा होती। कित्ती किस्मत वाली हैं ये! इन्हें रोज़ स्कूल जाने को मिलता है।

एक दिन सीमा के स्कूल जाने का नम्बर था और मुझे ढाबे पर रहना था।

पिता ने मुझे किराने की दुकान पर सामान लेने जय स्तम्भ चौराहे भेजा। मैं स्कूल जाती लड़कियों को आखिरी खेप तक देखती रही। इधर दुकानदार ने टोका, उधर बारह का घंटा बजा–'टन टन टन।' मैं सामान लेकर दौड़ी।

"काए बाई, बड़ी देर लगा दी?"

"कक्का, हम वो...।"

हाँफते-हाँफते जल्दी से भट्ठी पर चढ़ गई और रोटियाँ बनाना शुरू कर दीं।

दूसरे दिन स्कूल जाने की मेरी बारी थी। क्लास की लड़कियाँ बोलीं–"तुम एक दिन आती हो और एक दिन नहीं आती हो। यह कौन-सा स्टाइल है भैया?"

फिर मैडम ने भी मुझे टोका। शायद सीमा के साथ भी यही हुआ।

हमने पिता से कहा–"हम एक-एक दिन नहीं जाएँगे। स्कूल में मैडम गुस्सा होती हैं। कक्का, दस-दस दिन कर लेते हैं।" वे चुप रहे।

दूसरे दिन सुबह बोले–"जल्दी-जल्दी काम निपटाओ। फिर तुम दोई आज स्कूल जइओ।" हम खुशी से चीख पड़े और फुर्ती से उनके संग जुट गए।

स्कूल जाते उन्हें ढाबे पर अकेले छोड़ते एक कसक पैदा होती। वे पसीने-पसीने काम में जुटे रहते और काम खत्म होने का नाम न लेता। हँसते हुए कहते–"जाओ, जाओ। देर हो जाएगी।"

हम दोनों भागते-भागते घर पहुँचते। माँ स्कूल के कपड़े लिए खड़ी मिलती। आनन-फानन तैयार होते और स्कूल के लिए दौड़ पड़ते।

खाली पीरियड में लड़कियाँ चहक पड़तीं, मटरगश्ती करतीं। मुझे पिता की याद आती। ढाबे पर अकेले होंगे, रोटी बनाते भी होंगे और परोसते भी। मेरा मन करता, दौड़कर ढाबा चली जाऊँ। काम को अबेरूँ और दूसरे पीरियड में वापस स्कूल आ जाऊँ लेकिन ऐसा हो नहीं सकता था। धीरे-धीरे एक अपराध बोध मेरे भीतर पैठता जाता। मैं न इधर की रहती, न उधर की। स्कूल में ढाबा अपने पास बुलाता और ढाबे में स्कूल अपने पाँव पसारता।

यह सारी दिक्कत हुई हम दोनों के दोपहर के स्कूल होने से। दिक्कत तो मण्डी की भी थी। यदि वह साल भर लगे तो सबकी पार पड़ जाए। लेकिन फसल? वह तो आने पर आती थी। अगर साल भर सीजन रहता तो फिर एकाध काम वाला लग जाता। अगर काम वाला लग जाता तो पिता क्यों अकेले परेशान होते? या फिर ऐसा होता कि हम स्कूल न जाते, सिर्फ ढाबे पर ही रहते। लेकिन पिता भला ऐसा कैसे होने देते? या फिर हमारा आसपास वैसा होता, जैसा पिता चाहते थे। पिता के चाहने, ढाबे के चाहने और हमारे चाहने से क्या होना था? मुश्किलों की भी तो अपनी चाहत होती है। बड़ी लम्बी चाहत और बड़ी लम्बी उम्र होती

है मुश्किलों की।

अब यह भी एक मुसीबत कि ढाबे में कुल जमा छह टेबलें। प्लेट, थाली और बर्तन पिता ही धोते। उन्होंने हम से ग्राहकों के जूठे बर्तन कभी नहीं धुलवाए। माँ और दूसरे लोग उनकी इस बात को हमेशा सराहते। और तो और, लोग हमेशा आते-जाते इस पर कुछ ज़्यादा ही निगाह रखते कि हम लोग जूठन तो नहीं धोते हैं। पिता अगर कभी किसी काम से बाहर गए होते तो वे टेबलें देखकर समझ जाते कि कितने ग्राहक खाना खाकर गए या कितने की ग्राहकी हुई। ऐसे समय वे आते ही बर्तन धोने बैठ जाते थे।

वे हाट करने गए थे। एक-एक कर छह की छह टेबलें भर गईं। हम बार-बार उनकी राह तकते लेकिन वे दूर-दूर तक दिखाई न देते। अब अगर कोई ग्राहक आएगा तो वह भरी टेबल देखकर लौट जाएगा।

मैंने सीमा को दरवाजे पर खड़ा कर दिया और कहा–"देखना, जैसे ही कोई अपनी दुकान की तरफ देखे तो तुम मुझे आवाज़ देकर बुलाना।"

मैंने सारे बर्तनों को उठाकर पीछे टंकी के पास रख दिया। इसके बाद टेबलों पर कपड़ा मारा और फिर सीमा के पास आकर खड़ी हो गई–"किसी ने देखा तो नहीं?"

"नहीं। कोई भी अपनी दुकान की तरफ नहीं देख रहा था।"

मैंने सारे बर्तन धो लिए और एक-एक कर जमा भी दिए। इसके बाद दो ग्राहक और आए।

और ग्राहक आते कि इससे पहले पिता आ गए।

पिता को देख हम चहक पड़े। टेबल देखकर उन्होंने पूछा–"बस, दोई ग्राहक आए बाई?"

"नहीं, पूरे आठ ग्राहक!"

टेबल और हमें एक साथ देखते कुछ नहीं बोले। चुपचाप बचे बर्तनों को लेकर टंकी पर धोने बैठ गए। कुछ देर बाद बोले–"तुम औरों बर्तन मत धोऊ करे।"

"कक्का, फिर दो ग्राहक लौट जाते! वैसे भी हमें कोई ने देखा नहीं!"

लेकिन उन्हें उस दिन कुछ हो गया। हमने बर्तन धोने वाली बात माँ को भी नहीं बताई और बहनों को भी नहीं।

पिता के लाख मना करने के बाद भी जब कभी छह टेबलें भर जातीं, मैं और सीमा दोनों में से कोई एक धोता और कोई एक पहरेदारी करता। हम बड़ी सफाई

के साथ धोते। इकट्ठी टेबलों को कभी खाली न करते। एक-एक कर बर्तनों को उठाते और टंकी के पास छोड़ आते। जूठे बर्तनों के साथ बड़ा-सा तपेला ले जाते और साथ में उसे भी धोते ताकि देखने वाले को लगे कि हम तपेला धो रहे थे, जूठे बर्तन नहीं। तपेले में बर्तन भर लेते। फिर बर्तनों को ऐसे जमाते कि कोई ताड़ न पाए और देखने वाला समझे कि अभी तो तीन टेबलें बची हैं या और ज़्यादा या और कम।

जिन बहनों की शादी हो जाती, वे ढाबे पर काम नहीं करती थीं। आशा जीजी पास के गाँव में ब्याही थी। सो वह ढाबे पर बिलकुल नहीं आती थी। उषा जीजी बाज़ार आते-जाते पिता के पास ढाबे पर ज़रूर रुकती। धीरे-धीरे आशा जीजी भी उषा जीजी की आड़ में थोड़ी देर के लिए रुक जाती। वो 'चल उषा, चल उषा' की रट लगाए रहती। उषा जीजी बहुत कच्चे मन की और लाड़ जताने वाली थी। वो हम सबको काम करते देख ऐसी हो जाती, जैसे उसने कभी काम किया ही न हो!

अब तो शालू और शिवा भी ढाबे की कम, ससुराल की ज़्यादा हो गईं थीं। उन्हें लेने पिता नागपुर जाते तो माँ बहुत बेचैन रहती। वह बैठे-बैठे सो जाती और हड़बड़ाकर उठ बैठती। मैं और सीमा उन तीन दिन स्कूल न जाते। पिता ढाबे पर बर्तन धोने वाला लगाकर जाते और माँ हमें रात में लेने आती। वह दूर काँजी हाउस के पास खड़ी रहती। कई बार तो हम देख भी न पाते।

रामेश्वर चाचा या मोहन भैया आकर बताते–"ऐ बबली, तुमाई बाई खड़ी हैं, वहाँ उते।"

हम ढाबे से ही माँ को देख हाथ हिलाते और पूरा काम निपटाकर ढाबा बन्द कर घर जाते।

तो हँसती, शरमाती हुईं जब शालू और शिवा पहली बार ससुराल से आईं तो एकदम बदली हुईं थीं। आशा जीजी, उषा जीजी और अन्नी भी आई हुई थीं। वे उन्हें लेकर चौक के बाज़ार गईं।

लौटते में सब ढाबे पर रुकीं। दो-एक ग्राहक बैठे हुए थे। मैं रोटी बना रही थी। शिवा मुझे देख हँसी और मैं जोर से चिल्लाई–"शिवा, शिवा, अब तुम बनाओ। हम थक गए हैं। जाने कब से बना रहे हैं।"

सबने मुझे 'अरे, अरे' कहते टोका। भट्ठी छोड़ते-छोड़ते जस की तस भट्ठी

में ही धँस गई। वो पाँचों घर जाने लगीं। मैं फिर चिल्लाई–"कोई सोना मत रात में, आज हम जल्दी आ जाएँगे।"

दूसरे दिन शिवा ढाबे पर आई और बोली–"चल हट, मैं बनाती हूँ।" मैंने कक्का की तरफ देखा। उसने उनकी एक न सुनी और भट्ठी पर चढ़ गई।

पालथी मारते बोली–"कक्का, बहुत दूर है नागपुर। यहाँ हमें कौन देख रहा है जो उन्हें वहाँ जाके बताएगो?"

शिवा और शालू जितने दिन रहतीं, ढाबे पर खूब काम करतीं। मेरी चाँदी हो जाती। हम ठाठ से स्कूल जाते, तब खाली पीरियड में भागने की इच्छा न होती।

शिवा नागपुर के खूब किस्से सुनाती। जीजाजी ने उसे दो फिल्में दिखाई थीं। उनकी स्टोरी सुनाती और बताती, कितना बड़ा है नागपुर। दोनों हाथ फैलाकर कहती–"भैया! अपने दस बासौदा भर जाएँ उसमें, इत्ता...इत्ता बड़ा है नागपुर!"

"अपने बासौदा से भी अच्छा है?"

"हट, कहाँ लगे बासौदा के आगे? अपने बासौदा की बातई कुछ और है। बासौदा जैसा कुच्छ भी नहीं है वहाँ पे।"

हम सब बहुत खुश हो जाते कि अपने बासौदा से अच्छा कुछ भी नहीं हो सकता, शिवा जो कह रही है।

वो जीजाजी के साथ नागपुर में साइकिल पर घूमती थी। कभी वह आगे बैठती और कभी पीछे कैरियर पर। कहती–"दोनों में अन्तर होता है।"

"वो कैसे?"

"डंडे पर ऐसा लगता है, जैसे अपन नागपुर से आगे जा रहे हैं और कैरियर...?" थोड़ी देर रुक जाती, फिर आँखों में चमक लिए हँसते हुए कहती–"वह साथ चल रहा है और कभी अपन उसे पीछे भी छोड़ देते हैं। अरे, बड़ा है तो का हर समय चिपका के रखेंगे?"

फिर लिवइए आ जाते। हम सब उन्हें छोड़ने स्टेशन जाते। जितना पिता रोते, उतना ही शालू भी रोती। वह 'कक्का-कक्का' कह फुसकती जाती। रोते-रोते ही ट्रेन पर बैठती और खिड़की पर बैठ सिसकती जाती। पता नहीं क्यों, कक्का और

शालू इतना रोते थे? ट्रेन चल देती। कक्का लुंगी-बनियान में ही ट्रेन के साथ-साथ चलते जाते और कहते–"बाई, चिट्ठी लिखियो।"

जवाब में शालू बुक्का फाड़कर रोती।

ट्रेन पिता की पहुँच से जैसे ही दूर होती जाती, वैसे ही वे रोते-रोते हाथ झटकते। ऐसा हर बार होता था। स्टेशन पर लोग रुककर उन्हें देखने लग जाते थे।

लेकिन शिवा इसके ठीक उलट थी। वह इतना नहीं रोती थी। बाद-बाद में तो बिलकुल भी नहीं। कहती–"जाना तो है ही, रोकर जाओ या हँसकर जाओ।"

बस, उसकी आँखें लाल हो जाती थीं।

एक बार तो जाने से पहले ही उसने शालू को हड़का दिया–"भैया, कल तू बुक्का फाड़-फाड़कर मत रोना। सड़ी, खुद भी रोती है और कक्का को भी रुलाती है। तुझे शरम भी नहीं आती, कक्का को रोते देख?"

शालू भी कहाँ पीछे हटने वाली थी–"सब तेरे जैसे बेशर्म नहीं होते। मुझे कक्का की...।" कह...फिर वैसी हो गई, जैसी जाते समय हो जाती थी।

शिवा ने दिया मिलाकर–"इत्ती ही याद आती है तो मत जाना अबकी बार, तब जानूँ। यहीं रहना कक्का के पास। देखूँ कित्ती दम है सड़ी में? अगर मगरमच्छ के आँसू कल बहाए तो देखना फिर।"

शालू 'बाई, बाई' कहते माँ के पास भागी। वो बीच में ही चीखी–"तुम अपनी पंचायत अपने कक्का के यहाँ लगाओ। मेरी जान मत खाओ री।"

शिवा ने उसे ठेंगा दिखाया। वह कुछ देर चुप रही। फिर भनभनाती पिता के पास ढाबे पर चली गई।

मैंने शिवा से कहा–"अब यह नागपुर में भी तेरे से बात नहीं करेगी तो?"

"मत करने दे। मुझे इस पे बहुत गुस्सा आता है। सड़ी हर बार कक्का को कित्ता रुलाती है। हाँ...नहीं तो।"

हमने भी उसकी 'हाँ' में 'हाँ' मिलाई और उसके नागपुर के किस्सों में रम गए।

शालू-शिवा का आना-जाना लगा रहता था। वे एक साथ आती जाती थीं लेकिन इस बार शालू अकेली गई क्योंकि पहली डिलीवरी मायके में होती है, सो शिवा बहुत दिन तक रही। लेकिन वो एकदम बदल गई थी। उसका पेट खूब बड़ा हो गया था। वह ढाबे पर तब भी खूब काम करती। माँ उसका बहुत ध्यान रखती।

उसे कुछ भी भारी काम करने से रोकती। और तो और, ढाबा जाने को भी मना करती लेकिन उसकी जिद के आगे किसी की न चलती...। शिवा को घर पर बहुत बुरा लगता था।

एक बार सुबह-सुबह वो कंडे की डलिया लेकर जा रही थी कि अचानक डलिया को छोड़कर सड़क पर उकड़ूँ बैठ गई। मारे दर्द के उसका मुँह बिगड़ रहा था। कसकते-कसकते उसने मुझे कंडे बीनने को कहा और मेरे सर पर डलिया रख मेरा हाथ पकड़कर टेकते-टेकते ढाबा पहुँची। फिर कुछ देर बाद एकदम ठीक हो गई। ऐसा उसे कई बार होता और थोड़ी देर बाद वह एकदम ठीक भी हो जाती। जब वह दर्द से कराहती तो भट्ठी में चटकते कोयले जैसी हो जाती।

एक दिन उसे रात से ही कुछ-कुछ हो रहा था। वह थोड़ी देर ठीक रह पाती कि फिर दर्द से आड़ी-टेढ़ी हो जाती। माँ उसे लेकर अस्पताल गई। उस दिन मैं भी दिन भर ढाबे पर नहीं गई। दर्द बढ़ता जा रहा था और वह माँ में घुसती जा रही थी।

मैं अस्पताल से भागी-भागी ढाबा आई–''कक्का, कक्का। जल्दी से अस्पताल चलो।''

वे 'हाँ-हूँ' करते रहे। मैंने सोचा था कि वह अस्पताल के लिए दौड़ पड़ेंगे। एक-दो लोग बैठे हुए थे। वे समझ गए थे कि माजरा क्या है। तिस पर पिता ने यह भी जोड़ा कि ''पहली डिलीवरी में दिक्कत तो होती है भई।''

उस दिन मुझे उन पर बहुत गुस्सा आया–''कक्का, हम तो जा रहे हैं अस्पताल...।''

''अरे पगली, तू तो यहीं रुक।''

मैंने उनकी एक न सुनी और दौड़ते हुए अस्पताल पहुँच गई।

शिवा से चलते भी नहीं बन रहा था। माँ और दोनों जीजी को पकड़े जैसे-तैसे घिसट रही थी और दहाड़ें मार रही थी। फिर वो एक कमरे के भीतर चली गई, जिसके किवाड़ भी बन्द हो गये। किवाड़ के पास ही माँ और दोनों जीजी सिर पकड़कर बैठ गईं।

मैं अस्पताल के पीछे की तरफ दौड़ी और उचककर एक खिड़की पर चढ़ गई। शिवा की दहाड़ें बढ़ती जा रही थीं। उसे दो-तीन नर्सें पकड़कर एक टेबल पर लिटा रही थीं। साड़ी दूर पड़ी थी। वह बिलख रही थी और नर्सें उसके दोनों पाँवों को चौड़ा कर बाँध रही थीं। उसका ये हाल देख मेरी आँखें फटती जा रही थीं। जैसे ही पाँव और चौड़े हुए, वह जोर से चीखी–

"बचाओ, बचाओ, बचाओ! बाई, बाई, कक्का...कक्का...!"

उतनी ही ताकत से मैं चीखी–"शिवा...शिवा....शिवा...।"

नर्स ने चौंककर देखा और जोर से फटकारा–"ऐ...ऐ...ऐ..."

...खिड़की छूट गई। आवाज़ सुनकर उषा जीजी आई और मुझे माँ के पास ले गई। थोड़ी देर बाद चीखें कुछ कम हो गईं। किवाड़ तब भी बन्द था। माँ हाथ जोड़कर मन-ही-मन कुछ बुदबुदा रही थी। उषा जीजी तो प्रसाद बोल रही थी।

अन्नी कह रही थी–"वैसे तो भौत मजबूत है। कहीं सो तो नहीं गई? शिवा से दर्द झेलते नहीं बन रहे। बाई, अब का करें अपन?" आशा जीजी दीवार से सिर टिकाए चुप बैठी थी।

कक्का आ रहे थे। मैंने उन्हें देख मुँह फेर लिया। शिवा की आवाज़ और चीखें बन्द होते ही सबने राहत की साँस ली और पल्लू से अपनी आँखें पोंछीं।

कुछ देर बाद नर्स निकली और उसने कहा–"सब ठीक है। लड़का हुआ है।" और मुझे घूरती हुई वापस बड़ा-सा बर्तन लिए किवाड़ के भीतर घुस गई।

पिता ने मुझसे कहा–"चल, चल, जहाँ का करेगी अब?"

मैं अपनी जगह से हिली भी नहीं। मेरे सर पर हाथ फेरते, हँसते हुए वे अकेले ही ढाबे को चले गए।

लाल कम्बल में लिपटी शिवा अस्पताल के बड़े से कमरे में आ गई। वो तो ऐसी लग रही थी, जैसे कुछ हुआ ही न हो! वह मुस्कुरा रही थी और मुझसे बोली–"देख, देख, छुटकू को देख–कैसे आँखें मींचे है!"

दूसरे दिन वह अस्पताल से घर आ गई।

माँ उसे हर दिन कुछ कड़वा-सा गरम-गरम खाने को देती जो उससे खाते न बनता। माँ जैसे ही मन्दिर जाती, वह मुझसे कहती–"जा, जल्दी से इसे पीछे नाली में डाल आ। जल्दी...जल्दी कर...मोटी।"

शाम को कक्का घर में घुस रहे थे कि उषा जीजी के पाँच-छह साल के बेटे बिल्लू ने हुमककर कहा–"कक्का, कक्का। शिवा मौसी ने बच्चा बियाओ है।"

सब खूब जोर से हँसे और शिवा ने शरमा कर मुँह ढक लिया। अब वो कुछ ज़्यादा ही खुश रहने लगी थी।

सवा महीने के बाद वो नागपुर जाने वाली थी। उस दिन पूरे मोहल्ले की औरतें आईं। गाना-बुलौआ हुआ जो देर रात तक चला। जीजाजी पहली बार आए थे। पिताजी ने उन्हें घड़ी दी। जीजाजी के हाथ में घड़ी बहुत फब रही थी।

उन्होंने मुझसे कहा–"इधर आ बबली। दिखाऊँ, घड़ी के भीतर क्या है।"

घड़ी का एक-एक पुर्जा दिखाया और फिर जस की तस बन्द भी कर दी।

मैंने शिवा को बताया। वो तुनक गई–"ऐ...खबरदार, जो अबकी घड़ी को हाथ लगाया तो। मेरे कक्का ने कित्ते मन से दी है। खराब हो गई तो? हाँ...नहीं तो। लाओ, मुझे दो, मेरे कक्का की घड़ी, मैं पहनूँगी।"

जीजाजी–'चल, चल' कह हँस दिए। शिवा ने खूब बुरा मुँह बिचकाया।

फिर वो अपने छुटकू को लेकर चली गई और मैं अकेली रह गई।

शिवा ससुराल में भी बड़े मजे से बहुत खुश रहती थी लेकिन शालू का हाल एकदम उलट था। उसकी रंगत ही बदल गई थी जो पिता के लिए असहनीय थी। वह अपनी ससुराल में बिलकुल खुश नहीं थी। शायद जीजाजी की तरफ से उसे कहीं कोई कमी थी, जो उसकी सुर्खी में दीमक लगा रही थी। उसकी चिट्ठियाँ भी वैसी ही घुन खाए रहतीं। जब वह जाती, तब पिता उसे अन्तेंदेशीय पत्र लाकर देते। शालू के पास सिवा रोने के कुछ भी नहीं था।

शिवा हमें ढेर बातें सुनातीं जिन्हें हम बार-बार सुनाने को कहते। ऐसा ही एक बहुत मजेदार किस्सा उसने सुनाया। पहली ही रात जीजाजी ने उससे कहा–"अगर मुझसे पहले किसी ने तुझे छुआ भी होता तो मैं तुझे छोड़ देता।"

हम दम साधकर सुनते, वो हँसते हुए आगे सुनाती–

"ऐसा कैसे कर सकते हो? तुमसे पहले चूड़ी वाले ने कई बार मेरा हाथ पकड़ा। शादी वाले दिन ही उसने मेरा हाथ अपने हाथ में लेकर ढेर चूड़ियाँ पहनाईं। बोलो, अब छोड़ोगे मुझे?"

हम सबको ऐसी बातों में बड़ा मज़ा आता और माँ हर बार 'आग लगी, कल्ली' कह मुँह बिचकाती। और तो और, उसने अपना यह किस्सा कक्का को भी सुनाया। कक्का को तो ज़रूरत से ज़्यादा मज़ा आया। बोले–"ये नागपुरी टोपे इसी लायक हैं।"

शिवा कहती कि उसे नागपुर में कोई प्रॉब्लम नहीं है। बस, ढाबे की बहुत याद आती है।

"कितनी?"

"बहुत ज़्यादा। कभी-कभी तो मुझे रोना-सा आ जाता है, अपने ढाबे को याद करते-करते।" कहते, आँख भरकर ढाबे को देखने लगी।

अपनी बड़ी-बड़ी आँखों में उसने ढाबे के साथ जाने क्या-क्या भर लिया होगा...!

ऐसा नहीं कि लड़ाई-झगड़े नहीं होते थे। अगर कभी बात तू-तू, मैं-मैं से धक्का-मुक्की तक बढ़ जाती तो कोई न कोई बीच-बचाव करने कूद ही पड़ता और लड़ाके छूटने की कोशिश करते कहते–

"छोड़ो, आज नहीं छोड़ेंगे। आज तो इसे बता कर ही दम लेंगे हम। देख रे, कच्चा चबा लऊँगो तोए। जे दिन मैं अपनी पे आ गओ न, तब तेरो जो पूरो टीम-टाम उठा के फेंक दऊँगो रे।"

लोग उन्हें ठंडा कर चाय पिलाते और वे बीड़ी पीते हुए एक दूसरे को घूरते रहते। फिर सब अपने काम-धन्धे में उलझ जाते और लड़ाके भी कपड़े झाड़ते हुए लौट जाते। ये चक्र पूरे बस स्टैण्ड पर घूमता था। कोई दो लड़ते, तीसरे, चौथे बीच-बचाव करने पहुँचते, पाँचवें, छठे, भरपूर मजे लेते।

'चल, थाने चल। चल, थाने चल' जैसा कोई भी नहीं बोलता था और न कोई किसी की रपट लिखाने जाता था। अगर कभी लड़ाई ज़्यादा बढ़ जाती तो लड़ने वालों के हाथों में बल्लियाँ होतीं, जिन्हें दो-चार आदमी पकड़कर छुड़ाने की कोशिश कर रहे होते और वे छुड़ा भी लेते। तब लड़ने वाले दौड़कर पत्थर उठा लेते, जिन्हें वे फेंकते नहीं थे–

'मार दूँगा., मार दूँगा' कह दौड़ते और पास जाने की कोशिश करते। अगर कभी थानेदार की बुलेट मोटर साइकिल की धक-धक-धक सुनाई दे जाती तो भीड़ और लड़ने वालों में सुरसुरी दौड़ जाती। और 'बच गए भैया, बच गए, आज तो बच गए' कहते सब लड़ने वालों को घूरते और लड़ाके पानी-पानी हो जाते। थानेदार का रुतबा देखकर हम सब भी थानेदार बनने की सोचते।

बहुत सारी पुलिस कभी किसी ने देखी नहीं थी लेकिन ट्रक भर-भरकर पुलिस को आते-जाते देख रोंगटे खड़े हो गए।

उस दिन सबके स्कूल जल्दी छूट गए थे। पलक झपकते में स्कूल से लड़कियाँ

घर पहुँचा दी गईं और स्कूल आती लड़कियों को भी उलटे पाँव घर भेज दिया गया। पूरे शहर में कोहराम मचा हुआ था। चारों ओर धुआँ ही धुआँ। इकलौती लकड़ी की टाल का धुआँ हर घर में भर गया।

"यह क्या हो रहा है?" सबकी साँसें धौंकनी की तरह चलने लगीं। बहुत सारे लोग इकट्ठे सड़कों से गुजर रहे थे और वे दुकानें बन्द करा रहे थे। कुछ तो सामान उठा-उठाकर फेंक रहे थे। पलक झपकते में बस स्टैण्ड बन्द करा दिया गया और बसों को भीड़ ने घेर लिया। चारों ओर अफरा-तफरी मच गई। उन्होंने सबसे पहले खिड़कियाँ तोड़ीं और फिर बसों को आग के हवाले कर दिया।

लकड़ी की टाल वाले सरदारजी बनियान और चड्डी में बेतहाशा चिल्ला रहे थे–"मैं लुट गया, बरबाद हो गया मैं। अरे कोई कुछ तो करो...।"

इतने में लोगों का हुजूम उनकी ओर दौड़ा। सरदारजी को तो कोई होश ही नहीं था। बस स्टैण्ड के लोगों ने उन्हें दुकान के भीतर खींच लिया और शटर गिरा दिया।

अब शटर के बाहर 'निकालो, निकालो, बाहर निकालो, जला डालो' की आवाज़ें। दहशत में सब साँस भी धीरे-धीरे लेने लगे। सरदारजी को बेहोशी की हालत में घर भेज दिया गया, जहाँ सरदारनी आंटी उन्हें देखते ही गश खाकर गिर पड़ीं।

सारे दंगाई स्टेशन की ओर चले गए। उन्होंने ट्रेनों को लूटा, आग लगाई और स्टेशन की लाइट्स तोड़कर उसे अँधेरे में बदल दिया। उन्होंने अँधेरा क्यों किया और ऐसा क्या किया कि जितना ज़्यादा अँधेरा, उतनी ही ज़्यादा चीखें। वो चीखें भी कुछ अलग थीं...।

पहली बार पुलिस का सायरन सुनाई दिया। चारों ओर सीटियाँ और सायरन की आवाज़ें गूँजने लगीं। स्कूल बन्द, बाज़ार बन्द, बसें बन्द, ट्रेनें बन्द। ढाबा भी बन्द। जो जहाँ था, वहीं रुका रह गया। लाउड स्पीकर पर माइक से पूरे शहर में एनाउंसमेंट होने लगा–"कोई भी अपने घर से बाहर न निकले। सड़क पर न दिखे। शहर में कर्फ्यू लग गया है।"

आखिर ये कर्फ्यू होता कैसा है? सायरन की आवाज़ सुनकर हम सब सड़क की ओर भागते। चारों ओर पुलिस ही पुलिस दिखती। जवानों से भरी मोटर गाड़ी। बड़ी-सी बन्दूक लिये जवानों को देख हम दीवारों में सिमट जाते। वे मील रोड पार करते हुए स्टेशन से गुजरते, बस स्टैण्ड पहुँचते थे। मील रोड से उनके निकलते

ही हम 'फायर, फायर' चिल्लाते और भागते-भागते घर आते।

मोहल्ले की औरतें सायरन की आवाज़ से जहाँ की तहाँ खड़ी रह जातीं और बुरी तरह डर जातीं, लेकिन मन्दिर जाना न छोड़तीं।

एक बार तो हम भरी दुपहरी में मुकेश, देवू, राजू, गुड़िया और पप्पी को लेकर ढाबा भी गए। सारी गलियाँ और सड़कें सुनसान थीं। बस स्टैण्ड सेना के जवानों से घिरा हुआ था। काँजी-हाउस की आड़ में छिपे हुए हम उन्हें देखते रहे। बड़ी-बड़ी बन्दूकें लिये जवान! सायरन और सन्नाटे ने हमारी घिग्गी बाँध दी और उन सबके बीच ढाबा अकेला, बहुत अकेला था। एक भी आदमी नहीं था सिवाय जवानों के। गाय कहाँ होगी इस समय? हम ढाबे को अकेला छोड़ उल्टे पाँव घर लौट आए।

"हमने कर्फ्यू देख लिया, कर्फ्यू देख लिया हमने।" मोहल्ले में घुसते ही अपने-अपने घरों में घुस गए। सात दिन तक कर्फ्यू को ऐसे ही देखा। सायरन की आवाज़ आते ही मील रोड की ओर भागते और जवानों को देखकर 'फायर... फायर...फायर' करते।

एक बार तो वे हमें देख मुस्कुराए और एक जवान ने हमारी ओर बन्दूक तान दी। जैसे ही उसने बन्दूक तानी, सब गिरते-पड़ते भागे। पीछे से हँसी का एक ठहाका सुनाई दिया।

"अगर गोली चल जाती तो...?"

बेबी दीदी ने सबको चेताया—"खबरदार! अब अगर घर के बाहर पाँव भी रख दिया तो..."

फिर कर्फ्यू हट गया। दुकानें खुल गईं, स्कूल खुल गए, मंडी खुल गई। बसें चलने लगीं, ट्रेनें भी आने-जाने लगीं। धुआँ गायब हो गया, राख धूल में मिलकर उड़ने लगी और स्टेशन पर उजियारा हो गया।

'सरदारजी की टाल किसने जलाई? अपने यहाँ का तो कोई ऐसा कर नहीं सकता! आखिर वे लोग कौन थे? कहाँ से आए थे और कहाँ चले गए जिन्होंने अपन को कर्फ्यू का मुँह दिखाकर, पूरे बासौदा का मुँह काला कर दिया?' जैसे अनगिनत सवाल, जिन्होंने दिवाली के अनगिनत दीयों को एक दीये में बदल दिया।

हर घर की चौखट पर बतौर नेग सिर्फ एक दीया जला। बड़ी फीकी रही दिवाली। इतनी ज़्यादा कि कुबड़ी चील गाड़ी की कूक भी उसमें दब कर रह गई और दिन में दस बार दिखने वाली बिन्नी उन सात दिनों में एक बार भी नहीं दिखी।

कभी उजाले से कभी अँधेरे से प्यार करती, बड़ी अजीब थी वो कुबड़ी चीलगाड़ी। गली के अँधेरे कोने में दुबकी दीयों के बुझने का इन्तजार करती और कभी इतनी ज़्यादा सनक जाती कि एक-एक कर हर घर की चौखट पर रखे दीयों को बुझाने लगती।

कभी–"दीया बाती कर लो जल्दी से। अरे, किते चली गईं सब की सब? संझा हो गई...संझा हो गई री पागलो। कैसी बेसुध हो री? दीया-बाती कर लो री। दीया बाती कर लो।"

इसके बाद भी अगर उसे तुलसी के चौबारे पर दीये न दिखते तो पत्थर फेंकने लगती। और अगर कोई उसे कह देता कि–'ऐ...चीलगाड़ी, काए को इत्ता हल्ला मचाए है भरी संझा को? भग यहाँ से, चीलगाड़ी कहीं की...!' फिर तो पूरे मोहल्ले की खैर नहीं।

वो ऐसी गालियाँ देती, जिन्हें सुनते ही लोग घरों के दरवाजे बन्द कर लेते। कानों में रूई लगा लेते। फिर भी गालियों की आवाज़ पीछा न छोड़ती। चीलगाड़ी के किस्से दीया-बाती के संग शुरू हो जाते...

"झाड़ू-पोंछा करते-करते दिमाग फिर गया कुबड़ी का।"

"नहीं जीजी...। ऐसी बात नहीं है। बहुत बुरा हुआ बिचारी के साथ। भरी दुपहरी में सपने देखे इसने। दिमाग तो फिरने ही थो। छली गई बिचारी, प्रेम में धोका खा गई। नासपीटी बर्तन धोते-धोते चली थी रानी बनने।"

"ऐं! साचऊँ...सच्ची?"

"और नहीं तो का? तभी तो कुबड़ी हाथ में डिब्बा और बगल में बोरा दबाए आधी रात को बंजानी बाबू के घर के चक्कर काटती है। धीरे-धीरे शरमाते हुए चौखट तक जाती है। फिर अचानक जोर-जोर से सिर पीटती है। साहब को देखकर पुच्च-पुच्च करती है और कभी बकती है गालियाँ। और कभी-कभी तो धोती को घुटनों तक चढ़ा घोड़ी की तरह कूदती है।"

"औऱ्र...जा का कोई पागल है। सन्ना रही है राँड!" मुँह बिचकाते पथरिया

वाली काकी कहतीं। इतना ही नहीं, वे सुमन भाभी पर चढ़ बैठतीं–

"सुमन, तेरी फकर-फकर की आदत गई नहीं अब तक? भौत मौं चलते तेरो। रात के नौ बजते ही तो तेरे घर से खर्राटों की 'खर्र-खर्र' सुनाई देन लगते। बोल, तूने कौन-सी आधी रात को कुबड़ी ए बंजानी बाबू के घर जात देख लओ? बता मोए।"

सुमन भाभी भी हार न मानतीं–"अरे काकी, हमने नहीं देखो। हमाए जे बता रहे थे। दुकान बन्द कर के जब जे आते हैं न, तब रोज़ इन्हें कुबड़ी दिखती, वहीं वई घर के सामने। और हाँ, जे बता रहे थे कि..."

"रहन दे, रहन दे बिन्ना, हमरे तो कान पक गए इत्ते में ही। दीया-बाती के समय भजन आरती तो दूर की बात, जे फालतू की बातें करतहो तुम औरें।"

पथरिया वाली काकी सबको हड़काने लगतीं–"अब आज के बाद से अगर तुम औरों ने जे जहाँ चबूतरा पे चील गाड़ी की बातें करीं न तो हमसे बुरा कोई नहीं होगा। समझीं?"

...एक बार चीलगाड़ी की दनदनाती गालियाँ चाय पीते पिता के कानों में भी पड़ गईं। माँ से बोले–"बड़ी भद्दी गालियाँ बकती है, रज्जो ये।"

"वा खुद से कोई ए नईं छेड़े। जे औरें वाए चील गाड़ी कह देते, सोई वा बिदक जात है। जे में जो अदबरे राधेलाल को मोड़ा वाए भौत ई परेशान करते।" उसकी पैरवी करते हुए माँ बोली।

चीलगाड़ी भी चुप होने को थी कि मैंने जोर से कूका मारा–"चील...गाड़ी... चील...गाड़ी... ।"

"देखियो जा के लच्छन।" माँ ने दाँत किटकिटाए–"इनके पढ़वे-लिखवे को मतलब का है? बताओ मोए।"

पिता ने मुझे आधे गुस्से और आधी हँसी में ललकारा–"क्यों यार खामो-खाँ किसी को छेड़ना?"

लेकिन बिन्नी? उसकी बात और थी। उजले दाँतों वाली साँवली-सी पागल बिन्नी, क़माल की खूबसूरत। मोहल्ले की औरतें उससे हज़ार बातें करतीं। उसके खाने-पीने का खयाल रखतीं। तीज-त्योहार पर बनी खीर पूड़ी में उसका हिस्सा भी रहता। अगर कभी थोड़ी देर के लिए भी ओझल हो जाती तो सब बेचैन हो जातीं। एक दूसरे से उसके बारे में पूछतीं। उसके आते ही सब खुश हो जातीं। जहाँ उसका

मन होता, वहाँ खाना खाने बैठ जाती। किसी के घर में कुछ खास बना होता तो वह वहीं लाकर देता। सबकी लाड़ली जो थी।

एक बार दो-तीन दिन तक नहीं दिखी। और जब आई तो बड़ी काकी ने बहुत प्यार से पुचकारा उसे–"आओ बिन्नी, आओ। कहाँ थी कल? बड़ी चमक रही है आज बिन्नो रानी।"

"जीप में बैठकर गए थे हम कल। दूर, भौत दूर। भौत सारे खेत थे वहाँ पे...।"

सब-की-सब हैरत से देखती रह गईं और वो अपनी रौ में कहे जा रही–

"हमें खूब अच्छो खाना भी मिलो वहीं पे। लक्स साबुन से नहाए भी। और जे देखो जे, हमाई नई धोती-ब्लाउस। अच्छी है न? कैसे उम्दा लग रहे हैं न हम भी।"

"कितै-कितै? कहाँ गई थी आगलगी? कौन के साथ गई थी एँ...? बता-बता।"

सब-की-सब एक साथ झपट पड़ीं। वो खूब जोर से हँसी और रंग-बिरंगी चूड़ियाँ दिखाते हँसते-हँसते गली पार कर गई।

"आग की लगी। असल बात हमेशा दबा जाती है।"

"जाने कहाँ-कहाँ मुँह काला करती फिरती है चुड़ैल।"

"गली में नहीं घुसने देना चाहिए इसे। पागल है तो ई को मतलब जो थोड़ी न है कि दिन-रात गुलछर्रे उड़ाती फिरे?"

सब गुस्से में लाल हो गईं। फिर जी भर के उन मुस्टंडों को कोसने लगीं, जो आए दिन लार टपकाए बिन्नी के आगे-पीछे घूमते फिरते हैं।

"ठठरी बँधे...। आधी रात को मरेंगे सब के सब। पैदा होते ही साँप ने क्यों नहीं डस लिया इन्हें ? गू खाने कहीं के! जे में जा अशोक मुस्टंडा ऐ भौत गर्राटो चढ़ रहो है। चलो री...। जाकी मताई के पास चलो। वाए भी तो कच्छु मालूम पड़े।" पायली वाली उठकर खड़ी हो सबसे चलने के लिए बोलीं।

इधर सब इतनी परेशान, उधर पागल बिन्नी बालों में गजरा लगाए गली के मुहाने पर खड़ी हँस रही।

बूढ़ी पटवारिन ने जोर की फटकार लगाई–"ऐ बिन्नी! गजरा निकाल और चल फूट। मरती भी तो नहीं है आगलगी कि चैन मिले मोहल्ले को।"

लेकिन उनकी डाँट का कोई असर न होता। वे उसे देख हमेशा मंत्र की तरह कुछ न कुछ उच्चारती रहतीं। उनके इस मंत्रोच्चार में उनकी आवाज़ का दुख तार-तार होता, जिसमें बिन्नी का बचपन तैरता–

"आगलगी मौड़ी की किस्मत अच्छी होती तो काहे भरी दुपहरी में माँ-बाप छोड़ के जाते? नाते–रिश्तेदारों के यहाँ रही कुछ दिन। फिर जब आई तो ऐसे हाल में। मरी आगलगी को भी तो मिलता है चैन यहीं, इस मोहल्ले में। और अब जे मुस्तंडे जा मौड़ी के पीछे लग गए। मौड़ी की ऐसी दुर्गति देखवे से पहले प्रभु आँख बन्द हो जाएँ हमरी।" बूढ़ी पटवारिन चाची बहुत दुखी होतीं।

बिन्नी जब-तब बालों में गजरा लगाए गली के मुहाने पर खड़ी हो गाती–"ऐ री...मैं तो प्रेम दिवानी, मेरो दरद न जाने कोय।"

सूनी रात में उसकी आवाज़ दूर-दूर तक गूँजती। जब टेर असहनीय हो जाती, तब मुनीमन बाई रुँधे गले से झिड़कतीं–

"ऐ बिन्नी, ऐ बिन्नी, इते-उते मत फिरा करे बिन्ना। जहीं अपने मोहल्ले में रहा करो बेटा।" मुनीमन बाई उसे खूब पुचकारतीं और वो उनके कन्धे से लगकर जाने क्यों फूट-फूटकर रोती।

लेकिन रेखा भाभी कुछ और ही कहतीं–"बिन्नी पागल नहीं है जिज्जी। गुलछर्रे उड़ाने के लिए स्वांग रचती है। देखो, कैसी बन-सँवरकर रहती है। ये अक्कल इसे कहाँ से आती है? मुफ्त का खा-खा के गर्रा रही है बिन्नी। इसकी छाँह भी अपनी मौड़ियों पर नहीं पड़ने देनी चाहिए।"

मुनीमन बाई और बूढ़ी पटवारिन रेखा भाभी को डपट देतीं–"फालतू की बातें मत किया करो मौड़ी के बारे में! तुमे इत्ती बुरी लगते तो कोई ज़रूरत नहीं वा से बात करवे की और वाए कच्छू खावे देवे की। समझीं? अपनी जबान पे काबू रखो बड़ी बहू तुम।"

इस पूरी पंचायत में बतखू जीजी कुछ न कहतीं। चुपचाप बोलने वाली को एकटक देखती-सुनती रहतीं और उनके चेहरे पर एक से एक भाव आते-जाते। कई बार तो ऐसा लगता कि वे सोच रही हैं और कोई दूसरा बोल रहा है। कई बार इसके उलट भी कि वे बोल रही हैं और दूसरा कोई सुन रहा है लेकिन जो भाव उसके चेहरे पर आने-जाने चाहिए, वे आ नहीं रहे हैं। सो भावों की सारी बेचैनी बतखू जीजी के हिस्से में रहती। और कभी ऐसा भी लगता, उनकी गर्दन में स्प्रिंग है, जो किसी के बोल फूटने से पहले ही मुड़ जाती है। उनके जैसी फुर्ती से कोई और अपनी गर्दन घुमा नहीं पाता था। खैर..चबूतरे की पंचायत में बतखू जीजी से अच्छा श्रोता कोई और नहीं था।

पूरे मोहल्ले की दुलारी बिन्नी भी अच्छी तरह जानती थी। मुनीमन बाई, पटवारिन चाची, तीनों काकी, संझली मौसी और माँ के होते कोई भी उसका बाल बाँका नहीं कर सकता। अषनी मनमर्जी की मालिक! हम सबको देखकर बहुत हँसती और

कभी स्कूल तक पीछे जाती। मन करता तो वापस मोहल्ले में आ जाती और कभी मन करता तो स्कूल के पीछे वाले कुएँ पर सारा दिन गुज़ार देती और छुट्टी में हमें देख लहराती, लहकती हुई, हमसे पहले घर पहुँचने के लिए दौड़ लगा देती।

कभी ठाठ से ढाबे पर खाना खाती मिलती। पिता बड़े प्यार से उसे परोस रहे होते। वह हमें देख फिर हँसती।

उजले दाँतों वाली बिन्नी से पिता यह कहना कभी न भूलते–"जहीं बैठो या फिर सीधे घर जइयो बिन्नी।"

बिन्नी का घर यानी मोहल्ला या मोहल्ले का मन्दिर।

वो फिर हँसती और लहकते हुए कहती–"मनो फिरके से आएँगे हम।" और कभी बन्ना-बन्नी गाती हुई चली जाती।

शिवा के ससुराल वाले तो मेरे लिए रिश्ता ढूँढ़ने के लिए ही जन्मे थे। वे एक साथ चार-चार, पाँच-पाँच लड़के बताते। किसी की चाय की दुकान तो किसी की पंचर जोड़ने की और कोई मिल में काम करने वाला।

मेरे सपनों से बहुत बेखबर होती शिवा की चिट्ठी। मुझे बहुत चिढ़ मचती। इसके उलट सीमा को बड़ा मज़ा आता। वह मुझे छेड़ती और मैं अनजान बनने का स्वांग करती। चिट्ठी हर पन्द्रह दिन में नए रिश्ते के बखान के साथ आती। जाने कितनी दरारें लिये चिट्ठी का नीला रंग मेरे भीतर फट जाता। उसके छितराएपन को लिए मैं कहती–"शिवा के घर वालों को क्या कोई ढंग का नहीं मिलता? चाय-नमकीन से ये लोग आगे ही नहीं बढ़ते।"

मेरी इस बात पर माँ तुनक जाती–"वऊ। तुम अपनी काए भूल जात हो? तुम रोटी की होटल वालों को...का कोई मिल को सेठ लेवे आएगो?"

"हम वैसे होटल में काम करने वाले नहीं है, जैसे तुम समझती हो। हमारी बात ही अलग है। तुम नहीं समझोगी। घर में बैठे-बैठे तुम्हें नहीं समझ आएगा कि अपनी दुकान और दूसरों की दुकान में फर्क है? बहुत फर्क है। वैसे ही जैसे और लड़कियों के पापाओं में और कक्का में जमीन-आसमान को फर्क है बाई। समझीं? तुम हमें, खास कर मोए अपने जैसो मत समझो।"

मेरी आवाज़ बजाय रूँधने के, फटने लगती–"और तुमे जो भी कच्छू कहने होउ करे वो कक्का के सामने कैऊ करे। कक्का के सामने तो तुम चुप रहती हो और उनके जाते ही शुरू हो जाती हो। एकाध दिन तुम कक्का से जे सबरी बातें अच्छे से समझ लो।"

"तू समझ ले और अपने करैया बाप को समझा दे।" माँ का पारा सातवें आसमान पर पहुँच जाता। उसके हाथ में जो कुछ भी होता, जमीन पर दे मारती।

अर्न्तदेशीय में फटे बदरंग नीले आकाश को लिए मैं ढाबे की ओर बढ़ जाती।

आठवीं करते ही लड़कियों की शादी की बात चलने लगती थी। जाने क्यों लोगों को वे इतनी बुरी लगती कि थोड़ी-सी बड़ी हुईं नहीं कि उन्हें लगता, जितनी जल्दी इनके हाथ पीले कर दें, उतना अच्छा। इससे ज़्यादा या इससे आगे कोई सोचता ही नहीं था। बीस-सूत्रीय नहीं, एक-सूत्रीय कार्यक्रम–शादी...शादी...शादी...। सारी समस्याओं का एकमात्र समाधान उन्हें शादी लगती थी।

इसके उलट पिता कम उम्र में शादी के सख्त खिलाफ थे। इस मामले में लोग उनसे असहमत होते। वे भी हार न मानते लेकिन अब उनकी बातों में पहले जैसा तेज़ न था।

कहीं मेरी जन्मपत्री न मिलती और कहीं-कहीं लड़के वालों की माँग के आगे शिवा का मुँह खुला का खुला रह जाता। वह चिट्ठी में ये बात बड़े दबे स्वर में लिखती।

और फिर पिता शुरू हो जाते। वह जोर-जोर से दाल का हत्था चलाने लगते। कभी-कभी तो दाल में ज़्यादा मिर्च फूँक देते–"अरे, इन बेवकूफों को पैसा देने से अच्छा है, लड़कियों की पढ़ाई में ही वो पैसा लगाओ।"

सियारी वाले अपनी धोती को सँभालते तनकर कहते–"ऐसा होता है क्या? लड़की को कितना ही पढ़ा-लिखा लो। शादी तो करनी पड़ेगी कि नहीं?...और हम तो एक बात कहते हैं साब...!" कहते हुए चेहरे पर ऐसे भाव आते, जैसे लालकिले से भाषण दे रहे हों–"अगर लड़की को ज़्यादा पढ़ाओगे तो समाज में भी तो उतना ही पढ़ा-लिखा लड़का मिलना चाहिए न? अपनी समाज में लड़के तो पढ़ते नहीं है और तुम लड़कियों को पढ़ाने की बात करते हो। पढ़ा-लिखाकर क्या लड़की को घर में बिठाना है जीवन भर? दूसरी समाज में तो हम-तुम लड़की को देने से रहे।"

तिलातिली वाले मुँह में गुटखा भरे हपड़-हपड़ करते। पूरे शब्द अच्छे से बाहर न निकल पाते। फिर भी वे न रुकते और न थूकते। गुटखा भरे हुए बोलते–

"साब उमर होते ही बच्चों के कदम बहकते हैं। कच्छु उल्टा-सीधा हो, इसके पहले ही निपट जाओ।" बात इतनी कड़वी होती कि पिता की रोटी जल जाती।

ढाबे पर भी बिना बात की पंचायत कुछ ज़्यादा ही होती थी। माँ पिता की इसी पंचायत से बहुत चिढ़ती थी।

• • • गर्ल्स कॉलेज शहर के बीचो-बीच जय स्तम्भ चौराहे के पास खुला। इस कारण कॉलेज में बहुत लड़कियाँ आ गईं। फिर भी आधी से ज़्यादा घर बैठ गईं। सुपर फास्ट एक्सप्रेस की तरह उनके घर वाले रिश्ता खोजने में लग गए।

'...बाबुल की दुआएँ लेती जा, जा तुझको सुखी संसार मिले।...'

यह गाना हर घर में बजता रहता। गाने को अपने संग लिए लड़कियाँ सिलाई, कढ़ाई, बुनाई सेंटर जाने लगीं। घर के तकिए, चादर काढ़ने लगीं। हरी पत्ती के संग लाल गुलाब के दो बड़े फूलों पर 'स्वागतम्' लिखकर कुछ पेंटर बन गईं और कुछ पाक कला के पीछे पड़ गईं। हर वो काम करने लगीं, जो ब्याह के रास्ते को आसान बनाए। इतना ही नहीं...

'...फूल तुम्हें भेजा है खत में
फूल नहीं मेरा दिल है... ।'

प्रियतम को मायके से चिट्ठी लिखने के सपनों में सराबोर भी हो गईं।

हमें जितनी खुशी कॉलेज आने की थी, उससे ज़्यादा खुशी इस बात की थी कि बस्ता नहीं टाँगना पड़ेगा और हाथों में किताबें लिए आया-जाया करेंगे। मन हो तो पीरियड अटैण्ड करो, नहीं मन हो तो गप्पें लड़ाओ या नोट्स लो या नोट्स के बहाने कुछ और लिखो। लड़कियाँ अक्सर पेड़ों के नीचे विचार-मग्न मुद्रा में बैठी रहतीं। कभी उसे पकड़कर गोल घूमते बातें करतीं, कभी उसके पत्तों से खेलती जाने कहाँ खो जातीं। झरते पत्तों को बीच में ओक लेतीं और भरसक कोशिश करतीं कि पत्ते पाँव में न पड़ें।...ऐसा लगता, ये पेड़ नहीं, सपनों के राजकुमार हैं! कॉलेज छोड़कर फिल्म देखने के बारे में तो कोई सोच भी नहीं सकता था।

पार्क से लगी दुकानों के पीछे का एक पटिया निकल गया, जो खिड़की का काम करने लगा। खिड़की के उस पार समोसे जाने लगे और इस पार दुकानदारों की बाछें खिल गईं। गरमा-गरम समोसे का कोई पीरियड नहीं होता था लेकिन हर पीरियड में उनकी खुशबू आती रहती थी। समोसे और लड़कियों के बीच खिड़की

पुल का काम करती थी। कुछ दिन बाद पेड़ से पत्तों के साथ कागज के लड्डू भी टपकने लगे, जिनमें लिखा होता–'समोसे खाइए, त्वचा में निखार लाइए!'

बी.ए. में आते ही मैंने कक्का से कहा–"कक्का, मैं पढ़ूँगी, पूरी बी.ए. करूँगी।"

वे एक-एक शब्द को चबाते बोले–"हाँ भई, पढ़ो। लेकिन हमें किसी तरह की कोई शिकायत नहीं मिलनी चाहिए।"

शालू के बाद पिता तो जैसे...?

कॉलेज में छात्र संघ के चुनाव हुए। एकता पैनल की ओर से मैंने अध्यक्ष का चुनाव लड़ा। सेकेण्ड ईयर में सात, फायनल में सिर्फ चार और फर्स्ट ईयर में कुल पचहत्तर लड़कियाँ थीं। सो, अध्यक्ष और सचिव पद की उम्मीदवारी फर्स्ट ईयर की ही बनती थी।

इससे पहले ग्यारहवीं में भी सचिव के लिए खड़ी हुई थी। बहुत बुरी तरह हारी क्योंकि साइंस की लड़कियों के पास मैं वोट माँगने ही नहीं गई थी।

लेकिन वंशिका और उसकी सहेलियाँ आर्ट्स की लड़कियों के पास हर दिन रिसेस में वोट माँगने आती थीं। और तो और, वोटिंग के एक दिन पहले हम लोगों से हाथ मिलाते बोलीं–"तुम अपना वोट वंशू को ही देना।"

उनके जाने के बाद हम सब खूब हँसे–"ऐसी साइंस पढ़ने से भी क्या फायदा? इन्हें यही नहीं मालूम कि किससे वोट माँगना चाहिए और किससे नहीं।"

हमने यह सोचा ही नहीं था कि आर्ट्स की लड़कियाँ साइंस वालों को वोट दे देगीं!

हारने के बाद हम सब घायल शेर में बदल गए। फिर रोली ने हिम्मत जुटाई–"चलो, सब लोग चाट-पकौड़े खाकर आते हैं।"

हम सब खट्टी-खट्टी, तीखी-तीखी खूब सारी टिकिया पी गए। हार की सिसकारी गोल गप्पों में गुम हो गई...।

...कॉलेज में चुनाव प्रचार की शुरुआत तो उमंग और उल्लास के संग हुई लेकिन धीरे-धीरे उसमें कसैलापन आने लगा। बस गाली-गलौज न होती, बाकी सब होने लगा।

इस तरह सामने तो नहीं, लेकिन पीठ पीछे भी नहीं मेरा नाम 'दाल फ्राई' पड़ गया। फिर हमें मालूम हुआ कि नीता के यहाँ पापड़ बनते और बिकते हैं। जब

दूसरे ग्रुप की लड़कियाँ निकलतीं तो उन्हें सुनाते हुए बातें करते–"भैया, बिना दाल के तो हमारा पेट भरता ही नहीं। कोई कुछ भी कहे।"

"...और पापड़?"

"अरे, भगो, नाम मत लो पापड़ का।"

अब दाल और पापड़ के बीच रस्सी खिंचती जिसमें कभी वो गिरते, कभी हम धड़ाम होते। कॉलेज के अलावा घर-घर जाकर प्रचार करते। कई बार देर भी हो जाती, लेकिन कोई कुछ न कहता। कॉलेज में पूरे समय चाय-समोसे का दौर चलता रहता। जीतने के लिए हर कुछ होने लगा। दाल-पापड़ से बात बढ़कर फिल्म देखने दिखाने तक जा पहुँची। टॉकीज तो बुक हो नहीं सकता था, सो विरोधी गुट ने अपने घर पर सब लड़कियों को वी. सी. आर. पर फिल्म दिखाने की योजना बनाई। फिल्म के एवज में वोट का तरीका अच्छा था।

करें तो क्या करें?

हमारे गुट ने बिजली घर वालों से साँठ-गाँठकर तीन घंटे में छह बार बिजली गुल करवाई। आधी-अधूरी फिल्म पर कोई वोट दे सकता है क्या?

चुनाव मैं लड़ रही थी, लेकिन पिता ने उसकी बागडोर सँभाल रखी थी। वे जान-पहचान वालों से कहते–"अरे तुम अपनी बच्ची से कहना, इसे ही वोट दे।"

मैं उन्हें हर बात बताती। वे बड़े चाव से सुनते और मुझे चुनाव की बारीकियाँ भी सिखाते जाते। जब दाल फ्राई के बारे में सुना तो खूब 'हो-हो' कर हँसे। फिर बोले–

"यह बड़ी बुरी बीमारी है। चुनाव के समय छींटाकशी तो होती है यार। एक दूसरे को पछाड़ने में कोई किसी तरह की कसर नहीं छोड़ता भाई।"

पिता इंदिरा गाँधी के पक्के समर्थक और कट्टर कांग्रेसी थे। उनके मन में इंदिरा गाँधी के लिए बड़ा गजब का सम्मान भाव था। बरहमेश 'इंदिराजी' कहकर ही संबोधित करते। अगर कोई इंदिरा गाँधी के आगे 'जी' न लगाता तो उसे डपट भी देते। रेडियो पर समाचार या राष्ट्र के नाम सन्देश या कभी किसी और समय इंदिरा गाँधी बोल रही होतीं तो क्या मजाल कि पत्ता भी खड़क जाए। इंदिरा गाँधी के विरोधियों की भी हिम्मत न पड़ती कि वे पिता के सामने आलोचना के दो शब्द बोल सकें। पिता समर्थन में कूद पड़ते और ऐसे-ऐसे तर्क देते कि विरोधी भी इंदिरा समर्थक या कहें कि इंदिरा जी का भक्त बन जाता। पिता का वश चलता तो हर चुनाव में इंदिरा गाँधी को निर्विरोध जिताते या कहें कि उनकी सरकार ही निर्विरोध

बनवा देते। लोक सभा हो या विधान सभा, पंचायत के चुनाव हों या नगरपालिका के...वे बढ़-चढ़कर प्रचार करते थे। गाँव-गाँव दौड़ते फिरते। ढाबा चुनाव कार्यालय में तब्दील हो इंदिरा गाँधी के पोस्टरों, बिल्लों और बैनरों से पट जाता था।

वोटिंग और काउंटिंग के दिन हम सब मण्डी के पास सुमिता के घर जाकर दुबक गए। बड़ी देर बाद गीतू ने आकर खबर दी कि हम लोग चुनाव जीत गए हैं।

हम सब के सब सड़क पर बेतहाशा दौड़े जा रहे थे। गर्ल्स कॉलेज क्या खुला...सारी चिड़ियों को जैसे पंख मिल गए। खुशी जमीन पर पाँव पड़ने नहीं दे रही थी। कॉलेज से भी ढोल बजने की आवाज़ें आने लगीं।

पिता कॉलेज की ओर ताक रहे थे। मैं दौड़कर पीछे से लिपट गई–''कक्का... कक्का...ओ कक्का...हम जीत गए...जीत गए हम...।''

उनके हाथ से प्लेट छूट गई। मुझे चिपका लिया और खुशी ने उनके भीतर भी कँपकँपी भर दी। मेरी सारी सहेलियों के सिर पर हाथ फेरते बगल वाले पप्पू से बोले–

''ऐ रे पप्पू! जा, जल्दी से पेड़े ले आ...।''

पूरा बस स्टैण्ड जमा हो गया। सब मुझे आश्चर्य और खुशी से देख रहे थे। इसी बीच कॉलेज की लड़कियाँ और दूसरे कॉलेज के लड़के भी इकट्ठे हो गए। ढाबे पर ढोल बजे, गुलाल उड़ाई गई और सब खूब नाचे भी। हम चारों–अध्यक्ष, उपाध्यक्ष, सचिव, सहसचिव को हार पहनाए गए। कॉलेज के लड़के-लड़कियों से ढाबा भर गया। पिता की खुशी का तो ठिकाना ही नहीं था। हम सब जुलूस के लिए निकल पड़े 'एकता पैनल–जिन्दाबाद...जिन्दाबाद...' के नारे लगाते हुए।

मैंने मुड़कर पिता की ओर देखा, वे अपनी आँखें लुंगी की कोरों से पोंछ रहे थे...।

जुलूस के बाद हम सब 'कल मिलेंगे, कल मिलेंगे, कल फिर...' कहते हाथ हिलाते चल दिए। उस दिन हमारे हाथ आकाश के बहुत-बहुत करीब थे।

घर में पूरा मोहल्ला इकट्ठा था। मुझे देखते ही सब जोर-जोर से चिल्लाने लगे। बड़ी काकी हँसते हुए बोलीं–

''थक गई होएगी मौड़ी। देखो तो सही, कैसी भिड़ी है गुलाल में। जा...जल्दी

से सपर ले। फिर अपन सब पेड़ा खाएँगे। तुमरे काकाजी लाए हैं। उन सबने तो तेरो जुलूस भी देख लओ। हम औरों ने तो जहीं ढोल की आवाज़ के ई संग थिरक लओ बिन्ना।"

शाम को जब माँ मन्दिर गई तो बात न करने वाली औरतों ने भी पूछा—"काए...ऐ, तुमरी ई मौड़ी जीती है न?" माँ ने बड़े गदबदाते हुए पिता को बताया और एक कटोरा खीर अलग से रख दी।

इतनी सारी खीर क्यों बचाई? क्या बिन्नी के साथ चीलगाड़ी को भी खीर देगी?

पिता बहुत खुश रहते। उनके दोस्तों में उनका रुतबा बढ़ता जा रहा था। वे बीच-बीच में मुझे पढ़ाई करने के लिए कहते। अब ढाबे को लेकर मेरे भीतर कोई संकोच न रहता। कई बार तो कॉलेज से सीधे पहुँच जाती और कई बार कॉलेज से पहले आ जाती और सहेलियाँ मेरे लिए ढाबे पर रुकी रहतीं। ढाबे के साथ बाज़ार के भी सारे काम निपटाती। जैसे ही ग्राहकी खत्म होती, वैसे ही मैं साइकिल पर सवार हो जाती। नहीं...नहीं, साइकिल मुझ पर सवार हो जाती।

साइकिल से कोयला लेने भी जाती। स्टेशन के उस पार कोयले का डग था। डग के सामने पैसेंजर रुकती और लाल-लाल दमकता कोयला निकलता। ट्रेन चली जाती और डग से साइकिल के कैरियर पर कोयले की बोरी दबाए मैं ढाबे की ओर चल देती। पिता को बाज़ार का कोई भी काम न करने देती।

साइकिल चलाने और बाज़ार के काम करने में मेरे भीतर बिन्नी के जैसी लहक भरती थी। उसे देखते ही दोनों हाथ छोड़ देती। वह जितना ज़्यादा हँसती, उतनी ही साइकिल की गति बढ़ती जाती।

...बिन्नी-सी लहक और गति कॉलेज में भी टहलती थी। प्रिंसिपल सर किसी तरह की अड़चन को फटकने भी न देते थे। बेफिक्री का आलम ऐसा कि लड़कियाँ सब दूर टहलती रहतीं और चौकसी करते, मुस्कुराते हुए वे कभी इस ग्रुप में, कभी उस ग्रुप में पहुँच जाते। कई बार तो पीछे आकर खड़े हो जाते और मालूम ही न चलता। 'सर, सर' कहते लड़कियाँ चहक पड़तीं और सर के ठहाके से कॉलेज गूँज उठता। वे जितनी जोर का ठहाका लगाते थे, उतना ही तेज़ बोलते भी थे। अगर कभी लड़कियों को कोई 'ऐसी-वैसी' बात करनी होती तो वे पहले ही देख लेतीं कि आस-पास 'सर' तो नहीं हैं।

प्रिंसिपल सर बरहमेश माँग और पूर्ति के सिद्धान्त पर अमल करते हुए कॉलेज में स्टॉफ और दूसरी सुविधाओं के लिए सब दूर पत्र लिखते रहते थे क्योंकि प्रिंसिपल, बड़े बाबू और चौकीदार...कॉलेज में स्टॉफ के नाम पर ये तीन ही थे। फिर भी कोई क्लास खाली नहीं छूटती थी। सर राजनीति शास्त्र के अलावा अर्थशास्त्र और समाजशास्त्र भी पढ़ाते। जब फर्स्ट ईयर की क्लास चलतीं तो सेकेण्ड और फाइनल ईयर की लड़कियाँ बगीचे में जाकर समोसे खातीं या बैडमिंटन खेलतीं।

खाली पीरियड में हम सब बैडमिंटन पर टूट पड़ते। कुल जमा चार रैकेट ही तो थे। सो, सर की जिम्मेदारी या कहें कि मुश्किलें बढ़ जातीं।

"चलो, चलो, अब उसको दो।" साथ में झिड़कते भी—"चिड़िया नहीं, लड़कियो शटल कॉक बोला करो। अरे, पागल लड़कियो, जमा जमऊअल ही खेलती रहोगी या कुछ और भी सीखोगी? चलो, चलो, नियम से खेलो।"

"नियम...?" सब आश्चर्यचकित हो देखते।

"कहो, कहो। नियम बनते ही टूटने के लिए हैं।"

"सर, सर। हमारी चिड़िया छत पर चली गई।"

"जाओ, और छत पर चढ़ जाओ। देखूँ, कैसे चढ़ोगी बिना सीढ़ियों के!"

"सर आपके कमरे की कुर्सी ले लें?"

ठहाके की जगह मुस्कुराहट जिसके माने जो करना हो सो करो। किसी चीज़ की मनाही नहीं। लड़कियों में छत पर चढ़ने की होड़ मच जाती। जितना मज़ा लड़कियों को, उतना ही उन्हें भी, कई बार तो कुछ ज़्यादा ही। वे कुर्सी के पास खड़े हो जाते।

"अरे। तुम सब तो बन्दरिया हो, बन्दरिया। सँभल के, सँभल के भई, नहीं तो तुम लोगों की अम्माएँ मेरा सर फोड़ देगीं।"

कबड्डी, खो-खो, घोड़ा मार खाई, कैरम और बैडमिंटन–इस सबमें पढ़ने से ज़्यादा मज़ा आता। धीमी गति की साइकिल प्रतियोगिता के दिन तो बहुत जिद की सबने–"सर, साइकिल रेस कराइए न।"

उन्होंने एक न सुनी–"अरे लड़कियो, तेज़ गति से ज़्यादा मुश्किल है, धीमी गति की साइकिल चलाना।"

सबकी साइकिलें खूब टकराईं। टकराहट ने इतना ज़्यादा हँसाया कि कोई भी निर्णायक सीमा रेखा तक न पहुँच पाया।

...गाँव ऐसे होते हैं? कितने सुन्दर होते हैं? कैसी ठण्डी हवा चल रही है? गाय ऐसे रँभाती हैं? भैंस इतनी देर तक पानी में कैसे बैठी रह सकती है? ये खेत हैं? हल ऐसे चलता है जैसी आश्चर्यजनक बातें कोई नहीं कर रहा था। इसके उलट अपने कहानी-किस्सों से भरी लड़कियाँ कॉलेज के एन.एस. एस. कैम्प में बैतोली गाँव की ओर जा रही थीं। अब सात दिन सब एक साथ रहेंगे।

कैम्प में सुबह अर्चना बहुत धीरे-धीरे नाजुक हाथों से झाडू लगा रही थी।

सर बोले–"ऐ, घर में भी तुम ऐसे ही झाडू लगाती हो? मुझे तुम्हारी अम्मा से मिलना होगा।"

वह 'नहीं, नहीं' कहते बहुत शरमाई और असल की झाडू लगाने लगी।

"ऐसे, हाँ, ऐसे। अब बनी बात।" कहते सर जोर से हँसने लगे।

सुबह से सब सफाई अभियान में जुट जाते। हमने खूब सोखते गड्डे बनाए। पानी की निकासियाँ बनाईं। कुओं की सफाई भी की। लिपाई-पुताई की और एक छोटी-सी बनती हुई सड़क पर काम भी किया। इन सारे कामों में सर सबसे आगे रहते। लड़कियों में रोमांच, साहस और उत्साह की बाढ़ आ जाती।

'गोबर कैसे खाद में बदले' गाँव वालों के संग हम सबने भी सीखा। रजिस्टर लेकर घर-घर जाते। कितने बच्चों को टीके लगे, कितनों को नहीं, किसको कौन-

सी बीमारी है और बीमारियों से कैसे बचा जाए और फिर इसके बाद पेड़ के नीचे पाठशाला–साक्षरता अभियान की किताबें हाथ में लिए सर एक-एक कर हम सबको पकड़ाए जा रहे थे। अब सब लड़कियों को अपने आस-पास के बुजुर्गों को पढ़ाना होगा। इस तरफ तो कभी हमने सोचा ही नहीं था। पिता सुनेंगे तो कितना खुश होंगे!

हो सकता है, अब सर भी ढाबे पर आने लगें?

...शाम को गाँव वालों के संग गाना-बजाना और किस्से-कहानी का दौर चलता। एक रात हम लोगों के संग गाँव की लड़कियों ने अंत्याक्षरी खेली। सर कभी हमें क्लू देते और कभी उन्हें। समझ न पड़ता किसको जिताएँगे, किसको हराएँगे? सर को एक से बढ़कर एक गाने याद हैं...। लेकिन जब क्लास लेते हैं, तब कोई सोच भी नहीं सकता कि अरस्तू और प्लेटो के सिद्धान्त पढ़ाने-समझाने वाला हमारे टाइप के फिल्मी गाने भी गा सकता है?

...फिर औरतों ने बाजी सँभालते हुए ढोलक के संग खूब गारी गाईं। शुरू में तो लड़कियों को बड़ा मज़ा आया। लेकिन जब गारियाँ पूरी उठान पर आईं तो सबकी हालत खस्ता हो गई।

सात दिन के कैम्प ने लड़कियों में फुहारें भर दीं।

इधर कॉलेज में धीरे-धीरे नियुक्तियाँ होने लगीं। होमसाइंस, अर्थशास्त्र, राजनीति शास्त्र, समाजशास्त्र और हिन्दी पढ़ाने वाले आ गए।

सर हम सबसे पूछते–"घर में कितने घंटे पढ़ती हो? घोंटती हो कि समझकर पढ़ती हो? लड़कियो, रट्टू तोता तो नहीं हो तुम लोग?"

फिर तुरन्त बात पलट देते–"अच्छा, बताओ, क्लास में क्या-क्या पढ़ाई हुई आज? कौन सी मैडम तुमको सबसे अच्छी लगती हैं? वो किताब से पढ़ा रही थी कि नोट्स से?"

लड़कियाँ सब कुछ बता देतीं–"फलाँ अच्छा नहीं पढ़ातीं। जल्दी-जल्दी जैसे-तैसे निपटाती हैं। हमें कुछ समझ नहीं आता। वो क्या कहती हैं।"

–"ठहरो। अभी एक खर्रा देता हूँ। दिमाग ठिकाने लग जाएगा।" वे मेमो टाइप कराने लगते।

जो मैडम ठीक से न पढ़ातीं या पीरियड लेने देर से आतीं या जल्दी छोड़ देतीं तो लड़कियाँ कहतीं–"अब इन्हें खर्रा मिलेगा, तब समझ आएगा। दिमाग ठिकाने लग जाएगा भैया!"

“प्रिंसिपल सर ने इनको बहुत सर चढ़ा रखा है। ये सब गँवार हैं और गँवार ही रहेंगी। बिलकुल भी 'एटीकेट्स' नहीं है इन लोगों में।” कहते बड़ी हिकारत से होमसाइंस वाली मैडम बोलतीं, दूसरी सहमति में कभी 'हूँ' में सिर हिलातीं, कभी आँखें मटकातीं। हममें से कुछ को हँसी छूट जाती। कुछ सर के पास पहुँच जातीं– “फलाँ मैडम हमको गँवार कह रही थीं। सर, हम गँवार हैं क्या? ये मैडमें हमें ऐसा क्यों बोलती हैं?”

“मैडमें नहीं, मैडम।” मुस्कुराते हुए हिन्दी वाली मैडम बोलतीं।

एक बार अर्थशास्त्र की क्लास जल्दी छूट गई। सर कमरे से बाहर आ गए। “ऐ तुम लोग यहाँ क्या कर रहे हो? क्लास में क्यों नहीं हो?”

“सर! मैडम ने क्लास ज़ल्दी छोड़ दी तो हम बातें कर रहे हैं?

बस, फिर क्या था! अगले दिन ठीक समय पर क्लास शुरू हुई और ठीक आठ चालीस पर 'एडम स्मिथ ने कहा कि...' अधूरे वाक्य के संग खत्म भी हो गई। घड़ी देखते हुए फट से किताब बन्द कर गुस्से से लड़कियों को घूरते हुए मैडम क्लास से चली गईं। शोर सुनकर सर क्लास में आते कि सब उनके कमरे में पहुँचीं और फुसफुसाते बोलीं–“सर, ये खर्रा क्या बला होती है। काम लगवा दिए आपने हमारे अर्थशास्त्र के।”

सर ने घंटी बजाई। मैडम आतीं कि सारी लड़कियाँ हँसते हुए भाग खड़ी हुईं।

क्लास शुरू होने में पाँच मिनट की भी देर होती तो सर बेचैनी में टहलने लगते। हम सब कहते–“कोई बात नहीं सर। परेशान मत होइए। एक खर्रा दे देना। सब ठीक हो जाएगा।”

...पाँचवें कमरे में लायब्रेरी खुलने जा रही थी...।

...चौथे और पाँचवें कमरे का दरवाजा एक ही था। रेल के डिब्बे की तरह चौथे से पाँचवें और पाँचवें से चौथे में आ-जा सकते थे लेकिन ऐसा कोई करता नहीं था।

एक दिन मैं और संगीता जल्दी कॉलेज पहुँच गईं रामभरोसे दादा ताले खोलकर कहीं चाय पीने या बीड़ी फूँकने चले गए थे। हम दोनों पाँचवें कमरे में घुस गए और साँकल लगा ली। अब चौथे से पाँचवें में कोई नहीं आ सकता था।

पाँचवाँ कमरा खुलता था, लेकिन बन्द नहीं होता था। दरवाजे के दोनों पल्ले गाायब और चौखट? वह इतनी जर्जर कि छूते ही हाथ में आ गई। कभी न बन्द होने वाले दरवाजे के उस पार जो दुनिया थी, वह कॉलेज के भीतर की है, इसका हमें अन्दाजा ही न था।

सूखे पत्तों और ऊबड़-खाबड़ बगीचे को देखकर हम चकित हो गए। एक-दो नहीं, हज़ार रेशेदार पत्ते हममें सनसनी भरने लगे। हम नंगे पाँव चलते चले गए और पेड़ों पर चढ़ने-उतरने लगे। फिर धीरे-धीरे हम दौड़ने लगे। कुछ देर बाद हमारे दुपट्टे पोटली में बदल गए, जिनके भीतर से सूखे पत्ते किसी रहस्य की तरह झाँकने लगे।

फिर हमने सूखे पत्तों के पहाड़ बनाए और बहुत सुन्दर छोटी-सी पगडंडी बनाई। सूखे पत्तों का साथ और उनकी आवाज़ हमें बौराए दे रही थी।

लेकिन सिर्फ हम ही नहीं, दूसरे भी बौरा रहे थे। चौंकना डर में बदलने लगा। चौथे कमरे में इकोनॉमिक्स की क्लास से 'भीतर कोई है? कोई है भीतर?' घिग्गी बँधने जैसी फुसफुसाहटें और आवाज़ें पास आने लगीं। आवाज़ों की आवा-जाही सबको सुन्न कर रही थी। हम दबे पाँव आकर किवाड़ से चिपक जाते और सेंध से झाँकते हुए लौट-लौट जाते। क्लास में जबरदस्त सन्नाटा छा जाता।

हमने जल्दी से पहाड़ और पगडंडी को ऐकमेक कर दिया। सूखे पत्तों की सरसराहट इतनी जबरदस्त कि 'भूत-भूत! भागो-भागो!' लड़कियों से पहले किताबें दबाए मैडम ने दौड़ लगा दी। भला हो कि हम दोनों ने चूड़ियाँ नहीं पहनी थीं... वरना 'चुड़ैल...चुड़ैल' हो जाते।

एक पत्थर पर चढ़कर उस पार देखा। सब मैदान में इकट्ठे हो गए। प्रिंसिपल सर को बुलाने के लिए बड़े बाबू दौड़े। रामभरोसे दादा पुलिस को बुलाने की बात करने लगे। कैलाश सिपहिया उनका दोस्त जो ठहरा। हम भी इतना ज़्यादा डर गए कि बाहर न निकले।

"सर, जल्दी कीजिए। पीछे कोई है।" बड़े बाबू कुछ ज़्यादा ही हड़बड़ा रहे थे।

हाथ में ताला लिए रामभरोसे दादा—"सर, ताला लगा देता हूँ। आप जल्दी से थाने फोन कर दीजिए।"

अब घिग्गी बँधने की हमारी बारी थी। एक-एक लड़की को टटोलते प्रिंसिपल सर—"अरे वो दो शैतान लड़कियाँ कहाँ हैं?"

हम चीखे—"सर, सर! प्लीज, ताला मत लगाइए!"

"क्या कर रहे हो तुम लोग यहाँ?" चीखते हुए वे बहुत ज़्यादा गुस्से में थे।

दो पीरियड तक कान पकड़कर खड़े रहने की सजा देते हुए अपने कमरे में चले गए लेकिन एक पीरियड भी पूरा न हो पाया कि वे पिघल गए–"चलो, चलो, क्लास में जाओ। आइन्दा से ऐसा नहीं करना।"

पेड़ हमें ताकते रह गए...डगालें मुस्कुराने लगीं।

भैया कॉन्वेंट स्कूल में पढ़ता था। चाय पीने में उसे घंटा भर लग जाता। बेमन से तैयार होता और हिलाए न हिलता। बस के आते ही ढाबे पर पीछे राख के ढेर पर बैठ जाता। कई बार किवाड़ बन्द कर लेता और जूतों में राख भिड़ा लेता।

पिता उसे जबरन बस में बिठा देते। वह गुस्से में अपने बाल बिगाड़ लेता। कॉन्वेंट की सिस्टर पिता को बार-बार स्कूल बुलातीं और हर बार कहतीं–''आपका बच्चा पढ़ने में बहुत कमज़ोर है।''

घर आकर भैया कहता–''कक्का, तुम हमारे स्कूल कपड़े पहनकर आया करो। सब चिढ़ाते हैं हमें, तुम्हारी लुंगी-बनियान को लेकर। तुम लुंगी-बनियान में क्यों आते हो? कुर्ता-पाजामा पहन कर आया करो।''

...और तो और, भैया बाबू को कक्का का नाम भी बुरा लगता। कहता–''बाई कक्का। तुम दोई अपने नाम बदल लो।''

माँ से कहता–''तुम 'भँवरी बाई' नाम मत कहा करो अपना। कोई तुमसे पूछे कि तुम्हारा नाम क्या है? तो कहा करो–'कौशल्या।' और कक्का, तुम? तुम अपना नाम मोहनलाल की जगह 'एम एल सिंह' कर लो।''

माँ हँसती और पिता कहते–''कैसा बेवकूफ है साला। भौंदा कहीं का! पढ़ने पर ध्यान दे, पगले। फालतू बातें मत किया कर यार तू।''

कॉन्वेंट को लेकर तरह-तरह की बातें होतीं। जब भी सिस्टर निकलतीं, उनके पहनावे और गले में लटकते क्रॉस को देखने भीड़ लग जाती। वे जैसे ही पलटतीं, लोग फक्क हो जाते। जैसे ही आगे बढ़तीं, लोग फिर पीछे लग जाते। जिस दुकान पर जातीं, लोग उसमें भी घुस जाते।

बतोलेबाज और नम्बर एक के फाँकू अज्जन चच्चा एक खबर लाए। सिस्टर बच्चों के सामने एक पानी की बाल्टी लेकर आती हैं और टेबल पर पत्थर के छोटे-से गणेश जी और लकड़ी का क्रॉस रख देती हैं और बच्चों से कहती हैं– ''देखो। जो असली गॉड होगा, वह पानी में डूबेगा नहीं, और जो गॉड नहीं होगा, वो डूब जाएगा।''

अज्जन चच्चा आगे और भी बहुत कुछ कहते। कॉन्वेंट में पढ़ने वाले बच्चों को औरतें घेरकर बैठ जातीं और बच्चे कभी कुछ कहते, कभी कुछ...कभी कुछ और ही...।

फुर्सत का एक नया खेल सबके हाथ लग गया जिसमें वो घंटों गुज़ार देते। कुछ कॉन्वेंट में बच्चों को पढ़ाने के सख़्त खिलाफ और कुछ तो कहते–"स्कूल ही बन्द करा दो।"

असली बात किसी को मालूम नहीं थी। किसी ने ऐसा होते देखा तो था नहीं। हाँ, अज्जन चच्चा की ज़रूर उचट के लग गई। लोग पूरी बात जानने के लिए उनके पीछे लगे रहते। वे रोज़ नए किस्से गढ़ते। फिर उनका हाल भी बच्चों जैसा हो गया। कभी कुछ कहते, कभी कुछ और...कभी बिलकुल नया कहते। कभी कहते–

"छोड़ो भी भैया। का एकई बात के पीछे लग गए हो तुम सब?"

लेकिन मज़ा तो तब आया, जब उनके बच्चे भी कॉन्वेंट जाने लगे। अब भूले से भी चच्चा वो बात न दोहराते।

भैया की पिता ने स्कूल में ही ट्यूशन लगवाई। डेढ़ बजे छुट्टी हो जाती, लेकिन वह चार बजे तक स्कूल में रहता। मैं रोज़ साइकिल से उसे लेने जाती। ट्यूशन के बाद भी वह फेल हो गया और कॉन्वेंट वालों ने उसे आगे पढ़ाने से मना कर दिया। पिता ने बहुत मिन्नतें कीं। हाथ-पाँव जोड़े, कई वादे किए। सिस्टर आखिरी चेतावनी देते हुए बोलीं–"अगर दुबारा फेल हो गया तो किसी भी हाल में स्कूल में नहीं लेगा।"

कॉन्वेंट को लेकर मैं जब-तब पिता से लड़ पड़ती। लड़ते-लड़ते एकदम उनके सामने बैठ जाती और बिना पलक झपकाए एकटक उन्हें देखते कहती–"कक्का, तुम भी कम बेईमान नहीं हो। तुमने भैया को कॉन्वेंट में पढ़ाया। हमें क्यों नहीं?"

"तेरे समय कहाँ था कॉन्वेंट स्कूल...?"

"झूठे...आठवीं के बाद डाल देते। बोलो, बोलो, अब बोलो।"

"खामों-खाँ भिड़ती है यार तू। अपने यहाँ कॉन्वेंट स्कूल आठवीं तक ही तो है।"

"अरे, ये तो चोट हो गई।" सिर को पीटते फिर भी पीछे न हटती।

"अच्छा, चलो, सब मान लिया हमने। भैया के बाद फिर तुमने नीरा को क्यों नहीं कॉन्वेंट में पढ़ाया?"

"अरे यार! तू तो पोल पकड़ लेती है आदमी की।" कहते उनकी हँसी रोके न रुकती।

"और कक्का, भैया पढ़ता भी नहीं है।"

हँसी पश्चात्ताप में बदल जाती—"हाँ...यार, ये एक पाप तो हो गया हमसे... ।"

एक नहीं, कई अर्थों से भरी मुस्कान मेरे चेहरे पर आ जाती, जिसे चाहते हुए भी न रोक पाती।

"अच्छा। चलो, चलो। माफ किया हमने।"

लेकिन धीरे-धीरे कॉन्वेंट को लेकर मैंने उन्हें छेड़ना बन्द कर दिया क्योंकि वो सचमुच बहुत दुखी हो जाते थे।

शिवा की चिट्ठी आई। लड़का बैंक में सर्विस करता है। लड़के और उसके घर वालों की तारीफ के पुल बाँधने में उसे जगह कम पड़ गई। बुरादे की सिगड़ी की तरह ठसाठस चिट्ठी के कोने तिकोने भी भरे हुए थे। 'लड़के वालों की कोई विशेष माँग नहीं, बस स्वागत सत्कार होना चाहिए अच्छे से।' यह बात खासतौर पर अंडर लाइन की हुई थी। पूरे घर में जुगनू टिमटिमाने लगे।

भट्ठी की राख खाली करने के बाद छोटे-से कंडे पर मिट्टी का तेल डालते हुए मैंने पिता को बी.ए. पूरी करने देने का उनका वादा याद दिलाया। उनके एक हाथ में कोयले से भरी तगाड़ी थी और दूसरे में माचिस। मुझे अनसुना करते हुए कंडे को माचिस दिखाते वे भट्ठी में कोयले डालते रहे। ढाबे के साथ उनकी आँखों में भी धुआँ भर गया।

फिर एक दिन अचानक शिवा धमक गई। फोटो-दिखाई करने के बाद उसने कुंडली भी मिलवा ली थी। सोलह-अठारह नहीं, पूरे बत्तीस गुण मिले। मेरी कुंडली इसके पास थी? आशा जीजी, उषा जीजी और अन्नी भी शाम तक आ गईं। शुक्र है, नानी और बुआ नहीं आईं। एक तरह से बात पक्की हो चुकी थी या होने-होने को थी। राख, कंडे, माचिस और धुएँ को पीछे छोड़ते मैंने सीधे-सीधे कहा–"कक्का, मैं शादी नहीं करूँगी। पढ़ूँगी और नौकरी करूँगी।"

दूसरे दिन लड़के वाले भी आ गए। मैं किसी भी तरह तैयार नहीं थी। सब मुझे मनाने में जुट गए। उसके घर और नौकरी की डींगें हाँकते सबके मुँह थकने का नाम न ले रहे थे लेकिन मैं लड़के के सामने जाने को तैयार न थी। लड़का और उसका भाई बाहर वाले कमरे में बैठे हुए थे।

लड़का कह रहा था–"जल्दी ही शादी करेंगे।"

शिवा कह रही थी–"इतनी जल्दी...।"

वो कह रहा था कि–"वो क्या है कि घर में सबसे बड़ा मैं ही हूँ और छोटी

बहन की भी शादी हो गई है। माँ को अब काम करने में दिक्कत होती है, सो, मैं माँ को अब आराम देना चाहता हूँ। कोई काम न करे, अब वो आराम से बैठे बस्स...बहुत कर लिया काम। थक जाती है काम करते-करते।''

शादी यानी घर के सारे काम-काज, जो मुझसे होते नहीं और बाज़ार का एक भी काम मेरे हिस्से नहीं। मेरी ज़िद को और ताकत मिल गई।

सब मुझे घर की इज्जत रखने को कह रहे थे। जब मैं प्यार से नहीं मानी तो पिता ने मुझे कड़ककर डाँटा–''अगर तुमने हमारी बात नहीं मानी तो जिन्दगी भर के लिए हमारा तुम्हारा रिश्ता खत्म। हम तुमसे कोई वास्ता नहीं रखेंगे। जो तुझे समझ में आए सो करना।''

पिता जब बहुत ताव में होते तो बड़ी अफसरी स्टाइल में बात करते थे। माँ से बोले–''समझना रज्जो, यह अपने घर में है ही नहीं आज के बाद।''

मैं ठूँठ बनी खड़ी रही।

माँ एकदम सीधे पहली बार पिता पर बरस पड़ी–''रज्जो, तुमने सिर चढ़ाओ है जाए। अब वा तुमसे ही नहीं डट रही और भेजो कॉलेज। घुमाओ पूरे शहर में, और लड़वाओ चुनाव। दोई बाप बेटी ए भूत सवार हो गओ थो नेतागीरी को। तुम भौत बड़े नेरू हो, जो जाए इंदिरा गाँधी बना रहे थे। भुगतो अब...। तुमरे संग-संग मेरी भी मरण है। बुलाओ उन्हें अब। तुमरे भौत सगे हैं न दीवान सिंह। बुलाओ और वे ही समझाएँ जाए। आग लगी कंजर औलाद...जा का कोई औलाद है। अरे जा तो पिछले जनम को पाप है पाप।'' उसके प्रवचन चालू हो गए थे, जो रुकने का नाम नहीं लेते थे–''अरे साँड बन गई अब तो जा। एकाध की जान लेकेई दम निकलेगो जाको।''

माँ बहुत रंज में आ गई। पिता न अंगारे में बदल रहे थे और न बुझे कोयले में। यह भट्ठी का समय था और हम सब घर में थे।

आशा जीजी मुझे घूरे जा रही थी। मैंने ढाबे को जाने के लिए चाबी उठाई कि उसने मेरा हाथ पकड़ा और दो तमाचे दिए मिलाकर–''कहाँ की नौकरी मिल रही है तुझे? बड़ी लाट साब बनी है तू! कहाँ को खसम है तेरो, जो तेरे लाने नौकरी लएँ बैठो है? हम भी तो समझें जरा।''

कोहराम मच गया। लड़के वालों को शायद कुछ समझ आ गया। उन्होंने शिवा को आवाज़ दी। उसकी आँखें एकदम लाल हो रही थीं। उसने पानी पिया और बाहर गई।

लौटकर बोली–''वे लोग कह रहे हैं, जल्दी से लड़की को भेजो। उन्हें जाना है।'' आँखों का रंग शब्दों पर चढ़ गया।

अब फिर से सबने मेरे हाथ जोड़े। मुझे पानी भी पिलाया, लेकिन मैं टस से मस नहीं हुई। ''नहीं, मतलब, नहीं। कह दिया न एक बार। बस्स।''

फिर एक तुर्रा चलाया–''मुझे लड़का और उसका नाम पसन्द नहीं है। जिसे पसन्द हो वह कर ले।''

मैंने गुस्से में शिवा को पकड़ लिया–''बहुत लुक-लुक करती है तू...। कल्ली कहीं की...! तू ही कर ले न इससे शादी।''

उसे मुझसे ऐसी उम्मीद नहीं थी। आश्चर्य से देखती रह गई।

तीनों काकी भी सारा माजरा ताड़ गईं। उन्होंने भी मुझे समझाने की कोशिश की। मैंने तड़ से जवाब दिया–''काकी इत्तो ई अच्छो है तो...तुम्हीं कर लो ना।''

पिता मुझे मारने दौड़े, लेकिन मारा नहीं।

धमाल सुनकर लड़का और उसका भाई अन्दर आ गए। उन्होंने शिवा को सबके सामने खूब खरी-खोटी सुनाई–''हमें क्या यहाँ बेइज्जत करने बुलाया था भाभी? आपको पहले अपनी बहन से पूछना चाहिए था।''

बिना खाना खाए वे स्टेशन चले गए जबकि ट्रेन आने में पूरे चार घंटे थे। शादी का मुहूर्त निकालने आए महाराज भी पंचाग को झोले में डाल ठण्डी साँस भरते उठ गए।

आशा जीजी ने मेरी जन्म-पत्री की चिन्दी-चिन्दी कर दी। घर जैसे श्मशान बन गया। सब अँधेरे में बैठे रहे। माँ ने दीया-बाती भी नहीं की। शिवा ससुराल वालों के डर से गली के टेढ़े-मेढ़े जीनों पर जाकर बैठ गई। ससुराल में सब क्या कहेंगे, इस डर ने किसी को एक निवाला भी नहीं निगलने दिया। बहुत दिनों तक किसी ने मुझसे बात नहीं की। शिवा ने भी नहीं।

जिस दिन वह नागपुर जा रही थी, उस दिन मैं 'शिवा-शिवा' कहते उससे लिपट गई। उसके विराम और विस्मय को अपने भीतर भरते मैंने कहा–''अब तुम मेरे लिए कभी भी कोई लड़का मत ढूँढना–ऐं...?"

''मोटी, अब तेरे से करेगा भी कौन? वो भी नागपुर साइड? कित्ती बड़ी-बड़ी बातें करती हैं और अभी तक तुझे विराम और विस्मय चिह्न लगाने नहीं आते। और अपनी राइटिंग देखी है तूने कभी! ऐसा लगता है, जैसे झींगा स्याही में डूबकर कागज पर मचल गया हो।''

मैं उसे विस्मय से देखती रह गई।

शिवा के जाते ही दोनों जीजी और अन्नी भी डर से डरती हुई अपनी-अपनी ससुराल चली गईं।

पिता से बात करने की मेरी हिम्मत नहीं पड़ती थी। चुपचाप सारे काम करती रहती। दिन-रात उनके साथ रहती। लेकिन कुछ कहना तो दूर, वह मेरी ओर आँख उठाकर भी न देखते।

रात को ढाबे पर मैं और पिता अकेले थे। मैंने कहा–"कक्का, हम कोई गलत काम नहीं करेंगे। बस, हमें पढ़ने दो। मैं वो कॉलेज वाली मैडम की तरह नौकरी करूँगी।"

आँख भर मेरी ओर देखते बोले–"जाओ, नमकीन ले आओ, तब तक मैं दाल बनाता हूँ।"

क्या पिता मेरा प्रैक्टिकल कर रहे थे? क्या ये भी ऐसा सोचते हैं कि आर्ट्स पढ़ने वालों का प्रैक्टिकल होना चाहिए और ये जो हुआ, उसमें कैसी अदृश्य भूमिका निभाई–न परदा उठाया, न गिराया! न भट्ठी जलाई, न बुझाई! धुआँ भी किया और कोयलों को अंगारे में भी बदल दिया। फिर मेरा ही क्यों? पिता का भी प्रैक्टिकल होना चाहिए।

मैं नमकीन लेने जाती और पिता दाल बनाने के लिए हत्था चढ़ाते कि चाचाजी आ गए। वो मुझे देख हँसने लगे और मैं 'चाचाजी' कहते उनसे लिपट गई। मुझे पुचकारते बोले–"पढ़ो, पढ़ो, खूब पढ़ो बेटा। कोई तुमसे कुछ नहीं कहेगा और अगर कोई कुछ कहे तो हमारा बोल देना। हम बात करेंगे। तुम अच्छे से पढ़ाई करो। फिर तुम जो कहोगी, वो दिलाएँगे हम तुम्हें।"

"चाचाजी, टेबल लैम्प।"

"हाँ, हाँ। बहुत शानदार टेबल लैम्प दिलाएँगे। जैसा तू कहेगी, वैसा ही। यहाँ नहीं मिलेगा तो मैं भोपाल से लेकर आऊँगा।"

पिता से बोले–"दादा, मोड़ी झटक गई इन दो-चार दिनों में ही।"

मुझे रोना-सा आया, लेकिन मैंने दबा लिया।

दीवान सिंह चाचाजी और अजब सिंह फूफाजी। चाचाजी पिता के सगे छोटे भाई नहीं और फूफाजी सगे बहनोई नहीं, लेकिन रिश्ता ऐसा पक्का कि क्या सगे!

दुनियादारी में चल रहे सारे शब्द उसको समझने और बताने में असफल।

चाचाजी का पूरे जिले में बड़ा मान-सम्मान। बड़े किसान, साथ में राजनीतिक रुतबा। पहले सरपंच, फिर मण्डी अध्यक्ष और अब विधानसभा की तैयारी। चाचाजी के जीवन के हर सफर में पिताजी का बड़ा हाथ रहा। पिता चाचाजी को बहुत प्यार करते थे। चाचाजी के साथ होने से छोटे-मोटे तो यूँ ही किनारे हो गए।

फिर भी दबे स्वर में रिश्तेदार कहते–"नेता आदमी ठहरे। 'हाँ-हूँ' करना उनका काम है। हम तो तब जानें जब वे अपनी लड़कियों को भी पढ़ाएँ और नौकरी कराएँ। खुद की मौड़ियों की तो टाइम पे शादी कर रहे हैं, और तुमें चालें लगा रहे हैं। आदमीए बराबरी में दोस्ती-यारी करनी चाहिए। कहाँ वे और कहाँ अपन!"

धीरे-धीरे सब कुछ ठीक होता जा रहा था लेकिन जाने कैसे यह बात पूरे शहर में फैल गई। कॉलेज में आए दिन कोई-न-कोई लड़की पूछ बैठती–'तुमने शादी के लिए मना कर दिया!' कहते ही उसकी आँखें फट जातीं, जैसे उसने दुनिया का आठवाँ आश्चर्य देख लिया हो। छोटी-सी बात को कैसे फैलाया जाए कि उसके आगे तिल का ताड़ भी छोटा पड़े, यह कोई यहाँ से सीखे।

मोहल्ले की भाभियाँ भी मुझे चिढ़ातीं–"काए, बबली बाई? शादी नहीं करोगी तो का करोगी जीवन भर? मीरा बाई बनोगी का?"

कलेजा चीर देने वाली हँसी के संग आँखें मटकाते कहतीं–"हओ, मन्दिर भी बगल में ई है। कहीं और नहीं जाने पड़ेगो। जंगलों की खाक छानते मत फिरना बिन्ना।"

हर ओर यही बातें–"देखो, अब लड़कियाँ भी शादी के लिए मना करने लगीं। क्या जमाना आ गया भैया! अरे, उनकी फलाँ की लड़की ने कह दिया, लड़का पसन्द नहीं हमें।"

मेरी जितनी मरण सो मरण, बहनों की मुझसे ज़्यादा मरण। मेरी वजह से अब वे अपनी ससुराल में दबी-दबी रहती हैं। उन्हें खूब ताने सुनने पड़ते हैं। अब वे कुछ ज़्यादा ही रोई-रोई सी रहतीं।

प्रेम की कोई लहर मेरे भीतर न आने पाती थी। वो तो शालू-शिवा अपने संग ले गईं। मेरे लिए प्रेम के माने थे गलत काम। मेरा पहला प्यार खिलने से पहले ही मुरझा गया जिसकी याद आज भी पतझड़ को जन्म देती है।

मैं घंटों चाँद को देखती रहती। ढाबे से चाँद दिखता भी बहुत अच्छा। उसे

देखने के लिए अलग से समय नहीं निकालना होता था और न ही छत पर जाना होता। वह तो बड़ी आसानी से काम करते-करते दिखता। भट्ठी से दिखता और किसी काम से पीछे राख के ढेर पर जाते तो वहाँ भी दिख जाता। कई बार तो ऐसा लगता, जैसे चाँद भी हमारे साथ ढाबे पर काम करता है, हमारा हाथ बँटाता है। मैं जी भरकर चाँद को देखती और अगर कभी वो बादलों में छिप जाता तो 'आज फिर चाँद काली राहों में खो गया' जैसा कुछ सोचती।

सारी रात समुद्र के सपने देखती। लहरें आतीं और छूकर चली जातीं। बहनों के रोते चेहरे बीच मँझधार में पटक देते और तैरना न जानते हुए भी किनारे लग जाती। दिन-रात आँखों के आगे शालू और पिता घूमते।

...कुछ दिन बाद एक बार फिर पारासरी में उफान आया। बिना बारिश, बिना बाढ़ के कॉलेज डूबने लगा। फर्स्ट ईयर पूरा भी न हो पाया कि प्रिंसिपल सर का ट्रांसफर हो गया। लड़कियों को रोते देख उनकी आँखें भी भीग गईं।...'आदमी रोते नहीं हैं' झूठ बात है यह। पिता तो कितना ज़्यादा रोते हैं और अब सर भी। घुटनों तक पानी में डूबे सर! और लड़कियाँ तो तैरना जानती ही नहीं। हमें डूबते देख पानी की नाव बन गए सर।

बारिश में भीगा रेलवे स्टेशन 'और चिट्‌ठी लिखियो'। क्या सब कुछ एक समय के बाद चिट्‌ठी में बदल जाता है ? हो सकता है, एक दिन रेल भी चिट्‌ठी में बदल जाए! क्या सूखे पत्तों के पहाड़ और पगडंडी पर बनी लायब्रेरी की किताबें भी इस पार से उस पार पहुँच, एक चिट्‌ठी में बदल जाएँगी? क्या सर एक बार फिर आएँगे? शायद हाँ, शायद नहीं। ऐसा होता तो नहीं है।

चारों ओर कनातें तनी हैं। खेत पर पानी सींचा जा रहा है। दोने और पत्तलों के ढेर लगे हैं। ढाई-तीन हजार लोगों की पंगत है। यह कोई स्वप्न नहीं है। आशा जीजी की सास नहीं रहीं। बड़ी जीवट की महिला थीं। पूरे निन्यानवे बरस जीं।

सात गाँव से लोग आए हैं। लम्बा-सा पिछौरा ओढ़ें औरतें खेप में चली आ रही हैं, गेवड़े यानी गाँव की सड़क लगने से पहले वाली कच्ची गली से ही डकराती हुईं। वे इस कदर रो रही हैं कि कलेजा फटा जा रहा है।

"अरे, मेरी जीजी तुम कितै चली गईं। ऐ...जीजी, मोए भी ले चलतीं...।"

"अरे, पूरो जीवन-अई ऐसे ई चलो गओ...। ऐ...माई, मोए भी ले चलतीं...।"

"सुख के चार दिन न देखे...दुक्खों के टीला पे ई बैठी रईं। ऐ...लालाजू तुमें कैसी भरी दुपहरिया में छोर गए थे...। कैसे तुमने अपनी गिरस्ती अबेरी...। कैसे मोड़ा-मोड़ी पाले। ऐ, फफू हमें छोड़ के काए चली गईं...।"

"अटारी से ई जमीन हकवात रईं। कैसो कर्रो कलेजो पाओ थो। कोई से ई नईं डटीं...। अरे, मेरी काकी अटारी सूनी हो गई तुमरे बिना.....।"

"अरी, मेरी जीजी। कैसी हाड़ गला-गला के जीं...ईं।...ऐ जीजी, मोए भी ले चलतीं....।"

रोना भी लय में, बोलना भी लय में। फिर अचानक सन्नाटा। फिर दूसरी, तीसरी, चौथी खेप। वही रोना, वही आवाज़ें।

खेत के एक कोने को छोड़ सब ओर बिछावन बिछ रही है। पूरे गाँव का चूल से न्यौता है। औरतों की पंगत भीतर है, आदमियों की बाहर खेत पर।

बिना बिछावन वाले खेत के कोने में खुद की पत्तल, खुद के दोने और हाथ में लोटा लिए वे सब एक साथ सिकुड़े हुए बैठे हैं। हद तो तब हो गई जब उनके बैठते ही जो दूर बैठे खा रहे थे, वे ऐसे सिमट गए अपने में, जैसे जमीन भी अछूती

हो गई हो।

परसैये भी कोने की पाँत को दूर-दूर से परोस रहे हैं। खोबा भर-भर कर नुक्ती, थोड़-से सेव, इकट्ठी पन्द्रह-बीस पूरी और रायता दोने में कम, जमीन पर ज़्यादा। दूसरी पाँतों में परसैये बार-बार जाते हैं और इनकी तरफ पलटकर भी नहीं देखते। टोले वाले हाथ जोड़कर सबको प्रणाम करते हुए जा रहे हैं और लोग इनकी तरफ देख भी नहीं रहे हैं।

ऐसी पंगत दिन भर में दोनों तरफ कई बार बैठीं।

एक तरफ डकार पे डकार और बड़े से थाल में जर्दा-सुपारी, चूना, कत्था, पान, फुहारा बीड़ी और कैवेंडर सिगरेट बड़े आदर-सत्कार के साथ पेश किए जा रहे हैं, तो वहीं दूसरी तरफ फटे चिथड़े, सिकुड़ा हुआ पेट, साथ में डर भी कि कहीं वे किसी के रास्ते न पड़ जाएँ। जल से भरा लोटा भी सहमा हुआ।

टोले वाली औरतों की पंगत खेत के पास बने नोहरे यानी घर के पास बना कच्चा मकान, जो कंडे-भूसा और दूसरे सामान को रखने में लाया जाता है में, और बाकी सबकी पंगत बाखर में बैठी।

ये पंगतें हैं या...?

ये जीजी की ससुराल वाली बाई भी जाते-जाते क्या दिखा गईं।

इस मृत्यु भोज से पहले मैं और सीमा पिता के साथ अमऊ-खेड़ी वाले दादा की पंगत में गए थे। हम बहुत छोटे थे और पिता के साथ महावीर मैदान में पंगत खा रहे थे कि बहुत जोर की आँधी चली। देखते-देखते धूल का गुबार आया और सबकी पत्तलों को उड़ा ले गया।

पत्तल में बहुत सारी मिठाइयाँ थीं जो हमने आखिरी में खाने के लिए बचाई थीं। पूड़ी, रायता और आलू की सब्जी हमारे हिस्से आई और फेनी, गुलाब जामुन, इमरती, बालूशाही, बरफी और चम-चम आँधी उड़ा ले गई।

वो रसोई आज भी खूब अच्छे से याद है। जब भी हम मिठाई की दुकान के सामने से गुजरते, आँखों के आगे मिठाई से भरी पत्तल और धूल के गुबार घूम जाते...।

ऐसा नहीं कि धनी और सम्पन्न लोग ही तेरहवीं करते थे। बल्कि जिनके वश में नहीं, वे इज्जत की दुहाई देकर ब्याज पर पैसा उठाकर रसोई करते थे।

इस पर पिता का स्वर बहुत तंज भरा हो जाता–''क्यों दूसरों की नकल में बर्बाद हो रहे हो भैया?''

सहमत होने के बाद भी लोग सहमति में सिर न हिलाते। पिता तरह-तरह से

समझाते। आखिर में खीजकर कहते–"तुमरी एक नहीं, कई फसल बर्बाद हो जाएँ, सोई तुम इसे रोक दोगे।"

अब तो पिता और उनके दोस्तों ने रसोई में जाना छोड़ दिया है। खास रिश्तेदारी में जाते हैं तो कुछ खाते नहीं हैं, सिर्फ प्रसाद लेते हैं और समझाना भी नहीं चूकते।

लेकिन तेरहवीं बन्द होने के आसार दूर-दूर तक न थे। सो पिता, चाचाजी, नटेरन वाले ओंकार सिंह और ग्यारसपुर वाले फूफाजी ने तय किया कि–

"अपन अपनी तेरहवीं नहीं होने देंगे, सौगंध खाते हैं और बाकयदा लिखते भी हैं। जैसे बने, वैसे इस बुराई को मिटाओ भाई। जड़ से मिटे ये बुराई। कम से कम आने वाली पीढ़ी तो इससे बचे।"

उन चारों ने तेरहवीं के साथ-साथ तीसरे साल होने वाले 'पटे' पर भी रोक लगाने की बहुतेरी कोशिश कीं। धीरे-धीरे कुछ लोग 'पटा' बन्द करने पर राजी होने लगे और चाचाजी ने अपने पिता का 'पटा' न करके शुरुआत कर भी दी।

शिवा ने होमसाइंस से ग्यारहवीं का प्राइवेट फार्म भरा था। एक दोपहर कॉलेज से घर आई तो वो लाल आँखें लिए एकदम चुप, ट्रेन जाने के बाद सन्नाटे से भरे खाली प्लेटफार्म की तरह दरवाजे पर खड़ी दिखी। उसे इस तरह खड़ा देख अनहोनी की आशंका से काँप गई मैं। बहुत देर तक हमारे बीच सन्नाटा रहा। फिर ठंडे स्वर में उसने जो बताया, वह कल्पना से परे था।

शालू ससुराल से भाग आई थी। वह कई दिन तक भूखी-प्यासी रही और फिर बिना टिकिट घर के कपड़ों में ट्रेन में बैठ गई। वह सुबह आठ बजे के करीब आई थी और पिता से लिपटकर खूब रोई। कक्का ने उससे कहा है–"मैं जिन्दा हूँ अभी। काहे घबरा रही है?"

वह भीतर लेटी हुई थी। मुझे देखते ही 'बबली...बबली' कह रोने लगी। मुझसे न रोते बना न कुछ कहते। यह एक बहुत बड़ा पहाड़ टूटा। खाली हाथ आई शालू पेट से थी।

ढाबा गई तो गाय को बिजली के खम्भे के नीचे सिर झुकाए खड़े देखा। ये तो इस समय आती नहीं थी। फिर आज क्यों खड़ी है, वो भी इस तरह? मैंने गाय और पिता को एक साथ देखा।

"जाने का खा के आ गई?" कहते पिता हैण्डपम्प से तसले में पानी भरने लगे।

गाय की आँख से पानी और मुँह से झाग टपक रहा था। उसने पानी नहीं पिया और वहीं नल के पास धम्म से बैठ गई। भट्ठी पर रोटी ज्यों की त्यों रखी थी। उसकी आँख का पानी पिता की आँखों में जाने लगा।

पिता ने शालू को भी होम साइंस से प्राइवेट ग्यारहवीं का फॉर्म फरवाया और चाचाजी ने उसे सिंचाई विभाग में पाँच सौ रुपये महीने की नौकरी पर रखवाया।

उसके दिन करीब आ रहे थे और ससुराल से कोई खबर नहीं आ रही थी। वे चुप लगाकर बैठे थे। वह बहुत ज़्यादा चिड़चिड़ी हो गई। एक दिन उसने गुस्से में अपनी सारी चूड़ियाँ फोड़ डालीं।

इधर शालू ने चूड़ियाँ फोड़ीं, उधर चीलगाड़ी बिदक गई। पूरा मोहल्ला उसकी गालियों की आवाज़ से गूँज गया। शाम का समय था और वो रुकने का नाम नहीं ले रही थी।...'चीलगाड़ी को मरघट कूका दे रहे हैं...' गालियों के बीच इसे दोहराते सबको मरघट भेज रही थी। उसने कई घंटे तक गदर मचाया।

दूसरे दिन वो बंजानी बाबू के घर के पीछे वाली गली में बेहोशी में गालियाँ बकते मिली।

इससे पहले तो चीलगाड़ी कभी इतनी नहीं बिदकी। और गाय? वो तो कभी कुछ उल्टा-सीधा खाती ही नहीं थी। अब वह कहीं नहीं जाती। दिन रात ढाबे पर रहती है लेकिन कुछ खाती-पीती नहीं है। क्या सचमुच गाय को झाग आने कभी बन्द नहीं होंगे? और फिर कुछ दिन बाद पहली रोटी निकलनी बन्द हो जाएगी क्या?

कुबड़ी चीलगाड़ी भी पस्त हो गई है क्या? सुमन भाभी अब उसके बारे में कुछ नहीं कहती। पथरिया वाली काकी, मुनीमन चाची और बूढ़ी पटवारिन उसे देख मन-ही-मन कुछ कहती हैं। बगल में बोरा दबाए और हाथ में डिब्बा लिए वो मन्दिर के कुएँ पर बैठी रहती है। और वो इतना ज़्यादा कुएँ में झाँकती है कि...

कुछ लोगों ने उसे कुएँ से खदेड़ दिया। वो भी कम जिद्दी नहीं, गालियाँ बकते-बकते पाठशाला के कुएँ पर जाकर बैठ गई। बैठ क्या गई? दुनिया जहान को कोसते अब कुएँ में गई कि तब कुएँ में गई जैसी हो गई...।

झाग, डर, कुआँ और चूड़ियों की किरचन के बीच शालू को लड़की हुई। उसके सीधे हाथ में छह उँगलियाँ। उषा जीजी भागते-भागते घर गई और तुरन्त डोरा लिए लौटी। बच्ची को गोद में लिटा, फटाफट उसकी छठवीं उँगली में डोरा लपेट दिया। तीसरे दिन डोरे में लिपटी छठी उँगली गिर गई।

अगर हम कोई उसे छिंगली कहकर बुलाते तो जीजी हमें कसकर डाँटती— "ऐ, ऐ। नाम पड़ जाएगो वा को। प्रीति कहा करो...प्रीति। जाको नाम है प्रीति...।"

जीजी उसे हाथों में लिए ऊपर-नीचे करती। वह किलकती जाती...किलकती ही जाती। इतनी ज़्यादा किलकती कि शालू के चेहरे पर भी मुस्कुराहट आ जाती। प्रीति के अगूँठे के पास अब उँगली नहीं, एक निशान था लेकिन शालू के दिलो-दिमाग पर एक नहीं, कई निशान थे।

शालू का हाल देख पिता ने हम तीनों—मैं, सीमा और नीरा के बारे में ठान लिया कि चाहे कुछ हो जाए, अब वे लड़कियों का ब्याह नहीं करेंगे। लड़कियाँ गलत रास्ते जाएँगी, तब भी नहीं। हर हाल में उन्हें अपने पैरों पर खड़ा करेंगे, उसके बाद शादी।

पिता के भीतर अपराध बोध जागता था। उनके हाथों जैसे शालू का जीवन नरक हो गया। "उमर है बच्चों की, गफलत हो ही जाती है" सोचने और कहने वाले पिता अपराध बोध से भरे रहते हैं। वह कौन-सा डर उनके भीतर बैठ गया था कि वह सब कुछ हो गया, जो सोचा ही नहीं था। अपना निर्णय बदल भी तो सकते थे। शायद कोई और डर जुड़ गया होगा। पिता डर की कठपुतली बन गए थे क्या, जो शालू शिवा का चट मँगनी, पट ब्याह हो गया?

और शिवा की मानें तो गफलत शालू से नहीं हुई थी। शालू की सहेली आराधना की गफलत थी जिसमें शालू शामिल रहती थी। और खुद अपनी गफलत के बारे में कहती है कि—"मैं तो देखना चाहती थी कि इस काम में कितना मज़ा आता है। और फिर मैं सड़ी शालू के चक्कर में गोल घूम गई।"

"अच्छा! तो फिर तुमने उस रात बताया क्यों नहीं?"

"मैं कक्का की हालत देखकर डर गई थी।"

और फिर तुरन्त बात पलटते हुए कहती—"वैसे भी जोड़ियाँ ऊपर भगवान के घर बनती हैं।"

उसकी ये बातें मेरे गले न उतरतीं।

और वो कहती जाती—"गफलत शालू की नहीं, आराधना की थी। यह सच्ची बात है। और एक बात बताऊँ मोटी तुझे? कुछ कमीने ऐसे होते हैं, जो गड़े मुर्दे उखाड़ते हैं। देखना, मुर्दे बोलेंगे एक दिन।" भविष्यवक्ता की तरह रुकने का नाम न लेती लेकिन शालू कुछ भी नहीं कहती थी।

'गफलत, गफलत, गफलत।' शालू की गफलत, सहेली की गफलत, या सहेली का साथ देने की गफलत? एक नहीं, कई गफलतें। गफलत के पहाड़ पर बैठे पिता सबकी गफलतों को अपने सिर पर लादे बेवजह खुद को दोषी समझते हैं।

गफलतों की इस आँख-मिचौली में आधी रात के बाद कुत्तों की आवाज़ ने दहशत से भर दिया। हमसे पहले अनिष्ट और भयावह संकट का आभास इन्हें होता है। सब बिछौनों में दुबक गए। माँ और शालू उठकर बैठ गईं। ये दोनों कुछ ज़्यादा ही डरती हैं जैसे संसार की सारी विपत्तियाँ इनके ही हिस्से आनी हों। जब भौंकना रोने में बदल गया तो सबके किवाड़ खुल गए।

कुत्तों की डरावनी, भयावह आवाज़ों के बीच कुबड़ी चीलगाड़ी का डिब्बा और

बोरा! मोहल्ले से पाठशाला तक कुत्तों की चीत्कार ने सबको हिला दिया। अनिष्ट और भयावह संकट की सारी आशंकाएँ कुबड़ी अपने साथ ले गई। कुत्ते बहुत बुरी तरह रो रहे हैं।

यह रात कितनी डरावनी और भयावह हो गई है।

"दीया-बाती कर लो जल्दी से। अरे, किते चली गईं सब की सब? संझा हो गई...संझा हो गई री पागलो। कैसी बेसुध हो री! दीया-बाती कर लो री। दीया-बाती कर लो...।"

क्या कोई कुबड़ी चीलगाड़ी के लिए पाठशाला के कुएँ पर दीया रखने जाएगा?

शालू को ऑफिस में आचार्य जी बहुत मदद करते थे। उसे ऑफिस के सारे काम-काज सिखाते और हिम्मत भी बँधाते। वे घर भी आया-जाया करते थे। उसके काम और व्यवहार की बहुत तारीफ करते और जब-तब उसे प्रोत्साहित भी करते रहते।

शालू कुछ भी भूली नहीं थी। उदास भी रहती थी और खुश और सहज दिखने की कोशिश में कई बार कुछ ज़्यादा ही उदास हो जाया करती थी।

आचार्य जी ने उसकी ससुराल वालों को तलाक और हर्जाने को लेकर चिट्‌ठी लिखी लेकिन कोई जवाब नहीं आया। महीने भर बाद फिर एक चिट्‌ठी लिखी। और उसके जवाब का दो महीने तक इन्तजार किया गया लेकिन...?

मुँडेर पर आकर न कोई बैठा, न कोई बोला। कल्ले से रोटी भी नहीं फिसली कि अचानक शालू के जेठ आ गए।

आचार्य जी पूरे समय वकील बनकर रहे। तीन दिन तक आरोप-प्रत्यारोप की गजब की झड़ी लगी रही। जेठ ने गलतियाँ स्वीकार कीं और 'आगे से ऐसा नहीं होगा' का वादा भी किया लेकिन शालू ने जाने से मना कर दिया। चौथे दिन वे खाली हाथ चले गए।

एक नहीं, कई कौए मुँडेर पर आकर बैठ गए। कल्ले से रोटी फिसलने लगी। शालू ऑफिस जाती रही। प्रीति कुछ ज़्यादा ही किलकने और हँसने लगी। घुटने चलने लगी। दीवार को पकड़कर खड़ी होने लगी। खिलौनों को लेकर मचलने लगी और लोरी सुनकर सोने लगी। नींद में चमकने लगी और रोते हुए हँसने भी लगी। लेकिन...न चिट्‌ठी आई और न कोई और आया।

...कि एक दिन अचानक दोपहर में शालू की सास, बुआ सास के साथ जीजाजी आ गए।

जीजाजी तपती दुपहर में केतन भाई की प्याऊ का ठंडा पानी पीकर आए थे। उन्होंने माफी माँगी। रोना-गाना भी मचा। बुआ सास ने प्रीति को गोद में लिया और शालू से बोलीं—

"चल, चल, इतना नहीं रूठते। अपने घर चल। देख तो सही, सुनील कैसा छोटा-सा मुँह बनाकर बैठा है!"

और शालू अपने पिया के घर चली गई।

जैसे कुछ जगह खाली होती हैं, कुछ जीवन भी खाली होते जाते हैं। खालीपन के भीतर भी एक खालीपन होता है जो कभी भरा नहीं जाता। लम्बी-चौड़ी, सफेद झक्क कजरारी आँखों वाली गाय की खाली जगह को कौन भर सकता है?

पिता जब भी ऐसे अँधड़ में घिरे होते, तब चाचाजी कई बार ढाबे पर आते। वे दुनिया-जहान की दूसरी बातें करते रहते। शायद पिता का दुख दूर करने का यह उनका अपना तरीका हो। जैसे ही वो आते, पिता बहुत खुश हो जाते और उनसे ज़्यादा मैं। चाचाजी पिता से बहुत प्यार जो करते हैं।

कभी न पूरे होने वाले स्वप्न हमेशा सबसे ज़्यादा मोहक होते हैं, खोई हुई चीज़ों की तरह! कुछ चीज़ें और कुछ जगहें छूटने के लिए अभिशप्त होती हैं। वे कभी भरी नहीं जातीं। उनका जन्म ही छूटने के लिए होता है। बस की प्रतीक्षा में जब सिस्टर ढाबे पर बैठती थीं तो खाली जगहें भी खुद-ब-खुद भरती जाती थीं लेकिन भरी हुई जगहें भी खाली होती हैं?

खाली जगहों को भरते हुए नहीं, बल्कि भरी हुई जगहों को खाली करते सिस्टर पिता से बोलीं–"आप बहुत अच्छे आदमी हैं। दिन-रात काम करते हैं। बहुत मेहनती हैं आप, लेकिन आपका लड़का पढ़ने में बहुत कमज़ोर है। ऐसे कमज़ोर बच्चों के रहने से हमारे स्कूल का नाम खराब होता है।"

सिस्टर के इतना कहने भर से–"आठवीं के बाद भैया विदिशा कैसे जाएगा?"

"वह विदिशा ही रहेगा।"

"नहीं, रोज़ आया-जाया करेगा।"

"ओ...कित्ती सकारू उठेगो...? कैसे फिर रात में आएगो? पढ़ाई कब करोगे?"

बातों के संग माँ का हाथ भी सिर पर ज्यों का त्यों धरा रह गया।

भैया बाबू टपरिया शाला में पढ़ने लगे। उसे कॉन्वेंट स्कूल फूटी आँख न सुहाता था, जिसके बारे में सोचते हम कई रातें गुज़ार देते थे। टाई, जूते-मोजे, बैग, पानी की बॉटल, चमकदार ड्रेस, बस से आना-जाना और झूले? जिस स्कूल में हम सपने में भी दबे पाँव जाते थे, भैया उसी स्कूल की दीवारें जूते से गन्दी कर आता था।

उसे किताब खुलते ही झपकी आने लगती और सो जाता। टपरिया शाला भी पिता जबरन भेजते और वह रास्ते में ही खेलने लगता। छुट्टी के बाद घर या ढाबा आ जाता। रिजल्ट में वो एक नहीं, कई अंडे ले आता।

हम लोग सेकण्ड डिवीजन पास होते थे। एक दिन पिता ने कहा–"इत्ते बच्चे फर्स्ट डिवीजन आते हैं। का दिक्कत है बाई तुमरी? तुममें से कोई अब तक फर्स्ट नहीं आया?"

शिवा मटर छीलते हुए बोली–"कक्का, मैं आउँगी फर्स्ट, वो भी साइंस में। बस, तुम सब उसके आगे से 'होम' हटा देना। कक्का, वैसे भी तुमने मुझे सचमुच की साइंस में फर्स्ट आवे को मौका ही कब दओ...वा सड़ी शालू के चक्कर में! हीरोइन खुद तो डूबी ही डूबी, मुझे भी ले डूबी।" कहते मटर के दाने फाँक गई।

दाने गले के नीचे उतर भी न पाए कि मैंने बीच में टोका–"हा! हा! हा! कल्ली डॉक्टर, भूल गई क्या? गोरी डॉक्टर का ग्यारहवीं का रिजल्ट। फिजिक्स, केमेस्ट्री, बॉयालाजी में बड़ा-सा अंडा और हिंदी, अंग्रेजी में पास।"

"चुप्प...। बी.ए. की गधैया।"

कक्का जोर-जोर से 'हो, हो' कर हँसने लगे।

पिता की इसी ठाठ भरी हँसी के लिए मैं बी.ए. फायनल में फर्स्ट आने के लिए जी-जान से जुट गई।

सीमा और मैं शाम को नल के पास खड़े हो जाते और हर आने-जाने वाले को घंटों देखते रहते। बस से उतरते-चढ़ते, धक्का-मुक्की करते, एक दूसरे को खींचते-धकियाते हुए लोग। 'ही-ही, ठी-ठी', हँसी-ठट्टा, चुहल, मौज-मस्ती!

"पटेल, पटेल, पटेल, अरे पटेल। तुम तो साँचउँ बिगड़ गए। मैं तो झूठ-मूठ की गरमी दिखा रहो थो। तुम्हें गंगाजू की सौगंध पटेल। तनक चाय और गुटका तो लेत जाओ!"

बिना टिकिट मनोरंजन होता रहता।

हम हर आते-जाते को देखते और उसका बखान करते–

"कित्ता इतरा रहा है। घिना कहीं का!"

"ओह हो, देखो तो जरा।"

या किसी को देखकर कहते–"ये है, असल स्टाइल वाला।"

रँभाती लौटती गायें। बकरियों के झुंड। बसों के तेज़ हॉर्न। पाँव पसारे गीत गाते हुए रिक्शे, हाथ ठेले वाले। मुँह-हाथ धोते, बाल ओंछते दुकानदार। चाय की चुस्कियाँ और दिन भर कत्था चूना रगड़ने के बाद खुद के लिए मसालेदार पान बनाते हुए, पान वाले।...शाम बड़ी नमकीन हो जाती।

शाम का आना और जाना कुएँ से भरी बाल्टी लौटने जैसा था। जिस समय आसमान चमगादड़ों का होता, उस समय चिड़ियों का न रहता। वे कतराती हुई अपने लिए कोई और कोना ढूँढतीं। आकाश के बदलते रंग हमें खुशी और रोमांच से भर देते। तरबूज की फाँक-सा चाँद, चिड़ियों की उड़ानबद्ध कतारें, कौओं की काँव-काँव, आधे आकाश को घेरे चमगादड़ें। लहराते नीम, पीपल पर झुकते हुए बादल। शाम को देखते हम कभी न अफरते।

शाम के पाँच साढ़े पाँच से सात साढ़े सात तक यही खेल चलता। इस बीच ग्राहक नहीं आते थे। अगर कोई आ जाता तो ऐसा बहाना बनाते कि वह घंटे-आध घंटे बाद वापस आ जाए। इस सबमें बहुत जल्दी पकड़े भी गए क्योंकि एक भले आदमी ने पिता से पूछ लिया–"काए दादा, आजकल शाम को खाना मिलने

में बड़ी देर हो जाती है, बात का है?"

अब इस पर हम क्या कहते? हमें शामें इतनी अच्छी लगने लगी थीं कि किसी और का उस समय होना खटकता था। हम सारे काम निपटाकर खड़े होते थे। पानी की टंकी भरने में हालत खराब हो जाती थी। उसके बाद शाम बड़ा सुकून देती थी।

कभी कोई टोंटी खुली छोड़ देता तो हम भैरा जाते। टंकी आधी हो जाती। पिता उसे गन्दी-सी गाली देते। अब मस्ती में मस्त ग्राहक को क्या मालूम कि वह क्या करके जा रहा है। कभी ग्राहक देर तक हाथ धोता तो हम ठगे-से देखते रह जाते। पिता झल्ला जाते और उससे उनकी तू-तू, मैं-मैं हो जाती।

पिता बड़े अजीब ढंग से कहते—"क्यों जी, घर में भी तुम ऐसा ही करते हो? अरे, आदमी को अपनी हद में रहना चहिए। खाओगे चार रुपैये का और भाव ऐसे दिखाओगे जैसे तुम कोई कलेक्टर हो।"

कभी कोई ग्राहक ज़्यादा ही ऑर्डर करता तो भी सनक जाते—"दाल फ्राई भी खाओगे और आलू की सब्जी भी? कित्ते की फसल बेची तूने? अरे, भग लुक्के! सब जहीं बाज़ार में लुटा देएगो तो साल भर चूहा चित्ते पड़े रहेंगे तेरे घर में। जाओ, जाओ, जल्दी गाँव जाओ। जा रे टोपे हिन्दुस्तानी। आखिरी बस निकल जाएगी तो कल फिर गर्राओगे तुम पूरे दिन। बाल-बच्चों का भी कुछ खयाल रखो भई।"

ग्राहक उनकी बातों से दब जाता –"अरे दादा, अरे दादा। साल में एकई बार तो अच्छी मंडी के चलत शौक पूरे करत हैं हम।"

"अरे भैया! जित्ती तुमरी चद्दर है, उत्ते ही पाँव पसारेगो न। चल, चल, जा। तेरी बस हारन बजा रही है...।"

वे दस रुपये के ग्राहक को चार में ही विदा कर देते।

कभी कोई ज़्यादा नखरे मारता तो भी पिल पड़ते—"घर में तो जैसा-तैसा कछु भी खा लोगे, और जहाँ लाट साब बनते हो? अरे पेट भरो बस...।"

प्याज के टुकड़े गिनकर देते और जब प्याज बहुत महँगी हो जाती तो उसके अलग से दो रुपये लेते, वो भी सबसे नहीं। किसी-किसी को झिड़क देते—"अरे, भौत महँगी है प्याज। क्यों जी, तुम दो रुपैये की प्याज खाओगे? अरे, कुछ दिन मत खाओ। बस जरा सी खा लो यार, मुँह का जायका बदलने के लिए। कुछ दिन प्याज नहीं खाओगे तो मर जाओगे का?"

ऐसे समय टोपा-हिन्दुस्तानी और लाट साब उनके तकिया कलाम होते।

भैया बहुत ज़्यादा चिढ़ जाता–"तुम धन्धा कर रहे हो कि धर्मशाला चला रहे हो?"

"अरे, सब अपने आसपास के सीधे-सच्चे लोग हैं भई। नुकसान सबका होता है। बाज़ार में आकर आदमी बहक जाता है। पूरा साल बिगड़ जाता है फिर इनका। साल भर के सारे काम-काज एक फसल से होते हैं। उसी को यहाँ चार दिन में उड़ा देंगे तो इनके बाल-बच्चों का क्या होगा?"

भैया अपना सिर पीटता और हँसते हुए मन में कुछ कहता। सिर्फ यही शब्द बाहर निकलते–"वाह रे मेरे बापू...!"

माँ, पिता की इन बातों पर जब हँसती तो उजले फर्श-सी चमकती। वह बहुत कम कहीं आती-जाती थी। मामा के यहाँ भी खास मौकों पर एकाध दिन के लिए जाती थी क्योंकि कक्का को बहुत बुरा लगता था। वे शाम को चाय न पीते। प्रतीक्षा में बसों को देखते रहते और कुछ ज़्यादा ही ज़र्दा खाने लगते। हम लोग कहते–"कक्का, बाई के बिना तुम्हें इत्ता बुरा लगता है?"

"हाँ, भई। पता नहीं, कैसे लोग रह लेते हैं? हमारा तो घर जाने का मन ही नहीं करता।"

एक बार माँ मामा के यहाँ दो दिन के लिए गई और लौटी चार दिन में। पिता बहुत रूठ गए। कई दिन तक बात नहीं की। माँ भी मुँह फुलाए रही। मैंने कहा–"अब आगे से ऐसा मत करना बाई, नहीं तो, कक्का घर में ताला लगा देंगे और तुम्हें हमेशा नानी के यहाँ रहना पड़ेगा।"

भैया बोला–"हओ। फिर कक्का की शाम की चाय को का होएगो? चलो बाई। अपन दोनों महीने भर के लिए मामा के यहाँ चलते है,। चलो, चलो, बाई। अभी चलो।"

'ऐ, ऐ, ऐ' करते हम चिल्लाए।

माँ और पिता हँसने लगे। शाम की चाय में फिर से स्वाद आ गया।

घर में रूठना-मनाना न के बराबर होता था। अगर कभी पिता या माँ हमें डपट देते या हम आपस में झगड़ पड़ते तो कुछ ज़्यादा ही खाना खाते। गुस्से के समय भैया का स्थायी वाक्य था–"कक्का ने दिमाग खराब कर दिया। हटो यार, खाना खाने दो।"

वह खाने को कुछ ज़्यादा ही सजाकर खाता था। प्लेट भरकर दाल फ्राई, इकट्ठी चार-छह रोटी, प्याज और कटे हुए टमाटर, अचार, नमक, लाल मिर्च, नीबू और जग भरकर पानी। आलथी-पालथी मारकर बड़े आराम से एक-डेढ़ घंटे तक खाता रहता।

एक बार गर्मियों में पिता ने अपने दोस्तों के लिए चाय मँगाईं। वो भैया को गिनना भूल गए। भैया का दिमाग खराब हो गया।

जैसे ही लड़का चाय लेकर आया, उसने कहा–"जा, रे, जल्दी से एक गिलास लस्सी लेकर आ।" भैया ने पिता को दिखा-दिखाकर बड़े स्टाइल में लस्सी पी।

जब दोस्त चले गए तो पिता भड़के–"क्यों रे, हम चाय पिएँगे और तू लस्सी?"

"...तो तुमने मेरी चाय मँगाई...? मँगाई? बोलो? बोलो?"

पिता उसे गालियाँ दिए जा रहे और वह हँसता जा रहा। उल्टे हम सबको यह किस्सा बड़े चटखारे ले-लेकर सुनाता। हम भी कक्का से पूछते–"काए कक्का! भैया ने ऐसो करो आज?"

और कक्का फिर शुरू हो जाते। वे उसे बहुत गरियाते लेकिन उसके कान पर जूँ न रेंगती।

पिता के जैसा लम्बा-चौड़ा और माँ के जैसा गोरा-चिट्टा। चौड़े कन्धे, गठा हुआ शरीर, बड़ी-बड़ी गहरी काली आँखों पर घनी पलकें। सुन्दर सलोने भैया में पिता के जैसी फुर्ती और तेजी नाम मात्र की भी नहीं थी।

आशा जीजी के सबसे बड़े जेठ को सब 'बड़ारी' कहते थे। मैं उन्हें जीजाजी न कहकर 'बड़े दादा' कहती थी। उनके पास राजदूत मोटर साइकिल थी। एक बार वे उसे ढाबे पर खड़ी कर किसी काम से कहीं चले गए। मैंने वेल्डिंग की रॉड के टुकड़े को चाबी की जगह लगाया और किक मार-मारकर गाड़ी को स्टार्ट कर दिया। जैसे ही गाड़ी स्टार्ट हुई, मैं झनझना गई।

बड़े दादा ने गाड़ी स्टार्ट करने के लिए जेब में हाथ डाला कि मैंने उन्हें रॉड दिखाई–"देखो, देखो। बड़े दादा एक और चाबी...।" मैंने फिर रॉड से उनकी गाड़ी स्टार्ट कर दी।

आश्चर्यचकित हो बोले–"मोटर साइकिल चलाओगी?"

मैं उनके साथ खूब गाड़ी चलाती। वे पीछे बैठ जाते और मैं एक्सीलरेटर बढ़ाती जाती। वे 'अरे ऐसे नहीं...ऐसे नहीं' चिल्लाते। फिर धीरे-धीरे गियर डालना भी सीख गई और एक दिन तो फर्राटे से गाड़ी चलाती हुई बस स्टैण्ड पार कर गई। अब मैदान में नहीं, बाज़ार में गाड़ी चलाने लगी।

एक बार तो उन्होंने मुझसे बुलेट मोटर साइकिल भी चलवाई। मैं गाड़ी के चक्कर में जब-तब उनके गाँव मुरादपुर चली जाती। रास्ते में पत्थर की खदानें पड़तीं। लाल चमकती चिनखारियाँ, तपती दुपहर में पत्थर के ढेरों के ढेर और उतने ही मजदूर और बड़ी-बड़ी मशीनें। वे खदानें पत्थर नहीं, सोना उगलती थीं।

"देखो बबली, देखो, देखो, कित्ते रंग के पत्थर। जे पत्थर की खदान जिसे फल जाती है, वाके वारे-न्यारे हो जाते हैं। मनो, हर कोई के वश की बात नहीं है। जे खदानों से पत्थर की जगह सोना निकाल लेना। कछु-कछून के हाथ तो बंजर जमीन लग जात है। आदमी की जिन्दगी बंजर कर देती हैं जे खदानें। और अगर कऊँ के भले आदमी को किस्मत से ढंग की खदान मिल भी गई तो बड़े-बड़े दादा

लोग उसे हड़प लेते हैं।''

मैं पूछ बैठती–''वो कैसे बड़े दादा?''

''कैसे का? जो न हो सो कम है, आज के जमाने में।''

'हाँ-हूँ' की जगह एक्सीलरेटर कभी बहुत ज़्यादा बढ़ जाता और कभी एकदम से कम हो जाता। गियर बदल न पाता और गाड़ी झटके खाकर रुक जाती।

''हाँ, बोल, कित्ते में लीज पे ली है तूने जे खदान? चल पकड़ जे पइसे और फूट ले, चल भग जहाँ से।''

महाबली दादा लोग दारू की बोतल के साथ खाट बिछाकर बैठ जाते हैं। मजदूरों से कहते हैं–''चलो रे, जल्दी-जल्दी खुदाई करो। नहीं तो खदान की जगह तुम्हें खोदें का? और जहीं खदान पे-ई गड़ा दंगे रे। आधे से ज़्यादा तो भूत-भूत कह वैसे ई भग जेऐं!'' जेब से कट्टा निकाल के पाँव पसार कर खदान में डट जाते हैं।

''गरीब-गुर्बों और सीधे-सच्चों के बस की बात नहीं है, बबली। इन खदानों में और कोई टिकई नहीं सके, उन दो-चार के आगे। इकट्ठी पचास-पचास खदानें उठा रहे हैं जे लोग। अपनो जो पत्थर जाने कहाँ-कहाँ दुनिया जहान में जात है। बाहर-बास बहुत माँग है अपने जा पत्थर की। बड़ी-बड़ी इमारतें जो टी. वी. में दिखतें न, उनमें से भौत सारी अपने इन पत्थरों से ई बनी हैं। जे खदानें अगर सबे मिल जाएँ तो पूरो दरद्दर मिट जाए। जाने कित्ते गाँव और बासौदा, कुरवाई, शमशाबाद, सिरौंज, लटेरी और विदिशा के भी दिन फिर जाएँ।''

गाड़ी चलाते-चलाते मैं आश्चर्य से मुँह फाड़े बड़े दादा को देख 'ऐं' करती।

''हाँ, हाँ। सच्ची कह रहा हूँ मैं...। आगे देखो..., आगे देखो...।'' गाड़ी के हैंडिल को पकड़ लेते।

पत्थर की खदानें बड़े दादा का कभी न खत्म होने वाला राग थीं। हर पत्थर उनकी आस में पगा हुआ, जिसमें वे सारे गाँव और शहरों को देखते थे। उनकी बड़ी चाह थी कि ये पत्थर दो-चार की देहरी पर नहीं, बल्कि सबकी देहरी पर लगें।

''सोना उगलने वाली पत्थर की ये खदानें पूरे जिले की तस्वीर में रंग भर सकती हैं बशर्ते बाहुवलियों से कोई उन्हें मुक्ति दिला सके।''

खदानों की मुक्ति की इसी कसक के बीच एक बार मस्ती-मस्ती में उनसे मेरी शर्त लग गई। सीमा भी थी और भैया भी। बोले–''जो थूककर चाट लेगा। उसे इसी समय लस्सी पिलाऊँगा।''

"अच्छा, कित्ती?"

"दो-दो, पूरे चार दिन तक।"

"लगी शर्त?"

टेबल पर मुक्का मारते बोले–"लगी शर्त...।"

मैंने झट से हथेली पर थूका और फट से चाट लिया।

सब छिः-छिः करने लगे और उनकी हँसी रोके न रुक रही।

"बबली, तुम तो वाकई कमाल हो। घिनऊ कऊँ की! जाओ, जाके हाथ-मुँह धो लो।"

मैं शर्त जीत गई और आठ लस्सी के गिलास आए। वे सारे समय हँसते रहे। सीमा और भैया से बोले–"कोई से कैइयो मत रे।"

लेकिन सीमा के पेट में बात नहीं पची। उसने लस्सी भी पी और माँ से चुगल भी दिया। माँ ने घर सर पर उठा लिया–"आगलगी थूक के चाटने ई है तो, वियाओ कर ले जल्दी से। सबके पाप कटें।" फिर एक कदम और आगे बढ़ गई–"बड़ारी के संग जाकी गाड़ी चलावो भी बन्द करवाओ रज्जो।" मुझसे बोली–"खबरदार, जो तूने यह बातें बड़ारी को बताईं तो...।"

मैं और गाड़ी चलाना छोड़ दूँ? अब तो हर दो-चार दिन में राजदूत या बुलेट के संग मुरादपुर का लम्बा चक्कर लगता।...सोना उगलने वाली पत्थर की खदानें बुलाने और लुभाने जो लगी थीं।

लेकिन मोटर साइकिल से अम्बानगर चौराहा, गुरोद, जोहद और नटेरन के रास्ते कभी नहीं गई क्योंकि रास्ते में वो सड़क पड़ती थी जिसका कोई नाम भी न लेता था। जब आशा जीजी के गाँव कागपुर जाते, तब वह सड़क दिखती थी। वहाँ बहुत सारी औरतें बाल खोले यहाँ-वहाँ टहलती रहती या चबूतरे पर बैठी होतीं। ज़्यादातर घर खपरैल के थे। औरतें हाथ में आईना लिए पान चबाती रहतीं। बस के भीतर एक सुरसुरी होती, जो ठंडी नहीं होती थी। जाने कैसी होती थी वह सुरसुरी, जो आज तक पल्ले नहीं पड़ी।

वही बस जब शाम को लौटती तो वे सारी औरतें तैयार होकर घरों की देहरी पर चमकती दिखतीं। कुछ बूढ़ी कम, अधेड़ ज़्यादा और कुछ एकदम जवान। हर आदमी पहले से ही खिड़की पर सधकर बैठ जाता और खिड़की से झाँकना शुरू कर देता। लोगों के चेहरे पर मुस्कुराहटें तैरतीं, जिसे पारासरी नदी भी देखती और वो पीपल का पेड़ भी, जो कुछ ज़्यादा ही हरा था।

और कलारी पर उठते-गिरते पड़ते लोग। कोई छाती फुलाकर उसमें घुसता हुआ और कोई दुबका-सा कागज में लपेटकर ले जाता हुआ।

कोई इतनी तरंग में होता कि रिक्शे में ऐसे बैठता, जैसे शाही सवारी कर रहा हो। कोई ऐसा धुत्त कि सड़क पर लोट-लोट जाता। फिर-फिर खड़ा हो जाता। नाली में औंधे मुँह गिर जाता। कुछ मनचले उस पर पानी फेंकते। कुछ जूता सुँघाते। वह पियक्कड़ नशे में ऐसे गुर्राता कि अभी तुरन्त लोगों का काम तमाम कर देगा। पूरे शहर में आग लगा देगा। कुछ लड़ते-झगड़ते और कुछ ऐसे दार्शनिक बन जाते कि लगता, इनसे बड़ा ज्ञानी दूसरा कोई नहीं। और यही पियक्कड़ सुबह मुँह छिपाए घूमते लेकिन शाम के जाते ही उन पर कलारी फिर सवार हो जाती।

यह नजारा बचपन में भी देखा और बड़े में भी। हर बार नजारे में नए रंग भरते दिखे। मैंने बस से ही ठंडी सड़क और कलारी को देखा। साइकिल या मोटर साइकिल से कभी भी उधर नहीं गई। वैसे भी बस स्टैंड की रंगबिरंगी दुनिया में किसी और के लिए जगह बचती भी कहाँ थी?

बस स्टैण्ड पर दो दुकानें टायरों की थीं, जिनमें से एक रईस भाई की और एक फणीश्वर की। चार-पाँच भाइयों में फणीश्वर सबसे छोटा था। उसकी बनक बड़ी टेढ़ी और चाल-ढाल भी कुछ अजीब सा। वह बहुत तेज़ रेडियो सुनता था। जब गीत बजते तो वह भी संग-संग झूमता और गुनगुनाता। रात में सब उसे घेर लेते और गाना सुनाने को कहते। वह शरमाते हुए टायरों के पीछे छिप जाता लेकिन लोग उसका पीछा न छोड़ते। उसे घेरे रहते और दुकान बन्द न करने देते।...फिर लाख मनुहार के बाद वह गाता।

लोगों को एक मजाक सूझा—"फणी, तू भी रेडियो पर गाया कर।"

बहुत खुश हुआ वह। लोगों ने उसे बिनाका के लिए पोस्टकार्ड लिखने को कहा। उसने पोस्टकार्ड लिखा और पोस्ट बॉक्स में डाल आया। सबने महीने भर तक रोज़ उससे गाने सुने और बाद में खूब मजे लिये।

मैं भी उस भीड़ में शामिल रहती। जैसे ही वो गाना शुरू करता, मैं उचककर उसकी दुकान पर खड़ी छोटी-सी भीड़ को ठेलते हुए सबसे आगे पहुँच जाती और एक के ऊपर एक जमे हुए टायरों पर चढ़कर उनके ऊपर पालथी मारकर बैठ जाती। इस तरह भीड़ से ऊपर उसके गानों को करीब से सुनती।

अब सबने डाकिए को पटाया। तीन दिन तक चाय-पानी, गुटखा और रामेश्वर चाचा के प्लेट भर भजिए और चार भरी मिर्च पर डाकिए महाराज राजी हुए। उन्होंने लोगों का लिखा जवाबी पोस्टकार्ड उसे पकड़ा दिया।

डाकिए के जाते ही सबने उसे गोद में उठा लिया। वो 'झूम बराबर झूम शराबी, झूम बराबर झूम शराबी' करने लगा। अब हर दिन घंटों बिनाका गीत माला में गाने की प्रैक्टिस करवाई जाने लगी।

जान-पहचान वाले, बिना जान-पहचान वाले—सबको पोस्टकार्ड दिखाता और झूमते हुए गाना गाने लगता। [illegible]मता ज़्यादा और गाता कम था। उसकी यही बात सबको खूब अच्छी लगती थी। रात के अलावा अब वह शाम को भी सबको गाने सुनाने लगा।

हम सबके पास एक चलती-फिरती बिनाका गीत माला थी जिसे हम जब चाहें, तब सुन सकते थे। बस, ग्राहकों से फुर्सत होनी चाहिए। उसे भी और हम सबको भी।

फणी के अलावा फुर्सत के तीन साथी और थे– जिल्दसाज खटीक दादा, डेढ़ पाँव का सिग्नल और लाल साँड।

छोटे-से खटीक दादा अक्सर शाम को घूमने निकलते। धोती-कुर्ता और टोपी पहने वे अपनी धुन में सिर झुकाए चलते चले जाते। हम सब उन्हें बस स्टैण्ड को पार करने में घंटा-आध घंटा लगवा देते। कुछ न कहते सिवाय एक बात के...। जैसे ही वे आगे बढ़ते, कोई न कोई पीछे से उन्हें 'हिन्दुस्तान-पाकिस्तान' कह देता। बस, फिर क्या था! वे चिल्लाते हुए जबरदस्त गालियाँ देते। बीच सड़क पर खड़े हो जाते और दे दनादन, दे दनादन गालियाँ...। उनके पीठ फेरते ही हम सब एक सुर में–'हिन्दुस्तान-पाकिस्तान' चिल्लाते। उनके मुड़ते ही सब इधर-उधर हो जाते। वे पत्थर उठा लेते, मारने के लिए दौड़ते। सब अपने काम में लगे रहने का नाटक करते। वे फिर जाने के लिए पाँव आगे बढ़ाने भी न पाते कि सब एक सुर में 'हिन्दुस्तान-पाकिस्तान' चिल्लाते। वे पत्थर लिए दौड़ते और...?

इस खेल में शाम हो भी जाती और चली भी जाती।

...और वो डेढ़ पाँव का सिग्नल। कभी-कभी तो वो भी फणी के गाने सुनता था। कोई उसे छेड़ देता तो बजाय भौंकने के गुस्से में घूरता। जाने कैसे उसकी एक चिढ़ बन गई थी। वह बहुत तेज़ दौड़ता था। जब कभी उसकी दौड़ देखने-दिखाने का मन होता, उसे 'डेढ़ पाँव का सिग्नल' कहने की देर भर होती कि पूरे बस स्टैण्ड की दौड़ लगा देता। वह बस स्टैण्ड छोड़कर कहीं नहीं जाता था। उसकी रोटी-पानी भी हर दिन की बँधी हुई थी। इतना जबरदस्त खुर्रट कि किसी दूसरे कुत्ते को झाँकने भी नहीं देता था। सब उसे प्यार से 'मोती' कहते थे और मजे लेने के लिए 'डेढ़ पाँव का सिग्नल'।

...लाल साँड से बहुत डर लगता था। जाने कहाँ से हर आठ दिन में प्रकट हो जाता और बीच सड़क पर खड़ा हो जाता! उसके होते किसकी मजाल जो सड़क को पार कर ले? बस, सब उसे देखते रहते और उसके जाने की प्रतीक्षा में शाम निकल जाती। उसने कभी किसी को कोई नुकसान नहीं पहुँचाया।

किसी की दुकान के सामने खड़े होकर ग्राहक के लिए रास्ता भी नहीं रोकता था।

सिन्धी काका ज़रूर धीरे से उसके आगे पानी का भगौना रख देते और कभी-कभी सब्जी और रोटी भी। बाकी किसी की हिम्मत नहीं पड़ती थी। अगर किसी को कुछ देना भी होता तो वह खुद न देकर, काका से दिलवाता।

लेकिन जाने कैसे उसकी आँखें चली गईं। उसे कुछ दिखाई न देता। बसें न दिखाई देतीं। हॉर्न की आवाज़ से बुरी तरह डर जाता। लोग उसे बमुश्किल हटा पाते। दिन तो जैसे-तैसे निकल जाता लेकिन उसे लेकर रात में सब डरते। अगर भूले-भटके कहीं रास्ता भटक गया और रेलवे लाइन पर चला गया तो...? क्योंकि वो अक्सर बैतोली वाली सड़क पर आता-जाता था और वहीं रेलवे क्रॉसिंग भी थी। सो उसे रात में काँजी-हाउस में बन्द करवा दिया जाता और दिन में खोल दिया जाता।

आँखों के जाने के बाद वो धीरे-धीरे झटकने लगा था। अब सब उसका खास खयाल रखते। वो जरा-सा इधर-उधर होता कि कोई-न-कोई उसे बस स्टैण्ड ले आता। सिर्फ फुर्सत के समय ही नहीं, कामों से भरे होने के बाद भी सब उसका खयाल रखते।

लाल साँड ने चिढ़ा-चिढ़ऊअल से मुक्ति दिलाई और जिम्मेदारी की माला पहनाई। 'डेढ़ पाँव का सिग्नल' भी उसकी खूब पहरेदारी करता। अब सब डेढ़ पाँव के सिग्नल को सहलाते–

''अरे वाह रे मोती...! तू तो भैया बड़ा समझदार हो गया रे।''

वो इतराकर जमीन पर लोटता और अँगड़ाई लेता। सबको हँसाने की उसे यह एक तरकीब सूझ गई।

मोती को भी खुद को 'डेढ़ पाँव का सिग्नल' कहलाने की बड़ी चुल थी। जब कोई ये न कहता तो खुद-ब-खुद दौड़ लगाता और सबको उकसाता।

इस खेल में उसे भी बड़ा मज़ा आता था।

विनीता मलिक मैडम हिन्दी साहित्य पढ़ाती थीं। सब लड़कियाँ उनकी जबरदस्त दीवानी। वो लगतीं भी बहुत सुन्दर। दुबली-पतली, छरहरी, थोड़ा ऊपर को सीधे हाथ में घड़ी बाँधे हुए। कॉटन की एक से एक कलफदार साड़ी पहनतीं। इससे पहले हम लोगों ने सिर्फ सिन्थेटिक और सिल्क की साड़ियाँ ही देखी थीं। जितनी दिखने में सुन्दर, उतना ही अच्छा पढ़ातीं भी। उनकी कही बात एक बार में ही सब लड़कियों को समझ में आ जाती थी।

यह भी समझाया कि जिसमें मर्जी हो, उस हाथ में घड़ी पहनी जा सकती है। हम लोग तो एक नियम के तहत उल्टे हाथ में घड़ी बाँधते थे और घड़ी बँधे हाथ को देखकर ही समझ पाते थे कि ये बायाँ हाथ है और ये बिना घड़ी वाला दायाँ। इस तरह हम लोग कई दिन तक उनके दाएँ हाथ को बायाँ हाथ समझते रहे।

एक बार क्लास में लड़कियों से उन्होंने पूछा–"कुछ सोचा है तुम लोगों ने, बी.ए. के बाद क्या करोगी?"

कुछ सोचा भी जाता है, किसी ने सोचा ही नहीं था। बजाय कुछ कहने के लड़कियाँ मुँह फाड़े उन्हें देखती रह गईं।

"सोचना सब, और फिर बताना जल्दी से।" हँसी को दबाते हुए वे बोलीं।

लेकिन इसी दौरान कॉलेज में लड़कियों के बीच झगड़ा हो गया। बात कहा-सुनी से आगे बढ़कर मारपीट तक पहुँच गई। मैंने गुस्से में एक लड़की को धक्का दे दिया। उसके मुँह से खून आने लगा। मामला कुछ ज़्यादा ही बिगड़ गया और थाने तक जा पहुँचा। प्रिंसिपल सर ने कॉलेज कैम्पस का हवाला देकर थाने में रिपोर्ट नहीं होने दी।

दूसरे दिन विरोधी गुट ने बासौदा बन्द का आह्वान किया। मैं और मेरी सहेलियाँ कॉलेज नहीं गईं। तब मैडम घर आईं। मुझे खूब डाँटा और समझाया भी। वो पिता से मिलने ढाबे पर भी गईं। कई दिन तक हम लोग कॉलेज नहीं जा पाए। खैर, प्रिंसिपल सर ने दोनों पक्षों यानी हमारे पिताओं को आमने-सामने बिठाकर

जैसे-तैसे मामला सुलटाया। हम सब लड़कियाँ बहुत बुरी तरह डर गई थीं। अपनी इस हरकत पर हम लोग रेस्टीकेट भी हो सकते थे। यह सोचते ही हम सब सुधर गए और पहले की तरह साथ रहने लगे।

मैडम भोपाल से अप-डाउन करती थीं। जब कभी उनकी ट्रेन लेट हो जाती, वे घर आ जातीं। ढाबे पर भी अक्सर कॉलेज आते-जाते आतीं। पिता और उनके दोस्तों से भी उनकी काफी बातें होती रहतीं। इस तरह मार-पिटाई और रेस्टीकेशन की घटना के कुछेक महीनों बाद वे कॉलेज खत्म कर एक बजे के करीब आ जातीं और चार बजे की पैंसेजर से जातीं। मुझे घर पर भी पढ़ातीं। मैं उन्हें छोड़ने स्टेशन तक जाती। शाम चार के बाद ढाबे पर पहुँचती और दिन भर का हाल पिता को सुनाती-बताती।

माँ और पूरे मोहल्ले से उनकी खूब पटती थी। जैसे ही आतीं, तीनों काकी उन्हें नमस्ते करतीं। अगर कभी आने में देर हो जाती या किसी दिन न आतीं तो सब मुझसे पूछतीं–

"काए? तेरी मैडम काए नहीं आईं अबे तक? अच्छी तो हैं न? अब तो मैडम बिलकुल अपनी लगन लगी हैं। आत नहीं है तो दिन भर अच्छो नहीं लगे और जैसे ही अजात हैं सोई मन खुश हो जात हैगो।"

एक दिन स्टेशन पर उन्होंने मुझसे पूछा–"तुम्हें पढ़ना है और नौकरी भी करना है। हैं न? बोलो।"

मैंने 'हूँ' में सिर हिलाया।

"चलो, भोपाल चलो तुम। वहीं से हिन्दी में एम.ए. करना।"

मैंने पिता से ढाबे पर बहुत डरते हुए कहा–"कक्का, हम मैडम के साथ चले जाएँ? एम.ए. करेंगे हम हिन्दी साहित्य में।" और यही मैंने चाचाजी से भी कहा।

दोनों ने कोई जवाब नहीं दिया।

लेकिन जब माँ को मालूम हुआ तो वह एकदम सुन्न हो गई। बात आई-गई हो गई। लेकिन बात आई-गई नहीं हुई थी बल्कि वह तो सबके भीतर धँसती जा रही थी। स्टेशन से गुजरती रेल घरों में रखे बर्तनों में कम्पन भरती थी और हमारा स्टेशन ऐसा भी नहीं था कि द्रुतगामी ट्रेनें तेज़ गति में हॉर्न बजातीं, हरी झंडी दिखाती चली जाएँ। थोड़ी देर के लिए ही सही, उन्हें रुकना तो पड़ता ही था। कुछ देर सन्नाटा रहता। फिर ट्रेन की आवाज़ हमारे भीतर गति के संग रोमांच और उत्साह भर देती। दिल्ली मुम्बई रेल लाइन धड़कन थी हमारी जो हमें सोते

में जगाती थी और कई बार जगाते में सुलाती भी थी। मैडम के साथ जाने की बात को ट्रेन आई-गई होने न देती थी।

काफी रस्साकशी के बाद वे बी.ए. फाइनल की तैयारी के लिए मुझे अपने साथ ले गईं। सिर्फ हिन्दी ही नहीं, सारे विषयों की तैयारी करवाई। दिन-रात मेरे साथ परीक्षा की तैयारी में जुटी रहतीं। उनके घर दो-तीन महीने रही। फिर परीक्षा देने वापस आ गई।

पिता के कुछ दोस्त मुझे एल.एल.बी. करने की सलाह देते और जब कभी हम भाई-बहन आपस में झगड़ते तो पिता झल्लाकर कहते–''वकीलों जैसी बहस करते हो तुम लोग।''

पिता का भी मन था कि मैं एल.एल.बी. करूँ। एल.एल.बी. करने में मुझे एक ही आसानी लगती थी कि लॉ कॉलेज शाम के समय लगता था। सो, एक बात मेरे दिमाग में आती कि ढाबा और लॉ–दोनों साथ-साथ चल सकते हैं। लेकिन मैडम चूँकि हिन्दी साहित्य पढ़ाती थीं सो...? हाँ...अगर वो लॉ की होतीं तो, मैं ज़रूर एल.एल.बी. करती। हमें हिन्दी साहित्य से कोई लेना-देना नहीं था। हमें तो मैडम अच्छी लगती थीं। उन्हीं के चक्कर में हम लोगों ने समाज शास्त्र छोड़कर हिन्दी साहित्य लिया था।

हिन्दी के ही पीरियड में तो पूछा था–''बताओ, कौन सी कविता या कवि तुम लोगों को सबसे अच्छा लगता है? बार-बार पढ़ने का मन होता है?''

पल भर की भी देरी किए बिना तपाक से बोले–''मैडम, कोई भी नहीं। ये तो चले गए और हमें याद करने को छोड़ गए।''

उस दिन वे सच में गुस्सा हो गईं। हम लोगों को क्लास से बाहर कर दिया और कई दिन तक सजा के तौर पर एक ही कविता कई बार पढ़वाई।

हम लोगों ने भी मुँह में चाशनी भरकर कहा–''मैडम, अब हमें भी कविताएँ अच्छी लगने लगी हैं।''

मैंने नहीं, पीछे से वनमाला ने कहा धीरे से–''मैडम, एकदम तुम्हारे जैसी।''

हम लोगों से कविता पढ़ते बिलकुल भी नहीं बनती थी। हम जानते ही नहीं थे कि कविता कैसे पढ़ी जाती है। वो एक लाइन पढ़तीं और हम सब दोहराते जाते। कविता का प्रसंग, अर्थ, व्याख्या और इसी के साथ जाने क्या-क्या। जैसे–''मैडम जेई तो हमने कहा।''

“जेई कि यही।” वो मुस्कुरातीं और हम झेंपते।

“मैडम कहने का मतलब जे नहीं था।”

“फिर जे...।”

या हम कहते–“मैडम आप काँ जा रही हो?”

“जे नहीं यह। काँ नहीं कहाँ। तुम लोग समझती क्यों नहीं हो? अच्छा, चलो एक ही वाक्य को दस बार बोलो। तब तुम लोगों के दिमाग में घुसेगा।”

लेकिन सबसे ज़्यादा मुश्किल ‘स’, ‘श’ और ‘ष’ के उच्चारण में हुई। हम लोग तो सिर्फ एक ही ‘स’ बोलते थे।

‘श’ और ‘ष’ उच्चारित करवाने में उनके पसीने छूट गए। कई बार तो हम कविता में ‘श’ के आते ही कह उठते–“मैडम ‘सक्कर’ वाला ‘स’ आ रहा है। हमसे बोलते नहीं बनेगा। मैडम, ये ‘स’ वाली लाइन आप ही बोल दीजिए न!”

लेकिन वो इतनी आसानी से कहाँ मानने वाली थीं। अगर मानतीं तो फिर वे भला विनीता मलिक मैडम कैसे होतीं?

पहली बार हम लोगों को कॉलेज से साँची टूर पर लेकर गईं। ट्रेन में चढ़ना, उतरना, जगह बनाना, ट्रेन को पहचानना–सब कुछ सिखाया। साँची में हमारे टिफिन देखकर तिलमिला गईं–“तुम लोग खाना खाते हो कि मिर्च खाते हो?” अब हर दिन ज़्यादा मिर्च खाने से होने वाले नुकसान के बारे में बतातीं।

हम सब सहेलियाँ आपस में उनकी बहुत बातें करतीं–“जे मैडम अच्छी मिल गईं अपन को। नहीं तो अपन ए मालूम ही नहीं पड़ता, जा दुनिया कैसी है।” फिर मेरी ओर देखकर कहतीं–“भैया, इसके तो मजे ही मजे हैं। मैडम तो तुम्हारे घर भी जाती हैं और तुम्हें भी हर जगह लेकर जाती हैं। तेरे लाने अब कछु करवे की ज़रूरत नहीं है। समझ लो भैया, तुमरी तो नैया पार हो गई।”

मैं खूब इतराती। वो यहीं नहीं रुकतीं–“अरे सुन। मैडम तुझे जो-जो पढ़ाती हैं घर पे, वो हमें भी बता दिया कर। बिन्ना कछु हमरो भी भलो हो जाए।”

हम लोग सबसे ज़्यादा डाँट यहीं खाते थे। “तुम लोगों को घर में जैसे बोलना हो, बोलो। बुंदेली बोलो या जो मर्जी हो, वह बोलो। लेकिन यहाँ पूरी तरह खड़ी बोली बोलो। ये बीच का घालमेल क्यों करती हो तुम लोग? और यहाँ कॉलेज में बोलना नहीं सीखोगी तो फिर कहाँ सीखोगी?”

एक बार हम लोगों को कॉफी भी पिलाई थी। मैंने कहा–“नहीं, नहीं, मैडम। मैं चाय नहीं पिऊँगी अभी।”

मेरे इतना कहते ही हेमलता बोली–"देखिए मैडम इसे, कॉफी को चाय कह रही है। कित्ती बड़ी वाली है। राख और धूरा में अन्तर ही नहीं समझती।"

वे कुछ नहीं बोलीं, हँसकर रह गईं लेकिन वो हँसी बहुत कुछ कह गई।

...और सूखे पत्तों के वे रहस्यमय पहाड़ और वो जादुई पगडंडी, जिन्हें हमने रहस्य की तरह इकट्ठा किया था और प्रिंसिपल सर, जिन्हें किताबों के घर में बदल गए थे, उसी लायब्रेरी से मैडम ने हम सबको मैक्सिम गोर्की की 'माँ' पढ़वाई।

वो हमारे जीवन की कोर्स के बाहर की पहली किताब थी।

धड़धड़ाती बिना स्टॉपेज वाली रेलगाड़ियाँ भी रुक गईं! मैं पिता से झूम गई– "देखो कक्का! हम भी ले आए न फर्स्ट डिवीजन!" और तुरन्त उचकते हुए बोलीदृ"अब तो हम पक्का भोपाल से ही एम.ए.करेंगे। मैडम के घर रहकर।"

पिता हँसने लगे–"हमें किसी तरह की कोई शिकायत नहीं मिलनी चाहिए बेटा।"

मैं कोई भी दाँव छोड़ना नहीं चाहती थी–"कक्का, चाहे कुछ हो जाए, हम तुम्हारी इच्छा के खिलाफ कभी कोई काम नहीं करेंगे। बस, तुम हमसे शादी के लिए मत कहना और हम भी कहीं शादी नहीं करेंगे। हमें तो बस पढ़ने दो तुम, और मैडम के साथ जाने दो।"

पूरी दुनिया जैसे उनके भीतर भर गई। हमारी आँखें इस कदर एक दूसरे पर टिक गईं कि चार की जगह दो होकर रह गईं।

दो और चार के फेर में न पड़ते मैंने सीधे-सीधे कहा–"कोई तुमसे मेरे बारे में कुछ भी कहे, पहले तुम मुझसे पूछना। मैं तुमसे कभी भी झूठ नहीं बोलूँगी और तुम्हारी इज्जत पर आँच नहीं आने दूँगी। बस, लोगों के कहने से तुम मुझे बीच में ही मत बुला लेना।"

यह एक वादा था। न वे मुझसे शादी के लिए कहेंगे और न मैं कभी कोई गलत काम करूँगी। गलत काम...? न किसी के प्रेम के चक्कर में पड़ूँगी और न खुद की मर्जी की शादी करूँगी।

पिता ने 'हूँ...' में सिर हिलाया।

कबूतरों का झुंड उड़ान भरने के बाद फिर लौट आया। पटरियाँ धूप में चमकने लगीं। आखिरी डिब्बे की लाल बत्ती दूर तक कौंधती हरी बत्ती में बदल गई।

मुझे घर की, कक्का की और ढाबे की बहुत याद आती। मैं रात में कम्बल में घुसे-घुसे सिसकती लेकिन मैं लौटना नहीं चाहती थी। जब कभी भी बस के हॉर्न को सुनकर मेरे पाँव पलटते, ढाबा और पिता मुझे ट्रेन की छुक-छुक और उसकी गति की ओर मोड़ते।

जब भी मौका मिलता, मैं ट्रेन पर चढ़ जाती। एक सौ पैंसठ-सत्तर किलोमीटर की इस यात्रा में चौंकाने वाली बातें हज़ार और लाख बातें ऐसी थीं जो कभी हिम्मत बँधातीं और कभी मुँह के बल गिरा देतीं।

रेल में दो दुनिया सामने थीं। पहली दुनिया की चमकदार, वातानुकूलित बोगी में हम घुस नहीं सकते थे, सिर्फ झाँक सकते थे और झाँकने पर खुद का ही चेहरा-मोहरा और नाक-नक्श रगड़ा हुआ दिखाई देता। इस दुनिया में गए तो जोकर बनते देर न लगेगी। मारे डर के ग्लास से दूर हट जाते।

दूसरी-तीसरी दुनिया में पहली दुनिया के चाक-चौबन्द, चमकते यात्री झाँकना तो दूर, पास से भी न गुजरते थे। उन्हें उस गन्ध से ही उबकाई आती थी जो दूसरे-तीसरे दर्जे की बोगी से उठती थी और उनकी नाक पर रूमाल रखवाती थी।

रेल का यह सफ़र नए स्कूल की तरह हो गया।

इस देखम-देखी और भागम-भाग में कई बार मैं बिना टिकिट बैठ जाती और न पकड़े जाने पर राहत की साँस लेते हुए ढाबा पहुँचती।

भैया को हम बहनों का ढाबे पर बैठना बिलकुल भी अच्छा नहीं लगता था। घर में छोटा होने की वजह से उसकी चल नहीं पाती थी। वह जब-तब पिता से कहता—"कक्का, इसे यानी ढाबे को बन्द कर दो। अपन कोई और काम करेंगे।"

पिता बिफर जाते और उसे कुछ ज़्यादा ही गरिया देते।

...जो उसके वश में था, सो वो उसने किया। पहली ही फुर्सत में सीमा और

नीरा का ढाबे पर बैठना और काम करवाना बन्द करवा दिया। वह पिता से भी अड़ गया—"ये औरें अब ढाबे पर नहीं आएँगी, मतलब नहीं आएँगी।"

उसने ढाबे का नक्शा ही बदल दिया। पीछे की भट्ठी तोड़कर आगे बनवाई और तवे की रोटी बन्द कर तन्दूर चालू कर दिया। छह टेबलों का चक्कर खत्म करते नया फर्नीचर बनवाया ताकि एक साथ पच्चीस-तीस ग्राहक खाना खा सकें। ढाबे पर क्रीम कलर का पेंट करवाया। चार ट्यूबलाइट और दो झूमर लगवाए। पर्दे लगाकर पार्टीशन का रूप दे दिया। चार सीलिंग फैन, दो बड़े कूलर, एक बड़ा फ्रिज, एक वॉटर कूलर, चार मटके और दो कनारी। तन्दूर और कोयले की भट्ठी के लिए दो टेबल फेन भी।

अब ढाबे पर मटर पनीर, शाही पनीर, पालक पनीर, दाल मखानी, दम आलू, मलाई कोप्ता, तन्दूरी रोटी और तन्दूरी पराँठे बनने लगे। दही, खीर, हलवा, कोल्ड ड्रिंक्स और आइसक्रीम भी मिलने लगीं। भैया बाबू के हिसाब से 'घूरे के भी दिन फिरते हैं, सो ढाबे के भी दिन फिर गए।'

ढाबे के साथ-साथ मण्डी के, किसानों के और सड़कों के भी। हालाँकि सड़कें अभी भी धूल से भरी हुई थीं। मण्डी और धूल का गजब का रिश्ता। हम सबको, पूरे शहर को मण्डी ने टनों धूल खिलाई। धूल हम सबमें इतनी ज़्यादा घुस गई थी कि हमें लगता ही नहीं था कि हमारे यहाँ इतनी ज़्यादा धूल है। वह तो कोई बाहरी व्यक्ति जब मुँह पर हाथ रख लेता और रूमाल बाँधते कहता—'उफ, कितनी धूल है!' तब हमको समझ आता कि अरे, अपन तो धूल के साथ रहते हैं या कह सकते हैं कि अपने साथ धूल भी रहती है।

मण्डी कुछ बड़ी हो गई थी और बैलगाड़ियों की जगह ट्रैक्टर-ट्रॉली ने ले ली। पहले सिर्फ बड़े किसानों के पास ट्रैक्टर थे लेकिन अब मँझोले किसान भी ट्रैक्टर वाले हो गए। मँझोले किसान ट्रैक्टर से सिर्फ खेती-बाड़ी नहीं करते थे। यदि वे ऐसा करते तो फिर ट्रैक्टर की किस्तें कैसे चुकाते? सो खुद की खेती के अलावा ट्रैक्टर से रेत और ईंट ढुलाई के साथ दूसरों की जमीन भी जोतने लगे।

अब पिता का मन छोटे किसानों के लिए पसीजता। उन्हें एक तरकीब सूझी कि जिन छोटे किसानों की अकेले ट्रैक्टर खरीदने की स्थिति नहीं है, वे सब मिलकर एक ट्रैक्टर ले लें। इसके लिए वे किसानों को समझाते और ट्रैक्टर एजेंसी वाले बैजनाथ सिंह को भी राजी करने की कोशिश करते—"गाँव-गाँव जाओ यार तुम, और छोटे किसानों को भी ट्रैक्टर उपलब्ध करवाओ।"

बैजनाथ सिंह खुद छोटे किसान थे। किसानी में पार न पड़ने की वजह से मैकेनिक का काम करने लगे और खुद का गैराज खोला। फिर उन्होंने आयशर

ट्रैक्टर की एजेंसी ले ली। सब आयशर का बड़ा मजाक उड़ाते थे, खासकर उसकी आवाज़ का। जब भी सड़क से आयशर निकलता, लोग उसे देख हँसते। कई बार उसकी आवाज़ निकालकर बैजनाथ सिंह को चिढ़ाते भी।

बैजनाथ सिंह ढाबे के रोज़ के ग्राहक थे। पिता के पास तखत पर घंटों जमे रहते लेकिन धीरे-धीरे आयशर ने गति पकड़ ली और इसी के साथ उनकी भी प्रगति हो गई। आयशर सस्ता ट्रैक्टर था जिसे किसान आसानी से ले सकते थे। शहरी कामों की ढुलाई के लिए भी वो सर्वथा उपयुक्त था। इससे पहले फोर्ड, किर्लोस्कर, मैसी और एस्कॉर्ट का ही जलवा था। जिन किसानों के पास ये ट्रैक्टर होते, उन्हें देख दूसरे किसान एक आह-सी भरते थे।

पिता की तरकीब पर बैजनाथ सिंह ने 'हाँ-हूँ' जैसा कुछ भी नहीं किया। वैसे भी वो बहुत कम बोलते थे और पिता रुकने का नाम न लेते थे–

''अरे यार, तुम्हारा आयशर तो खूब चल रहा है। भाई, अच्छा मुनाफा हो रहा है तुम्हें। अब यार, तुम एक काम करो। जिनके पास ट्रैक्टर नहीं हैं उनकी जुताई, बुवाई और कटाई के लिए दो-चार ट्रैक्टर अलग से रखो तुम, भई। छोटे किसानों की बड़ी मुसीबत है, भैया। उनका भी काम-काज चले यार।''

वे एकदम कड़क कर बोलने लगते–''हम तो एक बात जानते हैं यार, तुम ये कर सकते हो। तुम्हारे पास गुंजाइश है। तुम उनसे नाम मात्र का किराया ले लो।''

सब उनकी बातों पर हँसने लगते लेकिन छोटे किसान उन्हें बहुत उम्मीद से देखते क्योंकि बैजनाथ सिंह को कड़की के दिनों में पिता बहुत हिम्मत बँधाते थे। जितना उनसे हो सकता था, उतनी उनकी मदद भी करते थे। इसलिए छोटे किसानों को यह पक्का विश्वास था कि आयशर सेठ दादा की बात नहीं टालेंगे।

बैजनाथ सिंह कुछ ट्रैक्टर किराए से चलाने लगे। इतना ही नहीं, वे खुद कुछ किसानों को किस्तों पर ट्रैक्टर देने लगे। पिता इस तरह के सारे काम ढाबे से बैठे-बैठे करते थे।

भैया कहता–''इनने अपना सारा जीवन इसी में गुज़ार दिया। अरे यही दिमाग अपने धन्धे को बढ़ाने में लगाते, तो आज जाने कहाँ से कहाँ होते।'' उसका वश चलता तो तखत को हटा देता और अखबार भी बन्द करा देता।

पिता के पीठ फेरते ही कहता–''तखत पे पंचायत को जमते देख ग्राहक लौट जाते हैं। अरे, तुम दो-पाँच बल्लम तखत पर पसर गए और हर दूसरे-तीसरे आदमी को सीख देते हो। अरे, आदमी खाना क्या फोकट में खा रहा है जो तुम पानी

की जगह उसे भाषण पिलाते हो? आधी से ज़्यादा ग्राहकी इन फोकट के पंचों के मारे मर जाती है।"

अब हर तरह के ग्राहक ढाबे पर आने लगे। भैया ने पीछे राख के ढेर पर लोगों को गुपचुप-गुपचुप पीने की इजाजत भी दे दी। दो गोल टेबल और आठ कुर्सियाँ पीछे भी बिछ गईं। टेबल पर पनीर टिक्का, कोल्ड ड्रिंक्स और उसके नीचे बोतल! अब ऐसे ग्राहकी तो बढ़नी ही बढ़नी थी। ढाबा खूब अच्छे से चलने लगा। गाँव के साथ-साथ बाज़ार की ग्राहकी भी बढ़ गई। सो, अब चार महीने का खेल खत्म हो गया।

लेकिन चार महीने के सीजन पर टिके पिता के समय क्या मजाल कि कोई आढ़ा-टेढ़ा ढाबे पर आ जाए। पहले बहुत ही सज्जन टाइप के ग्राहक आते थे। लफंगे-उचक्के आना तो दूर, ढाबे के नल के पास से भी गुजरने न पाते थे। पिता किसी भी तरह की लुक्कागीरी बर्दाश्त नहीं करते थे। नाक फुलाकर कहते–

"लड़कियों का साथ है; बच्चों पर गलत असर पड़ता है। हमें ज़्यादा मोह नहीं है। बस बच्चे पढ़ जाएँ और सलीके से रहें। इससे ज़्यादा कुछ नहीं।" ये पहले की बातें थीं। अब भैया पिता की ऐसी बातों को बर्दाश्त नहीं करता था।

बस स्टैण्ड की सारी दुकानें थोड़ा-थोड़ा बदलने लगीं। उनमें चमक आ गई और कुछ नए लोगों ने भी दुकानें खोल लीं। रईस भाई की दुकान पर वेल्डिंग, पंचर के साथ गाड़ियों की सर्विसिंग होने लगी और स्पेयर पार्ट्स भी मिलने लगे। उनकी दुकान पर अब बहुत भीड़ होती। लोगों को सर्विस स्टेशन पर गाड़ी धुलवाने का चस्का जो लग गया। भैया उनकी दुकान को 'चमक-चस्का सर्विस सेंटर' कहता।

ये सारे चमत्कार बैंकों से लोन मिलने पर हो रहे थे। जिस जगह बैंक थी वहाँ उसके आसपास के लोग पंजों के बल चलते। ऐसा लगता, जैसे ये खुद बैंक हैं। और जिसकी जगह को बैंक ने किराए से लिया था उसकी तो पूछो ही मत।

बड़े किसानों की तरह मँझोले किसान भी बासौदा में बसने लगे। जहाँ देखो, वहीं स्पेयर पार्ट्स और हार्डवेयर की दुकानें खुल गईं।

किस्मत से अगर एकाध फसल अच्छी, बहुत अच्छी आ जाती तो मँझोले किसान भी बड़े किसानों की तरह मण्डी अध्यक्ष, भूमि विकास बैंक अध्यक्ष और जनपद अध्यक्ष बनने के बारे में सोचने लगते। अंडा बच्चा भी नगर पालिका अध्यक्ष बनने की सोचता। क्या शहर और क्या उसके आस-पास के लोग, सब लाल बत्ती की गाड़ी को बगल में दबाए रखने का स्वप्न देखते चलते।

"जो मेहनत दूसरे को आगे बढ़ाने में करे, वही खुद को आगे बढ़ाने में लगाओ न। दूसरों पे समय खर्च करवे की ज़रूरत का है?" आशा जीजी का टिन्नू कहता–"मौसी, बासौदा के आदमी को कम मत समझो। बहुत होशियार है भैया वो। बस मौका मिलना चहिए। जहाँ कोई घुस नहीं सके न, वहाँ किवाड़ की झिर्री से तुम वाए वा जगह दिखा भर दो बस। देखियो, फिर सवेरे अपने बासौदा को आदमी सबसे आगे खड़ो दिखेगो।" कहते हुए खूब जोर-जोर से हँसता।

भैया कहता–"सुधर जा रे टिन्नू, तू सुधर जा। तोए भी नेतागीरी की लपक लग रही है रे।"

टिन्नू बमुश्किल अपनी हँसी को रोक पाता–"देखियो मौसी, सोने के अंडा देवे वाली मुर्गी को पालवे से मना कर रहे हैं मामाजी। आज के जमाने में दोई लोगों के पास रुतबा है–थानेदार या नेता। बाकी सब तो बेकार हैं। किथऊँ भी, कहीं भी चले जाओ तुम मामाजी। मेरी नहीं मान रहे हो तो खुद अपनी आँखों से देख आओ। नेताजी के पोंहचते ही पूरा गाँव हाथ जोड़ के खड़ो हो जाते। गाँव का, शहर में भी जोई हो रहो है भैया। आज नेता के आगे कहीं को नहीं लगे।"

"सीधी सच्ची जिन्दगी जी रे टिन्नू। नेतागीरी के चक्कर में तेरी पैंतीस बीघा जमीन न बिक जाए नईं तो...?"

"...तो का? बताओ मोए।"

"तो तू मोए मामाजी कहवो बन्द कर देइए।"

"मैंने समझी मामाजी..., तुम मोए अगली विधानसभा को टिकिट दिलवा देओगे।" भैया गुस्से में उस पर जग भर पानी उलीच देता।

टिन्नू की भैया से ज़्यादा पिता से पटती। वह उन्हें 'नाना' न कह कर 'कक्का' ही कहता।

लेकिन बेचारे गरीब किसान अभी भी उतने ही भले और कुछ ज़्यादा ही परेशान। वही कचहरी के चक्कर और मण्डी में भी पहले से ज़्यादा लूट। अब व्यापारी और बाज़ार बड़े किसानों और मँझोले किसानों को तो लूटने से रहे। इसलिए सब कुछ के बाद भी बैलगाड़ियाँ, बैल और छोटे किसान जस के तस।

छोटे किसानों को न तो बैंक लोन दे रहा और न ही ट्रैक्टर एजेंसी वाले किस्तों पर ट्रैक्टर। बड़े किसान तो धड़ल्ले से रासायनिक दवाइयों का प्रयोग कर मनमानी फसल पे फसल उठा रहे। एक नहीं, कई गोदामों में उनका अनाज रहता जिसे वे तब निकालते, जब भाव पीक पर पहुँच जाते।

और इधर एक नहीं, कई फसलों के पिटे छोटे किसान बड़े किसानों से दो रुपया, तीन रुपया सैकड़ा पर ब्याज से उधार ले अपनी टूटी कमर को और तोड़ रहे। कम दाम में भी बेचारे फसल बेचने को मजबूर। और उनके साथ कोई ये कहने वाला भी नहीं कि 'छोटे किसानो, तुम संघर्ष करो। हम तुम्हारे साथ हैं।'

एक जादू है ट्रेन जिसके पिटारे से रोज़ एक नया दिन निकलता है!

ये उजले दाँतों वाली पागल बिन्नी स्टेशन पर कब से आने लगी? और ये कैसे लहकते, लहराते हुए पटरियों पर दौड़ रही है! इसे खाली पटरियाँ अच्छी लगने लगी हैं या उन्हें भरने की जिद ठान बैठी है? जितना ज़्यादा हँसती है, उतना ही तेज़ दौड़ती है।

मैं ट्रेन से उसकी भाषा में बात करते हुए हर एक-दो दिन में आने-जाने लगी। गंजबासौदा रेलवे स्टेशन पर ट्रेन साँस लेने और छोड़ने के बीच बची जगह की तरह रुकती है। ट्रेन के जाते ही सूनी पटरियों पर पड़े पत्ते हवा के साथ उड़ते हुए किसी अधूरे उदास गीत की तरह लगते हैं। और किसी द्रुतगामी ट्रेन के आते ही उसकी गति से ऐसे कँपकँपाते हैं जैसे कार्तिक स्नान कर निकले हों। और सीमा की कँपकँपाहट तो इन पत्तों से इतनी ज़्यादा मिलती-जुलती है कि पत्तों में कंपन सीमा से आया या सीमा में कंपन पत्तों से आया, कहना थोड़ा मुश्किल।

सीमा बी.ए. फर्स्ट ईयर में आ गई और नीरा स्कूल में।

जाने क्यों सीमा को लेकर कई बरस पहले की एक बात मेरे दिमाग से हटाए नहीं हटती। वह पूड़ी की भयानक शौकीन...खाती कम, बचाने की ज़्यादा सोचती। ऐसा करते उसकी ठोड़ी कँपकँपाती। उसकी ठोड़ी के कँपकँपाते ही सब तुरन्त ताड़ जाते कि कुछ न कुछ घपला है। एक दिन मजाक-मजाक में हम लोगों ने कहा–

''पूड़ी को जमीन में बो देना चाहिए। पेड़ बन जाएगा।. पूड़ी से लदा हुआ, मस्त पेड़। जब मन करे, तब पूड़ी तोड़कर खा लो।'' कहकर सब इधर-उधर हो गए और उसकी ठोड़ी के कँपकँपाने की प्रतीक्षा करने लगे।

थोड़ी देर बाद देखा कि वह दबे पाँव गली में घुसी और पिछवाड़े रखे एक

टूटे-फूटे तुलसी के गमले में पूड़ी गाड़ रही है। हँसते-हँसते सबका बुरा हाल हो गया और वह एक कोने में खड़ी सिसकती रही। तब से माँ जब भी तीज-त्योहार पर पूड़ी बनाती, उसके लिए कुछ पूड़ियाँ बचाकर रख देती जिन्हें वह दो-चार दिन तक खाती।

ऐसी ही एक और बात...। पिता किसी काम से शहर से बाहर गए हुए थे। रात में दस-ग्यारह बजे माँ दूर खड़ी हमारी राह देख रही थी।

...हम घर जा रहे थे कि सीमा ने तुनककर माँ से कहा–"बाई, बाई! आज मैं अलग से एक चादर लेकर सोऊँगी। तुमने बिस्तर ठीक से लगाया कि नहीं?"

माँ भी एकदम से पिनक गई–" 'होटल की रूटबनऊ।' कित्ते दिमाग बताते? बड़ी आई पूरो चदरा लेके सोवे वाली!"

माँ की इस बात पर मैं हँसी और सीमा चार साल की उम्र के बाद अठारह साल की उम्र में फिर फूट-फूटकर रोई, बिलकुल पूड़ी का पेड़ बोते समय की तरह। लेकिन इस बार उसने माँ को भला-बुरा कहना शुरू कर दिया–"मैं कोई शौक से तो जाती नहीं। तुम भेजती हो तभी तो जाती हूँ। अब मैं कल से बिलकुल भी काम नहीं करूँगी चाहे कुछ हो जाए। तुमने मुझे 'होटल की रूटबनऊ' क्यों कहा?"

वह जितना रोती, मैं उतना ही हँसती। शायद मेरी हँसी से उसकी चिढ़ और रोना, दोनों बढ़ते जा रहे थे।

बहुत पहले की बात है। ढाबे में दरवाजा नहीं था। पिता दो टेबल एक साथ लगाते और उस पर कुर्सियाँ रख रात के लिए दरवाजा बना देते। उस समय वे ढाबे पर ही सोते थे। कभी-कभी मैं भी उनके साथ सो जाती थी।

आधी रात को मैंने पिता को 'रिक्शा, रिक्शा, रिक्शा' चिल्लाते सुना। मैं डर गई। सड़क पर दो औरतें माँ को पकड़े हुए थीं। माँ दर्द से कराह रही थी। उसे इस तरह देख मैं जोर-जोर से चिल्लाने लगी। रोते-चिल्लाते हुए उसके पास पहुँचने ही वाली थी कि वह रिक्शे पर बैठकर औरतों के संग चली गई। मैं रिक्शे के पीछे दौड़ती कि पिता ने पकड़ लिया।

उन्होंने मुझे बहलाकर चुप कराना चाहा। मैं क्योंकर चुप होती? चिल्लाने और रोने में मुझे मास्टर डिग्री हासिल थी। फिर पिता ने चाँटा दिखाते डपटकर मुझे बिस्तर में घुसा दिया। मैं सारी रात सिसकती रही।

सुबह-सुबह वे मुझे अपने साथ लेकर गए। एक औरत ने मेरा हाथ पकड़ा

और मैंने बहुत सारी औरतों के बीच माँ को एक लाल कम्बल में पलँग पर सोते देखा। माँ ने पुचकार कर अपने पास बुलाया। मैं बहुत देर तक उसे घूरती रही। फिर वो औरत हँसते हुए आई और उसने मुझे पलँग के एकदक पास खड़ा कर दिया। माँ ने मुझे फिर-फिर पुचकारा। मैंने लाल कम्बल में घुसकर दूध पिया।

जब कभी सीमा और मेरे में झगड़ा होता तो वह रोते-रोते कहती—"तुम...? तुम तो अस्पताल में भी मेरे हिस्से का दूध पी गई थीं।"

सीमा सातवीं बेटी थी।

सब कुछ ठीक-ठाक चल रहा था कि सीमा को लाल-गुलाबी सपने आने लगे। वह मनु चौरसिया से प्यार करती थी और उसके किस्से जग जाहिर हो रहे थे। वे दोनों खुले आम मिला करते। मनु दिन-रात घर के चक्कर काटता रहता। माँ उसे देख जल-भुन जाती लेकिन उन दोनों को किसी की परवाह न रहती। वे किसी का भी लिहाज न करते और पिता जानते हुए अनजान बनते। अखबार में मुँह घुसाए रहते। सारी गलियों में उन दोनों के चर्चे आम होते जा रहे थे।

भैया ने सीमा का घर से निकलना बन्द करवा दिया लेकिन वो मनु को देखना न छोड़ती और कुछ दिन बाद पिता उसे कॉलेज जाने को कह देते। भैया आग बबूला हो जाता। घर में एक बार फिर पंचायत बैठी।

भैया ने कहा—"इसकी शादी करो।"

सीमा ने तपाक से कहा—"पहले बबली की करो, फिर मेरी।"

आशा जीजी ने कहा—"बबली पढ़ रही है। तेरी शादी तो करेंगे हम।"

उसने कहा और कहते उसकी ठोड़ी कँपकँपाने लगी "शादी तो मैं मनु से ही करूँगी। ज़्यादा करोगे तो जहर खा लूँगी—जहर...! और हाँ, सुन लो, हम अभी नहीं, दो साल बाद शादी करेंगे।"

पिता एकदम चुप। सारा ठीकरा मेरे सिर फूटा—"बबली के पाप पूरे घर को ढोने पड़ेंगे।"

भैया सीमा का मनु से मिलना बर्दाश्त न करता और वो मिलना न छोड़ती। पिता उसका कॉलेज न छुड़ाते। पिता समुद्र किनारे के पत्थर हो गए, जिन पर हम लहरों के एक नहीं, अनगिनत निशान।

एक सावन पर भैया ने सीमा से राखी नहीं बँधवाई। बात फिर वहीं आकर ठहर

गई। गफलतों के पहाड़ पर बैठे पिता बोले–"देखो भाई, शालू और शिवा का जीवन नरक हो गया। रज्जो गलत निर्णय था अपना। देखो तो सही का गत हो गई मौड़ियों की?" कहते हुए माँ को देखते पानी-पानी हो गए।

सही गलत को ताक पर रखते सीमा से बोले–"बेटा, तुम पहले पढ़ लो। अपने पाँवों पर खड़ी हो जाओ। फिर तुम्हें जो समझ में आए सो करना।" उन्होंने उसके आगे हाथ जोड़ लिए–"काए अपना जीवन नरक कर रही है?"

माँ बीच में बोली–"रज्जो, बुढ़ापे में मती फिर गई तुमरी। दुनिया थूकेगी तुम पे...।"

पिता अड़े रहे। एकदम कड़ककर बोले–

"हम तो एक बात जानते हैं। नौकरी लग जाए तुम्हारी। फिर जो मर्जी आए, सो करो।"

हाथ को सिर के ऊपर ले जाते बोले–"हमें कोई वास्ता नहीं इससे। जमाना दिन पे दिन खराब होता जा रहा है। लड़कियों को अपने पाँवों पर खड़ा होना बहुत ज़रूरी है।"

माँ बिफर गई–"नौकरी तुमरे तन्दूर में उग रही हैं न? आग लगे खाड़ू ने, कहीं को नहीं छोड़ो। नोई के नोई छाती पे मूँग दल रहे हैं। एक भी नहीं मरो आग को लगो। जाने कहाँ की अमृत बूँटी इनकी जीभ पे धरा गई।" उसके दिमाग की नसें खिंचने लगीं। फिर भी वो नहीं रुकी तो नहीं ही रुकी–

"दुनिया के और आदमी दिन पे दिन ऊपर उठतें। और एक जै हैं कि दिन पे दिन गर्त में गिर रहे हैं। रज्जो, तनक तो शरम खाओ तुम। मौड़ियों को ब्याओ दूसरी जात में करोगे? कच्छू शरम-धरम है भी कि नहीं? आग लगी नौकरी का तुम्हें लडडू-पेड़ा दे रही है? मेरे तो कान पक गए तुमरी नौकरी के राग सुनत-सुनत मनों बा के बाद बुढ़ापे में हम दोई सूला पे बैठ के खाँसेंगे।"

पिता खुद को पूरी तरह बदलते सीमा से बोले–"अपने पाँव पर खड़ी हो जाओ, फिर तुम्हें जो जचे सो करो।"

आशा जीजी तो जैसे सदमे में आ गई और उषा जीजी चुपचाप उठकर गली में चली गई। अन्नी जाने क्या मन ही मन बुदबुदाने लगी। और शालू कोने में दुबकी मुँह फाड़े कभी सीमा को देखती, कभी कक्का को। शिवा कपड़े उठाकर धोने चली गई। भैया का चेहरा तमतमा गया। वो कुर्सी पर बैठा टेढ़े-टेढ़े पिता को घूरता रहा और फिर–

"मुझे तो नफरत सी हो गई है इनसे। पूरी दुनिया में ग्यारहवीं के बाद शादियाँ हो रही हैं। अकेले अपने घर में जो तमाशो है।"

इसी बीच उसे किसी ने आवाज़ दी–"मुकुल...मुकुल...!"

उसने हमसे कहा–"जाओ, कोई जाकर कह दो कि घर पे नहीं है। तुम लोगों ने इस लायक नहीं छोड़ा हमें कि कोई अपने घर आए या मैं किसी के घर जाऊँ।"

फिर जाने उसे क्या सूझा कि माँ के एकदम पास चला गया और कमर पर हाथ रखकर पूछने लगा–"क्यों बाई? जब अपनी जमीन नीलाम हो रही थी तब बब्बा और कक्का का कर रहे थे? तमाशा देख रहे होंगे खड़े होकर?"

अब माँ क्या कहती? वो कौन सी वहाँ थी! पिता बेचारे तो उस समय बहुत छोटे-से बच्चे थे और भैया जमीन की नीलामी का दोष भी उन पर मढ़ रहा है। वो रुकने का नाम ही नहीं ले रहा था।

"अरे उसी समय बब्बा हाथ-पाँव जोड़कर माफी माँग लेते और जमीन बचा लेते तो आज ये दिन तो न देखने पड़ते!"

एकदम नफरत से भरा रुआँसा हो गया वह–"न जमीन नीलाम होती, न ये यहाँ आते। जमीन नीलाम नहीं हुई। मेरी जिन्दगी नीलाम हो गई।"

सीमा अपनी मनमर्जी और प्रेम के लिए मुझे ढाल बनाती–"बबली...? बबली की तो सोचो। हमारे पीछे पड़े रहते हो सब। वो बड़ी है। दम हो तो पहले उसकी शादी करो, फिर मेरी। उसे तो फ्री छोड़ दिया और मुझे भाषण देते फिरते हो!"

एक कभी न लिखे जाने वाले उपन्यास का आख्यान बनते घर में एक दूसरे से मेल न खाती कई रीलें एक साथ चल रही होतीं। सीमा की अपनी अनलिखी डायरी, भैया का तांडवी रूप, माँ की बिन बाँची कथा और पिता का अपना आत्मकथ्य...। 'फिल्म बनेगी या नहीं बनेगी' की सोच से कोसों दूर। सब अपनी-अपनी पटकथा लिखने में तल्लीन...।

माँ को पूजा करते देख हमेशा मेरा मन भर आता। इतना सब कुछ होने के बाद भी वह यह सब करना न छोड़ती। हर बरस देवउठनी ग्यारस पर जी जान से प्रार्थना करती। गन्ने के मण्डप तले शालिग्राम और तुलसी को विराजती। फिर सीताफल, सिंघाड़े, बैंगन, भाजी और चावल की खीर से भोग लगाती और परिक्रमा करते हुए प्रार्थना करती–

"उठो देव साँवले बेर-भाजी, आँवले
क्वाँरन के ब्याह होएँ-ब्याहन के गौंना।"

उसके देव सोए हुए थे और वो बड़ी बेसब्री से उनके जागने की प्रतीक्षा

में दिन-रात एक कर रही थी। माँ मेरे और सीमा के ब्याह की चिन्ता में घुली जा रही थी।

पिता के दोस्त भी पीछा न छोड़ते। वे गहन-गम्भीर विचारमग्न मुद्रा में उन्हें समझाते–"तुम लड़कियों को बहुत ज़्यादा पढ़ा रहे हो। अपनी समाज में इतने पढ़े-लिखे लड़के नहीं हैं राम जी। मुश्किल में पड़ जाओगे आगे चलकर तुम।" लोग बिलकुल भी नहीं बदले थे लेकिन पिता रोज़ बदल रहे थे।

बहनें सबको अलग-अलग समझाती रहतीं। कुछ समझ में न आता–ये किसकी तरफ हैं? क्या गलत है और क्या सही? वे खुद ही नहीं जानतीं, तो दूसरों को क्या समझातीं? वे आतीं और चली जातीं, कुछ इस तरह कि जो घर छोड़कर जा रही हैं, वह अब उनका अपना नहीं रहा...और जिस घर में जा रही हैं, वह भी अभी उनका अपना नहीं।

ससुराल से बहनों का घर आना, डबडबाई आँखों को पोंछना धीरे-धीरे वैसे ही होता गया...जैसे गंगा स्नान या तीर्थ यात्रा कर अपने घरों को लौटना और फिर से अपनी-अपनी गिरस्ती में, काम-धन्धे में उलझ जाना, इस भोले विश्वास के साथ कि शायद अबकी तीर्थ यात्रा या गंगा स्नान से दिन ज़रूर फिर जाएँगे और ज़िन्दगी रेल की तरह पटरी पर दौड़ने लगेगी।

और बला की खूबसूरत नानी...! जिसके यहाँ जब भी गए, हमें बड़े लाड़ से रखती। दूध रोटी देती और कोई काम न करने देती। नानी और माँ छोटे कद के बाद भी बहुत अच्छी दिखती थीं।

गोरी-चट्टट छोटी-सी सुन्दर नानी माँ से कहती–"रोए मत भँवरी। जा आग लगी लिरद्वार कच्छू काम की नईं होए।"

एक दिन वे बातों में इतनी तल्लीन थीं कि उन्हें मेरा आना मालूम ही नहीं पड़ा। नानी माँ को बता रही थी–"बाखर वाले कल्लू मामा ने अपनी माँ को एक दिन गुस्से में बहुत मारा। बड़ी मुश्किल से बाखर वालों ने छुड़ाया। जमीन-जायदाद के बँटवारे को लेकर कल्लू मामा और दूसरे मामाओं में आजकल बहुत लड़ाई छिड़ी हुई है।"

"देखिए भँवरी, मैं तो जा कहत हूँ कि एकाध की जान न चली जाए।"

फिर नानी बड़े मामा और छोटे मामा के बारे में बताने लगी। दोनों मामा अब पहले जैसे नहीं रहे। वे जब-तब नानी पर बिगड़ जाते हैं और हिस्सा-बँटाई की बात करते हैं। अब वह अपनी रोटी अलग बनाएगी। मामा के ढंग उसे पसन्द

नहीं। नाना के जाने के बाद उन्हें ज़्यादा ही जवानी चढ़ रही है। वो नानी को अकेला समझ दबाना चाहते हैं। और हर आए दिन कल्लू मामा के यहाँ के झगड़े...। इससे तो बढ़िया है कि पहले से ही...।

'इसके माने क्या? क्या नानी डरती है कि कहीं मामा भी उसे...? नहीं... नहीं...। मामा ऐसा कभी नहीं करेंगे। बड़े मामा तो बहुत बड़े हैं और उनकी पिता से कितनी ज़्यादा पटती है। वो भला ऐसा गन्दा काम क्यों कर करेंगे? और छोटे मामा तो कितने अच्छे और कितने प्यारे हैं। इतना ही नहीं, छोटे मामा कक्का से डरते हैं, बहुत डरते हैं।' मैंने खुद से कहा और नानी से बोली—"नानी, तुम बिलकुल मत डरो। कक्का तो हैं न? कल्लू मामा की बात और है। मनो हमारे मामा ऐसे नहीं है। तुम काए को अलग रोटी बनाओगी? तुम हमारे यहाँ रहो। यहीं...।"

मैंने तो नानी का भला चाहा, उल्टे वो मुझ पर बरस पड़ी—"ऐ...खोल्ली, तू इत्ती बड़ी खोलाधर है तो काए को मेरी मौड़ी ऐ दिन-रात खाएँ जातें? मेरी मौड़ी को जीवन नरक कर रखो है तुम सबने मिलके। आग लगी लिरद्वार...किथऊँ भी चैन नईं है।"

तमतमाहट में हाथ नचाती हुई उठकर खड़ी हो गई—"ऐ...तू इत्ती बड़ी खोलाधर है तो ब्याओ कर ले तू। तेरे हाथ पीले होएँ तो मेरी मौड़ी ए तनक चैन मिले। नककटी कऊँ की! तू अच्छी डाकन पैदा भई है। का जाने भँवरी कौन की छाँव पड़ी है जा पे।"

मेरे मन में तो आया कि कहूँ—'नानी खोलाधर, खोलाधर दो बार मत कहो', लेकिन वो गुस्से में एकदम लाल हो रही थीं सो मैंने नहीं कहा।

और बुआ पिता का रोना लेकर बैठ जाती।

"जब से पैदा भओ है, तब से ही काम कर रओ है। वाके जैसो करैया और कऊँ को पैदा ई नईं भओ। मेरे भैया जैसो जीवट और मेहनती सात गाँओन में नईं है। मैंने आज तक अपने भैया-ए पाँव पसार के पसरत नईं देखो। वाको तो पूरो जीवन ऐसे ई चलो गओ। भगवान ने कैसे मौड़ा-मौड़ी जा की किस्मत में लिखे थे। आग लगे अपने ई घर में जै सबरे नाटक होने थे। और का कऊँ कोई घर नईं हैं? के वहाँ मौड़ा-मौड़ी नहीं हैं? का माँ-बाप नहीं हैं? आगलगी सब की सब मिलके मेरे भैया ए खाएँ लेते।"

फिर हमें बड़े लाड़ से समझाते लगती—"बेटा, अपने बाप की तनक तो फिकर करो। बिना जमीन-जायदाद को अकेलो है वो। वा के भैया, चाचा, ताऊ

कोई भी तो नईं है। तुमरे बब्बा के ताव की वजह से हमरी जमीन नीलाम हो गई। तब भी तुमरे बाप ने हिम्मत नईं हारी। हर कोई वाए खाबे दौड़त थो। जब वाने रोटी की दुकान खोली तो सबरे गाँव वाले हँसत थे वा पे। मनो देखो वा को जिगर। वाने रोटी की दुकान से कित्ती इज्जत कमाई कि वाके आगे अच्छे-अच्छे नईं लगें।''

वो तरंग में आ जाती–''पहले मोए गाँव में सब चिढ़ात थे कि तुमरी जमीन नीलाम हो गई। तुमरे बाप-भैया और नईं खरीद पाए। और तो और, तुमरे भैया होटल चलात हैं। बिन्ना, मैं चुप हो जात थी। मोए रोवो आए तो भी रो ना पाऊँ। मनो जब भैया पंच बनके हमरे गाँव में आओ, तब पूरी बाखर में एड़ी के बल चली मैं।'' थरथराती बुआ की तरंग देखते ही बनती।

फिर अचानक बात बदल देती और कहने लगती–''तुमरे भी एकई भैया है, वो भी सबसे हल्को। तुमरे कक्का को जी घबरा गयो तो तुम सब की सब का करोगी फिर? जहाँ से वहाँ तक अपने खानदान में सबसे सयानो तुमरो ई बाप है।'' समझाते-समझाते वो नदी में डुबकी लगाई-सी हो जाती।

महेन्द्र भाई साहब गजब के मजाकिया। जब बुआ ऐसी अवस्था में पहुँच जाती तब वो पिता यानी अपने मामा की तारीफों के पुल बाँधने लगते–

''मेरे मामा को कम मत समझ बाई तू। अकेलो सात गाँव ए भारी पड़ते मेरो मामा। जिस दिन मामा का दिमाग खराब हो गया न, वा दिन जा पूरी पलटन भगत फिरेगी। मनो मुश्किल तो इनकी कम, मामा की ज़्यादा है। मामा ए भी तो खफ सवार है, मौड़ियों ऐ पढ़ावे की। मामा की चाल शुरू से ही अलग है। तू अब काए रोत फिर रही है। अपने खपती-पागल भैया ए तोए शुरू में ही समझाने चाहिए थो न? और...सुन। तू जो अपनी जमीन की नीलामी को गीत गावो बन्द कर समझी। कान पक गए हमरे, तेरी एकई टेर सुन-सुन के। अरे हो गई जमीन नीलाम तो हो जान दे। तेरे रोवे-गावे से का मामा ए जमीन मिल जाएगी? मामा से सीख कच्छु तू। मामा ए कभी रोत देखो है तूने।''

वो एकदम से बरस पड़ते–''अरे मामा की जमीन नीलाम भई। मामा कछु कहत नहीं है। रोत–गात नहीं है। मामा बाज़ार में रहते हैं। नए जमाने को आदमी हैं मामा। और तू जबरन ही अपनी गाए जात है। और जहाँ तेरी सुन कौन रहो है। फालतू में हमरा सबका खोपड़ा खराब करती है। बैठे-ठाले की पंचायत बाई तोए भी खूब आत है।''

अब बुआ क्या कहती? वह दरवाजे पर जाकर बैठ जाती और पिता का इन्तजार करने लगती।

थोड़ी देर बाद भाई साहब फिर छेड़ देते—"काए बाई? कैसे नीलाम हो गई तुमरी जमीन? मामा और तू कित्ते साल के थे तब? और वा भी तो सुना कि कैसे तुमरे कक्काजू ने तहसीलदार ए खींच के सपाटा दओ के वो भन्ना गओ। अंग्रेज भी आए थे का खेत पे? और बाई वो तहसीलदार अग्रेंजों के जैसो गोरो थो कि तेरे और मामा के जैसो...?"

बुआ अपना आपा खो देती और ऐसी खरी-खरी सुनाती कि हमारे कान खड़े होकर लाल हो जाते।

...फिर माँ चाय बनाकर लाती और थोड़ी देर बाद वे दोनों पिता के बारे में सोचते और बातें करते हुए रुआँसी हो जातीं। लम्बे चौड़े गेहुँए रंग के मजबूत कद-काठी वाले पिता को बुआ किसी भी हाल में झुकते नहीं देखना चाहती थी।

नीरा माँ की बहुत-बहुत लाड़ली बेटी। उसका हिस्सा हर चीज़ में सबसे अलग और सबसे बड़ा होता। वह ढाबे पर कभी बैठी ही नहीं। भैया उससे बड़ा जो था। वह तो कभी-कभी पिता के पास कॉलेज आते-जाते यूँ ही चली जाया करती थी।

भैया इस पर भी चिढ़ता–''खबरदार जो अब कभी आई तो! काए के लाने आईं तुम ऐं, हमसे कहो। तुम्हें क़ा चहिए? इस दुकान ने ही बिगाड़ा है पूरे घर को। मुझे बहुत चिढ़ है। कक्का से और इस ढाबे से...।'' भैया बाबू के आप्त वाक्य थे ये।

वो तो भला हो कि नीरा की पेड़ों से बातें करने की आदत छूट गई। छोटे में वह रास्ते में रुककर घंटों पेड़ों से बतियाती थी। अब अगर ऐसा करती तो भैया उसे भी पेड़ बना देता।

भैया ने अपने दोस्तों से मिलना-जुलना छोड़ दिया। किसी से भी बात न करता। और तो और, ढाबे पर भी उसका मन नहीं लगता था। पंखे टक-टक करने लगे। कूलर की मोटर जाम हो गईं। ट्यूब लाइट देर से उठने लगीं। बल्ब फ्यूज़ होने लगे। झूमर भी मटमैले हो गए। कुर्सियों के हत्थे हिलने लगे। चम्मचें गुमने लगीं। धूल तेल के संग हर ओर चिमटने लगी। परदों से दाल-सब्जी की गंध आने लगी। कोल्ड ड्रिंक्स की खाली बोतलों के ढेर लग गए। आइसक्रीम फँफूदने लगी। फ्रीजर पलँग का काम करने लगा। जिस पर जिसका मन होता, बैठ जाता। ढाबे की बनक धीरे-धीरे अपनी चमक खोती जा रही थी।

मई जून में सब बहनें इकट्ठी होतीं तो उसे खूब समझातीं। वह बमक पड़ता– ''तुमें का? मौं हिला दओ बस। बाज़ार में जाके देखो जरा। हर आदमी हँसता है हम पर।''

उषा जीजी सीमा को समझाती ''तू मनु से मिलवो छोड़ दे।''

जीजी को डर घेर लेता और वो गिड़गिड़ाने लगती–"देख, अगर वाने तेरे से शादी नहीं करी तो का होएगो तेरो? ऐं सीमा...।"

सात समुद्र पार किए विश्वास से भरी सीमा कहती–"हमें तुम सबसे ज़्यादा विश्वास है उस पर।"

"कर लो, तुम मनु से शादी कर लो। रोज़-रोज़ की चिकचिक तो मिटेगी।"

"करेंगे, उसी से करेंगे। लेकिन वो कहता है कि उसकी छोटी बहन की शादी के बाद।"

आशा जीजी तमतमा जाती–"उसे उसकी भैन दिख रही है, तोए तेरो भैया नहीं दिखे...। एक के आगे तोए कोई और नहीं दिख रहो।"

सीमा कुछ न कहती। उसकी ठोड़ी कँपकँपाने लगती।

शालू मूकदर्शक बनी रहती। शिवा लाल आँखें किए कहती–"का होएगो अपने घर को? कैसो हो गओ अपनो घर?और अपने कक्का भी तो कित्ते बूढ़े होत जा रहे हैं।"

वो मुझ पर पिल पड़ती–"मोटी, सब तेरी वजह से। तू उस भगवान सिंह से शादी कर लेती तो ये दिन न देखने पड़ते...।"

इस चकल्लस में पिता चुपचाप खाट पर लेटे सुपारी चबाते रहते। फिर कोई कहता–"अपने कक्का कैसे हो गए? लगतई नईं है, जे अपने कक्का हैं?"

माँ कहती–"लालच भर गओ इनमें। लपक पड़ गई इन्हें बबली से। सोचतें, कौन पैइसा खरच करे? अरे शादी विआओ पैइसों से होतें, बातों से नहीं होएँ। वे सोच रहे हैं कि मौड़िएँ पढ़ जाएँगी तो अपने आप पार पड़ जाएगी। अरे मैं तो कहत हूँ बेचो जा सबरी सटपट और इनके हाथ पीले करो। कौन हम मूड़ पे रख के ले जाएँगे जा सटपट?"

भैया भी तीर-कमान लेकर खड़ा हो जाता–"हाँ, बेच दो दुकान और मकान। हमें नहीं चाहिए। हम भूखे रह लेंगे। भीख माँग लेंगे। किसी के यहाँ कप-प्लेट धो लेंगे। इज्जत तो रहेगी। समझीं...?"

मैंने बीच का रास्ता निकालते सीमा को खूब पटाया–"देखो, जब तुम्हें शादी करनी हो, कर लेना। बस, तुम उससे मिला मत करो या कम मिला करो। भैया की भी सोचो। सब चिढ़ाते हैं उसे तुम्हें लेकर।"

लेकिन उसकी एक ही टेर होती–"चाहे कुछ हो जाए, हम मिलना नहीं छोड़ेंगे।"

इस पकड़-छोड़ी में उसके बी.ए. में नम्बर भी बहुत कम आए। उसने एम.ए. अर्थशास्त्र में एडमीशन ले लिया। पढ़ने में उसका मन कहाँ से लगता? वह तो शादी की प्रतीक्षा में समय काट रही थी। अपने इस अन्तराल को कॉलेज और पढ़ाई से जो भर रही थी। मनु से उसकी शादी के साल दो से बढ़कर पाँच हो गए।

◆◆◆ इधर पागल बिन्नी को एक नई खब्त सवार हो गई। अब वो शाम के चार बजे नहा-धोकर कटोर-दान लेकर आती है। और कहती क्या है–''तुम सब गन्दे हो। हमें मैला मत करो। दूर से रोटी दो। हमें छुओ मत।''

अगर कोई उसे या उसके डिब्बे को छू ले तो गुस्सा हो जाती है। बूढ़ी पटवारिन, मुनीमन चाची और बड़ी काकी से शिकायत करती है–''जे औरें हमें हाथ लगातीं हैं। हम इन्हें मारेंगे। इनने नहाया नईं हैं। हम नहा के आए हैं। इनसे कहो। जे हमरे बगल में न आएँ।'' वे उसे पुचकारतीं और हमें डपटतीं।

एक दिन नीरा ने रोटी-सब्जी देते उसे छू लिया। बस, फिर क्या था! बिन्नी ने उसकी पूरे मोहल्ले की दौड़ लगवा दी। छोटे काकाजी ने बचाया। काकाजी बीच में नहीं आते तो नीरा को आठ-दस संटी तो पड़ ही जातीं। बिन्नी बड़ी मुश्किल से मानीं। वो भी कैसे?

काकाजी ने कहा–"अरे बिन्नी, जे औरें तो पागल हैं। तू तो समझदार है। बिन्नी रानी हैं। ज़्यादा गुस्सा नहीं करते बिन्नी। चल, चल। जे ले जल्दी से। इन पगलियों के चक्कर में काए को अपनी रोटी सब्जी ठंडी कर रही है?''

हम सबको आँख दिखाती चबूतरे पर खाना खाने बैठी वो भी ऐसे कि काकाजी डंडा लिए खड़े रहे और बूढ़ी पटवारिन चाची, मुनीमन बाई और बड़ी काकी उसके बगल में पहरेदारी में बैठी रहीं।

''अब आगे से हमें छूना मत। दूर से रोटी देना–ऐं...! हमें मैला मत करना। नईं तो हम डंडे से मारेंगे।'' उजले दाँत लिए हँसते हुए स्टेशन की ओर दौड़ लग गई।

जनरल बोगी भी क्या कमाल की चीज़ है!

अपने जैसे लोगों को देख इतनी खुशी होती कि एक नहीं, कई ट्रेनें मेरे भीतर सीटी मारती धड़धड़ाने लगतीं। अकेले हम ही नहीं, हम जैसे हज़ारों-लाखों हैं, यह सोच बहुत ज़्यादा मजबूती देती।

पैसेंजर में बैठने की बजाय सुपर फास्ट एक्सप्रेस की जनरल बोगी में खड़े-खड़े जाने में ज़्यादा मज़ा है। यह और बात है कि सुपर फास्ट एक्सप्रेस की गति और तेज़ हॉर्न से बतखू जीजी के कान दुखते और जी घबराता है।

स्प्रिंगदार गर्दन लिए चबूतरे की पंचायत में जबरदस्त रिएक्शन्स देने वाली बतखू जीजी के बेटे महीप यादव ने बारहवीं पास करते ही लव मैरिज कर ली।

कामिनी जैन ग्वालियर की थी और अपनी मौसी के पास जब-तब आती-जाती थी। इसी दौरान महीप और उसकी दोस्ती हो गई। वैसे तो तीनों काकी और सँझली मौसी भी जैन थी। नौलखी मन्दिर के एकदम पास ही जैन मन्दिर था। सो मोहल्ले में जो जैन नहीं थे, वे भी मन्दिर और तीनों काकी की वजह से आधे जैनी थे लेकिन कामिनी खुले और बड़े परिवार से आई थी। वह महीप से खुलकर बात करती। शाम के समय दोनों छत पर बैठकर घंटों बतियाते।

बतखू जीजी उन्हें समझातीं–"ऐसे मत बैठा करो। देखो, सबके सामने महीप से बात मत किया करो।"

कामिनी महीप को नाम लेकर बुलाती। कभी माही, कभी महीप जिसे सुनकर सब दाँतों तले उँगली दबा लेतीं। वे दोनों एक ही थाली में खाना खाते। बतखू जीजी उसे यह सब करने को मना करतीं तो वह कहती–

"अरे वो मेरा हसबैंड है। भला अपने पति से बात करने में कैसी शरम?"

जब मोहल्ले में उसकी 'माही' 'माही', 'महीप' सुनाई देती तो सबको हँसते-हँसते ठसका लग जाता–"जाको अच्छो हसबैंड बनो और कोई के तो जैसे आदमी ई नईं हैं।"

अब काकी वगैरह एक दूसरे से कहें–"आग लगी जा अच्छी लव मैरिज बनी।

काए? अपन भी तो करके देखें। कैसी होते जा लव-वव मैरिज...। आग को लगो, अपनो तो पूरो जीवन चौका बर्तन और जी-हुजूरी में ई बीत गओ।" वे दोनों सबके बीच कौतूहल, हँसी और गुस्से के प्रतीक बन गए।

कामिनी ससुर, बड़े ससुर, छोटे ससुर गाँव से कोई भी नाते-रिश्तेदार आता तो किसी से भी न झेंपती। सबके सामने महीप से बातें करतीं, गले में हाथ डाल लेती, हाथ पकड़कर खींच लेती।

मोहल्ले में चलती-फिरती फिल्म बन गई वो।

सब हाय भरकर कहतीं–"अब हमें फिलम देखवे जावे की ज़रूरतई नईं है। जहीं पूरे समय फिलम चलत रेत ए बिना पइसों की। बिन्ना, हम तो देख-देख के अफर गए।"

फिर एक दिन उनकी खूब लड़ाई हुई। सब के घरों में उनके झगड़ने की आवाज़ें पहुँचने लगीं। वे दोनों खूब लड़ते। जमकर लड़ाई होती। सबके सामने गुत्थम-गुत्था हो जाते। सब उनका बीच-बचाव कराते। एकाध घंटे में दोनों एक हो जाते। मना-मनौवल होती। साँची तक घूमने जाते। खाना खाते, चोंच लड़ाते और दूसरे दिन कामिनी सलवार सूट पहने हँसती-मुस्कुराती दिखती। कुछ दिन बाद फिर लड़ पड़ते, फिर एक हो जाते।

एक इतवार की भरी दुपहरी में फुर्सत से भरे हुए कामों को लेकर सब चबूतरे पर बैठी थीं कि वे दोनों लड़ पड़े। बूढ़ी पटवारिन गुस्से में बोलीं–

"औरर् जा का कोई लव मैरिज है? अरे, जा तो गू मैरिज है। गू मैरिज।"

इस सबमें उजले दाँतों वाली पागल बिन्नी को भी बड़ा मज़ा आता। कामिनी को टकटकी लगाए देखती और महीप को देख हँसती। वह भी कम नहीं। कहता–"आ जा, तेरी दोस्ती करा दूँ।"

कामिनी के आते ही बिन्नी शरमा जाती और लहकते, लहराते, हँसते हुए गली पार कर जाती।

लेकिन आज ये गली के मुहाने पर खड़ी हँसते हुए क्या खा रही है? ये आज कुछ ज़्यादा ही लहक रही है। इसकी लहक कुछ टेढ़ी-सी है। इसके दोने में क्या है जिसे खाते ही इतनी ज़्यादा लहक भर रही है इसमें?

"अजा-अजा बिन्नी। अजा। अब तो जा बिन्नी भी सुनतई नईं है। अजा दौड़-दौड़ के थक गई होएगी री। जा के पाँव भी तो नहीं दुखें। दिन भर हिरनी घाईं कूदत फिरते।"

बड़ी काकी कितना बुला रही है। लेकिन वो नहीं आ रही तो नहीं ही आ रही है।

"मरी आगलगी कों स्टेशन जावे की पड़त है। ऐसे भैरात हैं स्टेशन जावे कों, जैसे पटरियों में जाको नरा गड़ो होए।"

बिन्नी दोने को मुट्ठी में दबाए हँसते-हँसते गली पार कर गई।

कुछ दिन बाद...पल भर में जुगनू की तरह हँसते-गाते दिन गायब हो गए। चारों दिशाएँ उलट-पुलट गईं...। सारे वृक्ष अपने लिए कोई और ठिया ढूँढ़ने लगे। धरती आकाश को अपने संग लिए काँपने लगी। दीवारें खुद को सरहद की तरह महसूस करने लगीं। सारे के सारे प्रतीक रोने लगे। हवा बजाय चलने के रेंगने लगी।

कई बरस बाद फिर शहर को काली मनहूस छायाओं ने डस लिया। पल भर में मुसलमानों की दुकानें आग के हवाले कर दी गईं। क्यों? कारण कोई नहीं जानता। वे भी नहीं जानते, जिनकी दुकानें जला दी गईं। और वे भी नहीं, जो उन्हें बुझाने के लिए अपने हाथ झुलसा बैठे।

दंगा नहीं हुआ शहर में। हो ही नहीं सकता। हमारे छोटे-से कस्बे में कभी हिन्दू-मुसलमान जैसी बात ही नहीं उठी।

हम यह जानते ही नहीं थे कि एक साथ खा-पीकर, खेल-कूदकर, बिना लड़े-झगड़े हम कोई मिसाल कायम कर रहे हैं।

गनीमत है कि बस स्टैण्ड पर रईस भाई की दुकान बच गई। भैयन साहब बच गए। मौलाना चच्चा पूरे तीन दिन माथुर साहब के घर में रहे।

...शहर में कर्फ्यू लग गया।

...बिन्नी के दाँत उजले नहीं रहे। क्या ये सब कुछ जो हुआ, उसके सत्यानाश के लिए हुआ? स्टेशन के उस पार आधी रात को नहीं, बल्कि पटरियों के बीच भरी दुपहरी में बिन्नी की दौड़ थम गई।

"प्रभु, हमरे जीते-जी मौड़ी की का दुर्गति हो गई।" बूढ़ी पटवारिन ने कितनी हिकारत से मन्दिर की ओर देखा।

मोहल्ले में आज किसी ने भी अपने भगवानों को नहलाया नहीं। ये दीया-आरती का समय है और सबके दीये बिना बाती के औंधे पड़े हैं।

अब मन्दिर भी वो मन्दिर नहीं रहा!

मैं एक हजार रुपये महीने की नौकरी करने लगी। पिता के पास दौड़ी गई। वो पहले की तरह अब भी मेरे साथ थे। वह धैर्य नहीं खोते थे। सब मुझे कोसते, तरह-तरह की बातें करते। लेकिन पिता? वह तो मुझ पर आँख मूँदकर विश्वास करते। सीमा में उन्हें शालू नज़र आती और वह काँप जाते।

मुझसे कहते–"जा मौड़ी को का करें? नाक में दम कर रखो है इसने। तुम्हारा भैया इसे लेकर मुझ पर जब-तब हावी हो जाता है बेटा।"

पिता बहुत बूढ़े होते जा रहे थे। मैं जब भी घर जाती, उन्हें देख जाने कैसा लगता।

पिता पर बुढ़ापा बिलकुल भी अच्छा नहीं लगता था। ऐसा लगता, इस बुढ़ापे को खल्लड़-मूसल में कूट दूँ और उसका छौंक लगा हवा में उड़ा दूँ और पिता को पहले जैसा चुस्त-दुरुस्त कर दूँ।

मैं नौकरी के लिए अखबारों की खाक छानती फिरती। मैं जल्द से जल्द नौकरी पाना चाहती थी। आड़ी-टेढ़ी, कैसी भी। जहाँ मिले, जैसी मिले, बस नौकरी मिल जाए मुझे। मैं कॉलेज की नौकरी का स्वप्न नहीं देखती थी। मुझे तो बस नौकरी चाहिए थी। मैं हर तरह की नौकरी के लिए आवेदन करती।

एक स्थायी नौकरी का लिखित पास कर चुकी थी। इंटरव्यू से पहले पिता के पास गई। मेरा हाल देख वे रुआँसे हो गए। उषा जीजी भी आई हुई थी। सिवनी मालवा वालों ने कहा–"ऐसे नहीं मिलती नौकरियाँ। अपना समय खराब कर रही हो तुम। अब हम तुमसे क्या कहें? पूरे जीवन तुम यूँ ही छोटे-मोटे काम करती रहोगी। और फिर उसके बाद एक उमर के बाद तुम...?" जाने कैसे-कैसे भाव उनके चेहरे पर आ-जा रहे थे।

स्वर को कसैला बनाते बोले–"दो साल में तुम हजार रुपल्ली से आगे नहीं बढ़ पाईं। हमारा बहुत दिमाग खराब है तुम्हें लेकर। तुमने पूरे घर को बर्बाद कर दिया। कहीं भी मुँह दिखाने लायक नहीं छोड़ा। अरे, हम अपने रिश्तेदारों से आँख उठाकर बात नहीं कर सकते आज। तुम्हारी वजह से हमारे बच्चों का भविष्य भी

चौपट हो जाएगा।"

मेरी रही-सही हिम्मत पर भी उन्होंने पलीता लगा दिया। जीजी मुझे एकटक देखती रही और रंज-भरे स्वर में बोली–"जिसे जो कहना है, सो कहने दिया करो। तुम तो अपने काम से काम रखो।"

उषा जीजी मुझे बिलकुल भी नहीं कोसती थी लेकिन किसी से लड़ भी नहीं पाती थी। जरा सी बात में उन्हें रोना जो आ जाता है। इतने में ही आशा जीजी उन्हें फटकार देती–"तू रो ले उषा पहले। फिर पंचायत करिए।"

पिता मुझसे दुनिया जहान की बातें करते हुए असल मुद्दे पर आ जाते–"बेटा, आज नहीं तो कल, सफलता ज़रूर मिलेगी। मनो, घबराकर कभी भी गलत रास्ते की तरफ मत जाना। बड़े शहरों में बच्चों के कदम बहुत जल्दी बहक जाते हैं।"

दूसरे दिन सुबह उस शहर, उस जगह के लिए निकल गई जहाँ सपनों को उनके पाँवों पर खड़े होना था। घर के दरवाजे पर पिता–"बाई, हिम्मत मत हारिओ। जो होगा सो देखेंगे बेटा।"

इस विश्वास को लिए भट्ठी की तरह चटकती और दहकती मैं। पिता पूरी ताकत लगाकर पंखा धोंकते। मेरे भीतर के एक-एक कोयले को अंगार में बदलते हुए।

नौकरी न हुई, हम बेरोजगारों के लिए वह रेलवे क्रॉसिंग हो गई जिसे कुछ ही पार कर सकते थे और चलने वाले अनगिनत। बेरोजगारी में लोग कितने अपने होते हैं! लेकिन रोजगार पाने के लिए अपने ही पल भर में पराये से भी बुरे हो जाते हैं। हम सब बेरोजगार अपने सारे सुख-दुख एक दूसरे से बाँटते। आने वाले कल की, सपनों की जी भरकर बातें करते लेकिन इंटरव्यू या परीक्षा के दिन एक दूसरे से आँखें चुराते हुए नोट्स और सवालों के जवाबों को बड़ी खूबसूरती से छिपाते। और तो और, इंटरव्यू में क्या पूछा गया, ये भी पूरा न बताते। पहले मुझे मिले नौकरी उसके बाद तुम्हें या मेरी बला से किसी और को। कोई एक नहीं, हम सभी ऐसा करते थे।

क्या करूँ और क्या न करूँ...?

सिर्फ मेरी वजह से घर चकनाचूर हो गया? पिता जल्दी बूढ़े हो गए? सबकी हँसी का पात्र बन गए और भाई...? उसे हम बहनों ने क्या दिया सिवाय

लानत-मनालत के? पाँच बहनों तक पिता की इज्जत थी, धाक थी। कितने स्वाभिमान से जीते और जिलाते थे। कितना मान था उनका शहर में और आज हमारा घर...?

तीन-तीन जवान लड़कियाँ घर में बैठी हैं। माँ इस अहसास से कैसी सिकुड़ी जा रही है। अभी भी वह रोज़ दोनों समय मन्दिर जाती है लेकिन किसी से भी बातें नहीं करती। पहले की तरह देर तक मन्दिर में नहीं बैठती। उसे हर औरत उसकी ओर घूरती नजर आती है।

मुनीमन चाची उसे समझाती हैं–"आशा की बाई, तुम इतना रंज़ मत किया करो। जा औलाद है, औलाद। कहो तो सिंहासन पर बिठा दे और कहो तो?..."

इसके आगे सुनने की माँ की हिम्मत न पड़ती।

काश, मैंने उस साँवली मैडम को न देखा होता! न उन्होंने हँसते हुए मुझसे बिन्दी के बारे में पूछा होता; उनके हाथों में किताबें न होतीं और वो कॉलेज में न पढ़ाती होतीं! काश, उस वक्त मेरे सर पर कंडे न होते! काश, शालू और शिवा की शादी में पिता हाथ जोड़कर उनके ससुराल वालों के सामने न गिड़गिड़ा रहे होते!

काश, प्रिंसिपल सर ने उस उजाड़ में लायब्रेरी न बनाई होती! हमने चिड़िया बल्ला न खेला होता! उनने क्यों बता दी ये बात कि–'जिन्दगी जमा-जमउअल का खेल नहीं है?' सच ही तो कहते थे–'तेज़ गति से ज़्यादा मुश्किल है, धीमी गति की साइकिल चलाना।' क्या टकराहट निर्णायक सीमा रेखा तक आज भी न पहुँचने देगी?

जीवन और कविता को एकमेक करती, पिता के सपनों को जमीन देती विनीता मलिक मैडम ने मुझे 'माँ' न पढ़ाया होता और 'माँ' के संग 'आषाढ़ का एक दिन' न दिया होता, और यह न पूछा होता कि 'बी.ए. के बाद क्या सोचा है तुमने?' और मैंने ये सब सोचा न होता तो कितना अच्छा होता...!

खुद के हिस्से की जमीन और बिना पंखों की मेरी उड़ान को आकाश देतीं, दिन-रात मेरे लिए नौकरी का इश्तहार पढ़तीं, खोजतीं। आखिर कब तक वे मेरे आवेदन फार्म को शुल्क सहित भरती रहेंगी? क्या मैं आजीवन उन पर बोझ बनी रहूँगी? मुझे विनीता मलिक मैडम न मिली होतीं तो कितना अच्छा होता! सब बहनों की तरह मैं भी शादी कर लेती। फिर कम से कम सीमा पिता से यह तो न कह पाती–'बबली...। बबली का क्या किया तुमने? वो भी तो अपने मन की करती है।'

'क्या होगा मेरा? अगर नौकरी नहीं मिली तो क्या लौट जाना होगा? नहीं, कभी नहीं!' दहशत से मैं काँपने लगती। तो क्या सारा जीवन...? मैं चलती चली जाती और रास्ते कभी खत्म होने का नाम न लेते।

क्या सब लोग सही कहते हैं कि मैं किसी लायक नहीं रही? मेरा तो जो होगा सो होगा...मैंने अपनी छोटी बहनों को भी कहीं का नहीं छोड़ा। पिता क्यों चुप रहते हैं इतना? क्या वे भी हिम्मत हार चुके हैं या टूट चुके हैं बुरी तरह और माँ...? उसका तो पूरा जीवन हमें पैदा करते और पालने में गुजर गया। क्या सचमुच हम सब खाड़ू हैं, जो माँ के पिछले जनम के पाप हैं...? मसाला कूटती, बड़बड़ाती माँ क्या जो भी कहती थी, सही कहती थी?

क्या प्रेम इतनी बुरी चीज़ है जो भाई को चैन से बाज़ार में घूमने न दे सके? क्या सीमा के प्रेम के चलते ही पिता का यह हाल हुआ? किताबों के प्रेम से हमारे यहाँ के प्रेम के किस्से बिलकुल मेल न खाते। किताबों में सिर्फ प्रेम होता। दुनिया का सुन्दरतम रचते हुए प्रेमी प्रेमिका होते...। और सिनेमा की तो पूछो ही मत। इसके उलट घर में हाय-हाय करतीं माँ और बहनें होतीं। थू-थू करते रिश्तेदार होते...।

प्रेम यानी जीवन की सबसे बड़ी गलती। रास्ता भटक जाना। दुनिया भर की छीछालेदर। फुस्स-सी हँसी...हजार कोड़े मारती। गले की हड्डी बनता प्रेम। जो न लीलते बनता, न उगलते। मेरे प्यारे बासौदा..., ये कैसी परिभाषा गढ़ी तुमने प्रेम की!

क्यों...? क्यों लोग पिता को चैन से जीने नहीं देते? क्यों आते हैं सीमा और मनु की बात लेकर? क्यों...क्यों वे भैया से कहते हैं–'तुम्हारे पास व्यवस्था नहीं है, तो हम चन्दा कर व्यवस्था कर करा देंगे। लड़की की शादी करो जात में...। आखिर समाज का मामला है।'

क्या सब पिता को लालची बाप समझते हैं जो पैसे बचाने की खातिर लड़कियों की शादी नहीं करना चाहता? अगर किसी ने यही बात उनसे बीस बरस पहले कही होती तो...?

क्या बुढ़ापा अपने संग अपमान भी लेकर आता है? पश्चात्ताप में मैं खुद को पत्थर पर पछीटती जिसके छींटें पिता पर भी पड़ते। किसी ने नहीं समझा मुझे, बहनों ने नहीं। उनके ससुराल वालों ने नहीं। सीमा ने तो बिलकुल ही नहीं। सारी रात ऑर्केस्ट्रा दिखाने वाले छोटे मामा ने भी नहीं। सिवाय पिता के मेरे साथ कोई भी तो नहीं। मेरे कारण, सिर्फ मेरे कारण वे अपमान के घूँट पीकर जी रहे हैं। अंट-शंट बोलते जीजाओं से बहनें क्योंकर कुछ नहीं कह पातीं?

क्या वो धुआँती चटकती भट्ठी मेरे और पिता के जीवन का अभिशाप बन गई? घर और जीवन में कैसा भूचाल? क्या वो कंडे हमारे जीवन की आग बन गए? ऐसी आग, जो पिता और मेरे संग पूरे घर को जला डालेगी, भस्म कर देगी जिसमें कुछ नहीं बचेगा, सिवाय हारी और थकी हुई इच्छाओं और असफलताओं के।

कक्का..., मैं तुम्हें क्या देना चाहती थी और क्या दिया मैंने तुम्हें? मैं तो तुम्हें और लड़कियों के पिता की तरह सड़कों पर माँ के साथ टहलते देखना चाहती थी। आराम कुर्सी पर धूप में पाँव पसारे, अखबार पढ़ते देखना चाहती थी। तुम्हें साबुत बनियान पहने देखना चाहती थी। बुढ़ापे को तुम पर चमकते देखना चाहती थी।

मेरे चलते पिता का एक मात्र पीला कलफदार कुरता ज्यों का त्यों रखा रह गया। और माँ...वह तो कुछ भी अच्छा करना चाहती ही नहीं।–'लोग का कहेंगे जवान

मौड़िऐं घर में बैठी हैं और इन्हें सिंगरवे की पड़ी है?'

कौन जाने मुरादपुर वाले बड़े दादा क्या सोचते होंगे मेरे बारे में? क्या वह भी अपने छोटे भाई की तरह मुझे कोसते होंगे...? नहीं...नहीं, वो ऐसा नहीं सोच सकते। अगर ऐसा होता तो वे मुझे मोटर साइकिल चलाना क्यों सिखाते?

मैं आँख बन्द कर उन्हें याद करती और बुदबुदाती–

"बड़े दादा। तुम जहाँ भी कहीं हो, कक्का के पास चले जाओ।

"चाचाजी...। एक बार नहीं, दिन में कई बार जाओ आप कक्का के पास।

"छोटे मामा। तुम भी ताश के पत्तों को छोड़ दो और माँ को हिम्मत बँधाओ।"

दर्द से कसकती, सिर पर कपड़ा बाँधे माँ। 'मुन्ना भैया, मुन्ना भैया। एक सिर दुखवे की गोली दे दो जल्दी से।' सन्तान सातें करती, पेड़ के चक्कर काटती, मनौती करती माँ। चुपचाप गूम-मथान सी बैठी रहती माँ। पिता के न होने पर ढाबे से दूर, बहुत दूर प्रतीक्षा में खड़ी रहती माँ। स्कूल के लिए देर होने पर दरवाजे पर स्कूल ड्रेस लिए खड़ी माँ। ग्राहक की जगह को बचाते बारिश में भीगे हमारे सरों को अपने पल्लू से पोंछती रुआँसी माँ। क्यों इतना याद आते हैं एक-एक कर सब? क्यों? क्यों...? इससे पहले तो ऐसी याद नहीं आई कभी!

और ढाबा....?

कौन जाने चिड़ियों ने भी उड़ना बन्द कर दिया हो, और वे काँव-काँव करते कौए...बिजली के तार पर बैठे करंट से घायल अपने साथी को दूर, बहुत दूर से बचाने आते हुए...काँव-काँव करते क्या वे मेरे लिए भी आएँगे कभी? मारे प्यास के गला सूखता जाता है। क्या हैण्डपम्प को इसकी खबर होगी? सब मुझे भूल गए होंगे या याद करते होंगे? वो पीपल का घना पेड़...? क्या वो मुझे छाँव देने के बारे में सोचता भी होगा?

इंटरव्यू की तारीख बीस मार्च नजदीक आती जा रही। रात-दिन एक ही बात 'अगर मेरी नौकरी नहीं लगी तो?' इस खयाल से ही रात में उठकर बैठ जाती।

सवाल मेरा पीछा न छोड़ते। रात-दिन एक किए रहती। अगर इंटरव्यू में यह पूछ लिया तो वो पूछ लिया तो?

रातें मुझे छोटी लगने लगीं और दोपहरें अजगर की तरह दिखतीं। सोचती– वो तारीख न आए। कैलेंडर पर हाथ रख देती। घड़ी की सुई और उसकी टिक-टिक से परेशान हो घड़ी को बन्द कर देती। क्या मैं असफलताओं के डर से समय को रोक देना चाहती हूँ?

...इस भँवर में कोई तिनके की तरह साथ देता–

'बस वो साँवली सी मैडम और कंडे की डलिया को याद रखना। तेरे में ताकत आ जाएगी पार्टनर। एक नौकरी नहीं मिलेगी तो हजार मिलेंगी।' जाने कौन बोलता मेरे भीतर बिलकुल पिता की तरह।

...'मे आई कम इन सर?' कहते ही सामने बैठे लोगों को देखकर घबरा गई। डर मेरा पीछा नहीं छोड़ रहा था। बोर्ड मेम्बर्स ने नाम पूछने और पेपर्स को पलटने में कुछ ज़्यादा ही समय लिया। शायद मुझे सहज करने के लिए ऐसा किया होगा।

'डरो मत, दुनिया में अच्छे लोग ज़्यादा हैं।' कहते हुए, पिता मेरे भीतर मुस्कुराने लगे। मेरा डर रफूचक्कर हो गया। इंटरव्यू खत्म होने के बाद सबने मुझसे मुस्कुरा कर 'ओ. के.' कहा।

'जो होगा सो देखा जाएगा' सोचते हुए, जवाब में मैं भी मुस्कुराई।

'जो तुम चाहती हो, ज़रूरी नहीं सब भी वो ही चाहें?' सीमा का यह वाक्य गहरे तक छेदता था और पिता का लड़कियों का पाँवों पर खड़ी होना गहरी पीड़ा को जन्म देने लगा था।

सीमा की शादी से जाने किस-किस पर पहाड़ टूटा पड़ रहा था। चारों ओर त्राहि-त्राहि मची हुई थी। जान पहचान वाले, बिना जान पहचान वाले सब कोस रहे थे। सीमा और मनु से ज़्यादा घर वालों को।

'मेरी लड़की होती तो जान से मार डालता।'

'अरे सब मिली भगत के काम हैं? नहीं तो अब तक इतने दिनों तक भला कोई लड़की को अपने घर में बिठाकर रखता है का?'

कोई कुछ, कोई कुछ और...। कोई-कोई तो इतना कुछ कहता कि न सुनना-सुनाना ही बेहतर।

एक सारहीन बेमतलब-सी बात को लेकर सब दूसरों के यानी पिता के जीवन को नरक बनाने पर उतारू।

भैया पिता से बिलकुल झगड़ने पर उतारू हो गया—"क्यों, मिल गईं सबको नौकरियाँ? तुम्हारा तो अब नागरिक सम्मान होना चाहिए कक्का।"

वो पिता के एकदम पास पहुँचने ही वाला था कि दोनों जीजी बीच में 'भैया...भैया' करते आ गईं।

थोड़ी देर बाद पिता उठकर ढाबे की ओर चल दिए। वो बमक गया—"देखो, जरा भी शरम नहीं है इन्हें। चल दिए अपना-सा मुँह लेकर! कोई कुछ पूछेगा तो का जवाब देंगे ये?"

उसका वश चलता तो सब कुछ तोड़-फोड़ देता। सब कुछ क्या? हम सबको तोड़-मरोड़ देता। पिता हमारे साथ थे और भैया हम सबसे छोटा था। यही बात आज तक हमें बचाए हुए थी।

पिता ढाबे पर हमेशा की तरह सुबह चले जाते और सारे काम करते रहते। भैया दोपहर बारह या एक के बीच जाता। वो पिता से बात भी न करता। तन्दूर से इकट्ठी बीस-पच्चीस रोटी निकाल देता और ढाबे को छोड़कर कहीं भी, किसी की भी दुकान पर जाकर बैठ जाता। ठंडी रोटियों को पिता तवे वाली भट्ठी पर गरम करके देते रहते। ग्राहक बहुत किच-किच करते। रोटियाँ खत्म हो जातीं तो ग्राहक के आने पर उसे आवाज़ देते, लेकिन वो न आता। किसी को बुलाने भेजते। वह कहला देता–"कह दो कि नहीं आ रहा।"

उसकी तो बस एक ही जिद कि ढाबा बन्द करो। इसकी जगह कोई और दुकान खोलो या फिर मण्डी का काम करो। पिता उसे खूब बुरी-बुरी गालियाँ देते। लेकिन वो ढाबे पर बिलकुल काम न करता।

पिता भी कहाँ झुकने वाले थे? उन्होंने तन्दूर की भट्ठी बन्द कर फिर से तवे की भट्ठी चालू कर दी। भैया का पारा सातवें आसमान पर पहुँच गया। अब उसने ढाबे पर पाँव रखना ही बन्द कर दिया।

सुबह से रात तक पिता अकेले ढाबा चलाते। बुरी तरह थक जाते। कई दिनों तक गाड़ी खींची लेकिन धीरे-धीरे ग्राहकों को ही उन पर तरस आने लगा कि अकेले बूढ़े आदमी को क्या परेशान करो। बेचारे पिता और बेचारा ढाबा। दोनों बोहनी के लिए तरसने लगे।

ढाबे के साथ ऐसा भी होना था, यह तो सोचा ही न था। वह घर नहीं था लेकिन घर उसमें रहता था। क्या शतरंज की बिसात बिछा देनी चाहिए? लेकिन ये कोई खेल नहीं।

यह कला भी उसी ने हमें सिखाई। जब रोने पर काबू न हो तो हँसने लगो। जोर से नहीं, लेकिन इतने धीमे भी नहीं कि हँसी चेहरे की रंगत न बदल पाए।

तो क्या वह वेंटिलेटर पर जाएगा? नहीं। ऐसा मत कहो। एक कोयले में अभी भी आग बची है। ये हर साँस के संग कौन काँप रहा है?

झुकी कमर लिए पिता उठ गए। क्या अब वह गहरी स्थायी निद्रा में जा रहा है? फिर ये कम्पन कहाँ से हुआ? पिता के उठते ही ये कौन काँपा? क्या कुछ और कोयले डाले जाएँ? लेकिन डालेगा कौन? क्या आँधी आएगी? या आएगा लाल मिर्च का झोंका? लेकिन ये तो धोखा है।

तड़-तड़-तड़ किसके भीतर कोयले चटक रहे हैं?

सब कुछ चुपचाप देख रहे हैं पिता। किसी से कुछ नहीं कहते। पिता के भीतर को कोई नहीं जान पाया।

किस दिन टूटेगा? कब टूटेगा? कैसे टूटेगा? क्या सबसे पहले भट्ठी टूटेगी? फिर राख कहाँ जाएगी? कोयले बेच दिए जाएँगे क्या? तपेले, बेलन, चिमटा, हैण्डपम्प, पानी की टंकी, आटे की परात, थाली, कटोरी, गिलास। इन सबके संग पिता? नहीं। ऐसा नहीं होना चाहिए। कहीं पिता ढाबे को लिए बहुत दूर तो नहीं निकल जाएँगे?

जो सबसे मुश्किल लगता था, वही कितनी आसानी से हो गया! कितनी आसानी से दुर्घटना घटना में बदल गई! बिना किसी विलाप के देहरी छूट गई। वो हमारे सपनों में आएगा कि हम उसके सपनों में जाएँगे?

गाय की रोटी की जगह पर हथौड़ा...! अगर पिता का हाथ बीच में आ जाता तो? और अब राख कहाँ जाएगी? बाँट दी जाएगी? तगाड़ी भर-भरकर ले जाएँगे लोग। जाने कितने बर्तनों को चमकाएगी लेकिन उड़कर पिता की आँखों

में ज़रूर आएगी।

पिता क्या पारासरी नदी के उस पार चले गए होंगे या टूटते ढाबे के मलबे को सहेज रहे होंगे? झुकी कमर को लिए जाने कितनी तगाड़ी में मलबा भरा होगा, उसे समेट रहे होंगे? राख के पर्वत के पास एक और पर्वत खड़ा कर रहे होंगे। क्या जानते नहीं कि गाड़ी आएगी और इकट्ठे ले जाएगी। कहाँ ले जाएगी? क्या वो भी उसके पीछे-पीछे जाएँगे?

क्या? तोड़ा-तोड़ी में तखत का एक पाया टूट गया। पिता का एक घुटना भी लचक गया! गाड़ी के पीछे बहुत दूर तक नहीं जा पाए।

अब हमेशा पिता के घुटनों में तकलीफ रहती है, घुटने लचकते हैं। कई बार अकड़ जाते हैं। बैठते हैं तो खड़े नहीं हो पाते और खड़े होते हैं तो पाँव कँपकँपाते हैं। पिता के पाँवों के नीचे जमीन नहीं है। एक बड़ा-सा गड्ढा है, जिसमें मलवा बनकर ढाबा रहता है।

कितने बरस तक ढाबा पिता के साथ रहा; या कहें कि कितने बरस में ढाबा इस दुनिया को छोड़कर चला गया। 'उमर मत गिनो। तुम्हारे कक्का के साल कम हो जाएँगे।' यह किसने कहा? किसने कहा ये? क्या अभी भी एक कोयले में आग बची है? यह कैसे हो सकता है?

पिता नदी के उस पार नहीं जा सकते। वे पुल पार नहीं कर सकते। वे इस पार खड़े हो उस पार देखते हैं। इस पार पिता का घुटना लचकता है। उस पार मलबे में कम्पन होता है।

पिता कुछ कहते, सुनते, गुनते भी होंगे या लकड़ी की टॉल वाले सरदारजी की तरह हो गए होंगे?...जिनका बेटा ट्रेन के शौचालय में दाढ़ी को काटते और पगड़ी को फेंकते दंगाइयों से बचते-बचाते, दो बोगियों के बीच वाले हिस्से से फिसल ट्रेन के बीच फँस गया था और एक बक्से में बंद किसी सामान की तरह उसे देख सरदारजी कैसे तो हो गए थे? सरदारजी पागल नहीं हुए थे, वे पागलपन के उस पार जाकर चलती ट्रेन पर पत्थर भी नहीं फेंकते थे। वे तो सदमे के भी सदमे में चले गए थे। कहीं पिता भी ढाबे को लेकर गहरे सदमे में तो नहीं चले जाएँगे? और अगर कहीं मुझे नौकरी नहीं मिली तो, क्या सदमा पिता के आगे पछाड़ खाकर गिर जाएगा...?

ढाबे की राख उड़ना बंद भी नहीं हुई कि भैया ने उसकी जगह साइकिल की दुकान खोल ली। गोल घूमती-सी इस चकर-घिन्नी दुनिया में दुकान पर साइकिल

रिपेयरिंग होतीं और बिकतीं भी। पिता ने अपनी जिद से किराए से देनी शुरू कर दीं।

भैया कहता–''सिर्फ पहचान वालों को ही किराए से दो।''

''अरे, सब हमारे-तुम्हारे ही लोग तो हैं। सीधे-सच्चे जन हैं सब। क्यों यार खामो-खाँ हर दूसरे-तीसरे आदमी पर शक करते हो?''

वे जान-पहचान वाले, बिना जान-पहचान वाले–सबको साइकिल किराए से दे देते।

सर्राटे से दौड़ती इस दुनिया की कुछ तानें उजली हैं, लेकिन कुछ जंग खा चुकी हैं। जंग लगे इस उजलेपन में पिता ने एक दिन चार साइकिलें किराए से दीं जिसमें से तीन लौट आईं और एक नहीं लौटी। भैया बहुत ज़्यादा बिगड़ गया।

''आज के बाद से तुम दुकान पर पाँव भी मत रख देना कक्का। वैसे भी तुम्हें का ज़रूरत है अब काम करने की? बहुत काम कर लिए। अब घर पर आराम करो। जो चाहिए, सो हमसे कहो।''

माँ ने बीच में ब्रेक लगाने चाहे–''अरे उने घर पे बुरो लगते भैया। जिन्दगी हो गई उनकी काम करत-करत। घर में बैठे-बैठे हाथ-पाँव अकड़ जाएँगे रे उनके।''

''हाँ...तो घर के छोटे-मोटे कामकाज, साग-सब्जी और दूध लाना ले जाना करें। इसी बहाने इनका चलना-फिरना भी हो जाएगा।''

जंग, चमक, गति और ब्रेक को दरकिनार करते भैया का स्वर बहुत ही ठण्डा हो गया–''कक्का। तुम दुकान पर नहीं आओगे, मतलब नहीं आओगे।''

पिता अपने संग टूटे-फूटे ढाबे और अखबार को लिए छड़ी के सहारे चलने लगे।

क्या छड़ी पिता की झुकी कमर को फिर से तान पाएगी? क्या पिता अब भी 'जे नहीं यह' सुनते हुए पहले की तरह खिलखिला पड़ेंगे? मैं नौकरी की क्रॉसिंग पार कर पाऊँगी कि नहीं? हर रात ऐसा लगता है जैसे कोई ट्रेन छूट रही है। रेलवे क्रॉसिंग पार कर रही होती हूँ कि अचानक धड़धड़ाती ट्रेन सामने आ जाती है। जाने कौन हर बार मुझे ट्रेन से बचाते उस पार ले जाता है।

हर रात पिता और ढाबा सपने में आते हैं। मेरी नींद भी अधसुलगे कोयलों में बदल गई है। हर रात काले अँधेरे स्वप्न में नियुक्ति पत्र हाथ में लिए चरित्र प्रमाणपत्र को किसी राजपत्रित अधिकारी से सत्यापित करवाते, स्वास्थ्य परीक्षण पर सील, ठप्पा और हस्ताक्षर कराने की आस में दहकती, चटकती भट्ठी पर ताबड़तोड़ रोटियाँ बनाते समय सी पसीने में भीग जाती हूँ। असफलता के डर से रुआँसी होने को होती हूँ कि कभी न खत्म होने वाली रेलवे लाइन पर उजले दाँतों

वाली पागल बिन्नी लहकते, लहराते, हँसते हुए पटरियों पर तेज दौड़ लगाती दिखती है। मुझे हँसाने की कोशिश करती है। मेरे भीतर एक लहक भरती है। पागल बिन्नी अब कहाँ होगी? वह दौड़ती भी होगी कि नहीं? कहीं वो पटरियों को पार कर 'नो मेंस लैंड' में तो नहीं चली गई होगी?

पिता अब अपना समय कैसे गुजारते होंगे? किससे बातें करते होंगे? ढाबे पर दस रुपए के ग्राहक को चार में ही विदा करने वाले पिता उस साइकिल चोर के बारे में क्या सोचते होंगे? सुबह सात से पहले ढाबा खोलने वाले पिता बिस्तर से उठते भी होंगे कि नहीं? कौन जाने शाम की चाय का स्वाद भी चला गया हो?

एक लम्बी छलाँग के बारे में तो हमने कभी सोचा ही नहीं। एक छोटा-सा रास्ता पार करने में ही सारे सपनों का तेल निकल गया। बिना तेल के आखिर बाती कब तक जलेगी? पिता ने हम बातियों को जलाने में अपना सारा तेल खर्च कर डाला। छोटी-छोटी सी चीज़ें पाने में जब एक नहीं, कई जीवन स्वाहा हो रहे हों तो किसके बड़े सपने, कौन से और कैसे बड़े सपने? जब रास्ता पार करने के लिए छोटी-सी पगडंडी नहीं तो कैसा पुल और कौन-सी सड़क और चौराहों की तो सोचो ही मत। क्या सपने भी गाँव, कस्बे, शहर, नगर, महानगर को देखते, पहचानते हुए सैर के लिए निकलते हैं? क्या सपने भी कस्बों को उनींदा और मंथर गति वाला समझते हैं।

एकदम घुप्प अँधेरे में
चाक को चलते देखा
अँधेरा इतना ज्यादा
न कुम्हार दिखता, न दिखता था आकार
दुख ही सुख है...

सूरज पश्चिम से नहीं, पूरब से ही उगा। नौकरी, जो फिर से पिता को खड़ा कर सके, उसी छोटी-सी नौकरी को अपने भीतर छिपाते मैं ट्रेन पर चढ़ गई। पंख होते तो अब तक पिता के पास पहुँच गई होती! मैंने मुस्कुराकर चिड़ियों की ओर देखा। उनकी उड़ान कितनी अच्छी है लेकिन ये ट्रेन आज इतनी बार रुक क्यों रही है? क्या ट्रेन से उतरकर नियुक्ति पत्र को हाथ में लिए मैं दौड़ लगा दूँ?

मैंने आउटर पर सरकती ट्रेन से छलाँग लगा दी और घर की ओर इतनी तेज दौड़ लगाई कि आज कोई और मुझसे आगे निकल ही नहीं पाएगा। दौड़ते, हाँफते हुए इतनी जोर से घर के किवाड़ भड़भड़ाए कि–

"का हो गयो? का हो गयो?" कहते, माँ बुरी तरह घबरा गई।

"कक्का...कक्का...कक्का..." हाँफते-हाँफते मैं पिता से झूमती कि छड़ी को

छोड़ पिता ने मुझे ओक लिया। थरथराते, दिल की लौ की तरह काँपते से पिता की चाल में कितनी तेजी आ गई! "अरे, ओ रज्जो..." पिता की कड़कती बिजली-सी आवाज़ भी लौट आई।

मैं कहना चाहती थी कि 'कक्का, अब तुम सबसे कहो। देखो, मेरी लड़की पाँव पर खड़ी हो गई' लेकिन कह नहीं पाई। हम कुछ कहते-सुनते कि हमारे बीच ढाबा आ गया। पिता के आँसू ओस की बूँद की तरह चमक रहे हैं। बिना छड़ी के पिता कितने अच्छे लग रहे हैं! काश, आज ढाबा भी होता...!

एक मेहनतकश कस्बाई बेटी की आपबीती

–विष्णु खरे

'एक कस्बे के नोट्स' निस्संदेह कवयित्री नीलेश रघुवंशी के इस अरंगेत्रण उपन्यास के लिए एक मौजूँ और आकर्षक शीर्षक है क्योंकि इसका सभी-कुछ एक छोटे शहर में ही घटित होता है और मेरा यह मत पिछले कुछ दशकों से लगातार पुष्टतर होता गया है कि हमारे रूमानी, अपराधबोधग्रस्त, पाखंडी लोक-ग्रामवाद के बावजूद 'भारत' धीरे-धीरे अब कस्बों/छोटे शहरों में बस चुका है, गाँव-देहात को वह कभी का छोड़कर निकल आया है–आप उसका कितना ही विलाप और चौतरफा आत्मपावन दोषारोपण क्यों न करें–और मध्यवर्ग नहीं, बल्कि निम्न मध्यवर्ग उसकी असली रीढ़ है। इस उपन्यास के पीछे कोई छद्म समाजशास्त्रीय महत्वाकांक्षा नहीं है, 'समाज का दर्पण' होने का भी कोई कार्यक्रम नहीं है क्योंकि इसमें जो जीवन है, वह स्वयं-प्रमाणित यथार्थ है और उसे किसी छद्म शास्त्रीयता या 'वैज्ञानिकता' की दरकार नहीं है।

दरअसल यह कृति बाहर से भीतर की ओर–यानी एक कस्बे की अमूर्त, किताबी अवधारणा से शुरू कर उसे सिद्ध करने के लिए गढ़े गए रूढ़ चरित्रों की ओर यात्रा नहीं करती बल्कि खालिस, वास्तविक, हमारे-आपके रोज देखे गए जीवन्त इंसानों, बल्कि कभी-कभी स्वयं हमें या हमारे आत्मीयों को अपने किस्से का माध्यम बनाती लगती है, जिनके कारनामों से और बहुत-कुछ के साथ-साथ एक कस्बे की केलाइडोस्कोपिक आकृतियाँ भी बनती-बदलती चलती हैं। अंग्रेजी में एक पिटा हुआ मुहावरा 'स्लीपी टाउन' है–शायद वह ब्रिटिश कस्बों के लिए सही हो–लेकिन भारत में हलचल, शोर-शराबे, गहमागहमी के बिना किसी छोटे शहर की कल्पना नहीं की जा सकती और यह हंगामा गलियों-मोहल्लों-बाजारों से, उनमें आवाजाही करने वालों, रहने वाले परिवारों से, उन कुटुम्बों के सदस्यों से

बरपता है और नीलेश रघुवंशी का यह उपन्यास उस तुमुल कोलाहल का निर्माण अपने अनेक सामूहिक-ऐकिक सनाम-अनाम किरदारों से करता है।

हम कह नहीं सकते कि सुविचारित ढंग से या सहजानुभूति से, किन्तु लेखिका ने जिस सामाजिक वर्ग का चुनाव अपने आख्यान के लिए किया है, वही उसे प्रामाणिकता की गारंटी भी दे देता है, हालाँकि हम जानते हैं कि महज प्रामाणिकता या खुशनीयती ही सब कुछ नहीं होती। कस्बे का वजूद ही उस वर्ग से होता है जो कई आयामों से निम्न-मध्य होता है और वहाँ भी वह कोई मोनोलिथिक निम्न-मध्यवर्ग नहीं होता, उसमें कई उप-निम्न-मध्य-वर्ग पैवस्त होते हैं। एक ही बिरादरी, एक ही विस्तृत कुटुम्ब-कबीले में अनेक निम्न-मध्यवर्ग देखे जा सकते हैं।

नीलेश रघुवंशी के इस उपन्यास का शीर्षक 'ढाबा' भी हो सकता था क्योंकि उसे पढ़कर आप उसके इस एक केन्द्र को भूल नहीं सकेंगे। होटल या रेस्तराँ शब्द उतने कस्बाई नहीं लगते जितना कि ढाबा, हालाँकि खुद को भरम देने के लिए कस्बा इन दोनों का इस्तेमाल भी कर लेता है। लेकिन होटल या रेस्तराँ का खाना अपनी जगह; स्वामित्व, गाहकी और गुणवत्ता में वह हो ही नहीं सकता जो ढाबा होता है। बेशक ढाबे नगरों और महानगरों में भी होते हैं, लेकिन हमेशा उनके कस्बेनुमा मोहल्लों में होते हैं और वहाँ कस्बाई हैसियत के लोग ही जाते हैं ढाबे के 'निवासी', उनकी संस्कृति, सभ्यता, बिरादरी, अर्थ-व्यवस्था, उनकी कुल दुनिया, सभी 'अवर'–'सबआल्टर्न'–होते हैं। लेकिन, या शायद इसीलिए, उसे 'घरेलू'– 'होमली'–कहा-माना जाता है।

और यह एक विचित्र, सुखद संयोग है कि 'एक कस्बे के नोट्स' का यह ढाबा सही अर्थों में 'घरेलू' है–इसे एक पूरा घर, यानी माँ-बाप और उनके सारे बच्चे मिलकर चला रहे हैं और अपनी ओर से ढाबा उन्हें चला रहा है। पिता उसे पूरे शौक, लगन, मेहनत और प्रतिबद्धता से जिलाए हुए है। ढाबा बीच बाजार में है। उसे चलाने में कोई प्रतिष्ठा या इज्जत नहीं है–इसे खास तौर पर बेटियाँ जानती हैं। लेकिन पिता के प्रति स्नेह और आदर भी है, ढाबे के लिए काम करने का पेशेवर सुख-संतोष-गर्व भी है, आखिर वह सभी का पेट भी तो भर रहा है।

तो फिर लेखिका ने इसे 'परिवार का ढाबा' जैसा शीर्षक क्यों नहीं दिया ? समस्या यह है घरेलू, सहकारी होते हुए भी दरअसल वह आत्मिक रूप से सिर्फ पिता का ढाबा है–वह उसी की मेहनत, जिद, समर्पण, स्वप्नदर्शिता, आत्मावलम्बन तथा आत्मसम्मान का परिणाम और प्रतीक है। बेटा ढाबा नहीं चलाना चाहता, वह साइकिल किराये पर देने की दुकान खोलना चाहता है–जो फिर एक सीमित

साधनों वाली अगली पीढ़ी की एक अपेक्षाकृत आधुनिक कस्बाई महत्वाकांक्षा ही है। अन्ततः पिता का पारिवारिक ढाबा असफल होकर ही रहता है लेकिन वह एक कस्बाई किंग लिअर की भांति एक त्रासद नायक साबित होता है—यह बात अलग है कि उसकी एक बेटी ही उसे समझती है और अन्त में उसके पराजय के क्षण को एक मार्मिक विजय में बदल देती है।

नीलेश रघुवंशी की एक उपलब्धि यह है कि उसने एक ऐसे कथानक को, जिसमें भावनिकता सेंटिमेंटेलिटी के भयावह अवसर थे, एक निर्मम ढंग से यथार्थवादी रखा है जिसमें हास-परिहास के लिए भी गुंजाइश है। परिवार में माँ है लेकिन वह हमेशा ममतामयी और पतिपरायणा नहीं है—उसमें छिपी विद्रोहिणी कभी भी जाग्रत हो सकती है। इकलौता बेटा मुँहफट और दुर्विनीत है। अलग-अलग उम्रों, स्वभावों और नियतियों वाली बेटियाँ हैं लेकिन उनमें एक बराबरी का बहनापा है। उनके अपने-अपने कुँवारे और ब्याहता सपने हैं। उनकी जद्दोजहद, छोटी-बड़ी दुखान्तिकाएँ और जीवन-परिवर्तक उपलब्धियाँ भी हैं। क्या भारत सरीखे जटिल समाज में 'फेमिनिस्ट' सरीखे सीमित और भ्रामक शब्द की जगह 'एक कस्बे के नोट्स' को हम 'मातृवादी' या 'बेटीवादी' या 'बहनापावादी' कह सकते हैं? और यदि पिता को लेकर इतनी समझदारी और स्नेह है तो 'पितावादी' भी क्यों नहीं?

शायद यह हिन्दी का पहला उपन्यास है जिसमें किसी लेखिका ने एक निम्न-मध्यवर्गीय कस्बाई पारिवारिक जीवन को इतनी अन्तरंगता और असलियत से जीवन्त किया हो। प्रतिभा के लिए सृजन में तो कुछ भी असम्भव नहीं, किन्तु किसी पुरुष के लिए ऐसे घर-परिवार का इतना अन्दरूनी अनुभव मुश्किल ही था। महत्त्वपूर्ण यह है कि नीलेश रघुवंशी में इस जीवन के प्रति गहरी बराबरी की मुहब्बत और हमदर्दी है, किसी 'बड़ी दीदी' या 'मैडम' का अभिभावक कृपा-भाव नहीं। लिखते समय लेखिका स्वयं उस दुनिया में रच-बस जाती है, उसकी सदस्य बन जाती है, उससे अभिन्न दीखती है।

सच तो यह लगता है कि लेखिका ने इस एक कस्बे के बहाने लगभग सभी उत्तर भारतीय कस्बों को चेहरा दे दिया है। हम सब यदि (अब) छोटे शहरों में नहीं भी रहते हैं तो कभी-न-कभी उनमें हमारी बूद-ओ-बाश थी, वहाँ से गुजरते, लौटते रहते हैं, हमारे कितनी ही दोस्तियाँ और रिश्ते, और सबसे ऊपर, स्मृतियाँ, अब भी वहीं बसी हुई हैं। हिन्दी लेखन से एक झटके से कस्बा काट दो, वह हलाल हो जाएगा। नीलेश रघुवंशी ने बेशक अपने कस्बे को सजीव पात्रों से आबाद किया है लेकिन उसमें हरकत और जान तभी आती है जब सारे कस्बाई

दृश्य, ध्वनियाँ, रंग, गन्ध, स्पर्श और वे मौसम और धूल-धस्सर जो सिर्फ कस्बों में नसीब होते हैं, उसे अल्बम के मूक सीपिया से परदे के वाचाल रंगीन में बदल देते हैं। यहाँ कस्बा जिया गया है, महज देखा या काटा-बिताया गया नहीं। टेलीविजन पर अपने लम्बे अनुभव के कारण लेखिका अपना शिल्प नियंत्रित रखना जानती है, और पठनीयता के स्तर पर पिछले कुछ वर्षों में ऐसे उपन्यासों का दुर्भिक्ष-सा रहा है।

नीलेश रघुवंशी का 'साउंड ट्रैक' अपनी विषय-वस्तु से सुसंगत और समस्वर है। हर पात्र की एक निजी भाषा है जो वक्त-जरूरत बदलती चलती है। वह हिन्दी का वैसा मँजा हुआ, घिसा हुआ नहीं रूप है जो पुश्तों से इस्तेमाल होने के बाद हासिल होता है। आज के अधिकांश कहानी-उपन्यास इसलिए भी अपाठ्य हो चुके हैं कि उनमें लेखक-लेखिकाएँ कथ्य के अपने कंगाल दीवालिएपन से ध्यान बँटाने के लिए कुछ नहीं तो भाषा की ही अनर्गल और हास्यास्पद बन्दरकूद कर रहे हैं। कुछ लोक-भाषा की दूर की कौड़ी लाने के प्रयास में स्वयं घोंघे हुए जाते हैं। नीलेश रघुवंशी के यहाँ कस्बे की भाषा निहायत कारगर ढंग से अनलंकृत है और जितनी बुन्देलखंडी लाजिमी है, वह भी ठेठ नहीं है—उसे भी कस्बे ने एक दूसरी आमफहम जुबान में अनायास तब्दील दिया है। उसके लिए कोष्ठक में शब्दार्थ नहीं देने पड़ते, जैसा कि अधिकांश मतिमंद लोकवादी कवियों-गल्पकारों-संपादकों ने एक 'पाठकोपकारी', शहीदाना, बेहूदा चलन बना डाला है।

जिस तरह से किसी कस्बे का जीवन-केन्द्र तय कर पाना आसान नहीं है, वैसे ही यह निश्चित कर पाना कठिन है कि नीलेश रघुवंशी के इस उपन्यास का मरकज क्या है—कस्बा, पिता, ढाबा, परिवार, या वह बेटी जो अंततः यशस्वी होती है? इसमें अनेक वलय हैं और यह बहुकेंद्रीय है। लगभग हर किरदार अगर किन्हीं दूसरों से जुड़ा भी हुआ है तो अपनी कक्षा में स्वायत्त भी है—एक मानवीय सौर-मंडल के सदस्य जैसा। इसका कोई नायक, कोई नायिका नहीं है और सभी कभी वह भूमिका, वह दर्जा पा लेते हैं। खलनायक भी हैं, लेकिन कम और वही मोहल्ले-कस्बे के लेवल के। तब भी कथा एक लड़की ने कही है—आत्मनेपद, 'फर्स्ट पर्सन सिंग्यूलर' में। 'सिंग्यूलर' के मायने अनूठा, विलक्षण, विशिष्ट, असाधारण आदि भी होते हैं। आप इस कस्बाई परिवार के ढाबा चलाने वाले बाप की बेटी की आपबीती—जो अभी पूरी बीती होने से बहुत दूर है—के लिए इनमें से निस्संकोच निर्भीक जो चाहें वह विशेषण चुन सकते हैं—आप बातिल नहीं होंगे।

❑❑❑